文學叢刊

鄭向恆著

鄭向恆隨筆

文史推出版社印行

國家圖書館出版品預行編目資料

鄭向恆隨筆 / 鄭向恆著. – 初版. -- 臺北市：
文史哲, 民 99.05
頁：　公分. --（文學叢刊；236）
ISBN 978-957-549-900-6（平裝）

855　　　　99008499

文學叢刊 236

鄭向恆隨筆

著者：鄭向恆
出版者：文史哲出版社
http://www.lapen.com.tw
e-mail：lapen@ms74.hinet.net
記證字號：行政院新聞局版臺業字五三三七號
發行人：彭正雄
發行所：文史哲出版社
印刷者：文史哲出版社
臺北市羅斯福路一段七十二巷四號
郵政劃撥帳號：一六一八〇一七五
電話886-2-23511028・傳真886-2-23965656

實價新臺幣四八〇元

中華民國九十九年（2010）五月初版
中華民國一百年（2011）四月增訂再版三刷

ISBN 978-957-549-900-6　　08236

中華民國總統 馬英九
President Ma Ying-jeou

向恒教授：您好！

您於年前致贈的大作《鄭向恒隨筆》，業已拜閱。 您在書中不吝分享個人之旅遊經驗，帶領讀者如臨其境，更不忘寓文化教育於其中，甚或推崇名人風範、悼念舊識，字裡行間充分流露感人之情愫，讀來令人興味盎然，誠為佳作。耑函申謝

並祝

年禧

馬 英 九 敬啟

100年2月1日

中 華 民 國 總 統 府
Office of the President of the Republic of China (Taiwan)

積極進取
樂觀奮鬥
向恆學弟留念
陳立夫
民國八九、七、六

陳立夫

淡泊明志

寧靜致遠

一九九三年七月題贈

黃鯤魁
鄭向恒
教授

程思遠

序

伊　竑

做爲鄭向恆教授大作的忠實讀者，已經達到半個世紀的時間，尤其是她歷年發表的旅行遊記散文，是臥遊的最佳怡情養性、增長見聞的好文章。從民國五十五年起第一本與其弟向元合編、向寬設計繪製封面的「半個地球」開始，到最近出版的「自選集」、「隨筆」，都曾認真的細心閱讀，感受深刻，惠我良多。她的文筆細膩流暢，敘事簡潔，描述動人。深情懷舊的追憶，有中華文化優美高尚的傳統，是撫慰滋潤苦難時代天涯遊子心靈的良藥，是值得讀者肯定和讚美的。

我認識向恆教授及其夫婿李殿魁教授，要從民國五十三年（一九六四年）六月談起。當時她大學畢業，剛步入禮堂就被國家徵召加入「中華民國赴非文化友好訪問團」，擔任古箏國樂的演奏。新婚燕爾，小別百日，旅途勞頓，又值懷喜雙胞姊妹平平安安之際，歷經艱辛，更受芮團長、白副團長及全體團員關切，更加倍照料愛護，歷時三個月，才完成任務，安心返國。但她又逢父喪、弟病、分娩等人生困難的考驗，都勇敢的渡過。其後基於愛國理念，自費組「梅花友好訪問團」，二次赴模里西斯及南非，宣揚中華文化，宣慰僑胞，又赴法國巴黎研讀，相夫教子。出任教職，出席各種國際學術研討會議，著作等身，卓然有成。是成功的專職婦女的典型。她的古道熱腸、率真性格、充沛精力、愛國情操、勇於任事、積極進取，更爲同儕好友欽佩。她的敬老尊賢、服務長者，從林尹、陳立夫、陳雄飛、白萬祥、馬鶴凌等已逝長輩的極度關心體貼及現存的老教授、老大使的聯繫問候，都體現傳承中華文化道德倫理的實踐。她的好友及學生莫不直豎拇指稱讚，引爲學習的模範。

全書中，「快樂的大姑媽」、「祖孫情」、「揮揮手，不帶走一片雲彩」、「健身之道、養身哲理」各篇，文情並茂，更值一讀。

九十七年三月二十二日　馬英九大勝之夜

《鄭向恆隨筆》之隨筆

吳東權

鄭向恆，這位名字很男性、個性很朗爽、思想很愛國、治學很認真的教授，也是一位多才多藝的女作家，無論詩酒、詞賦、戲曲、音樂、舞蹈、彈奏、創作、教學、家事，幾乎十項全能，環顧我所認識的當代文友之中，還找不出第二位像她這樣多釆多姿的女史來。

認識鄭向恆是經由她的夫婿李殿魁博士。多年前台灣文風鼎盛，各項藝文活動頻繁，文友經常聚會，不是煮酒高論，就是品茗清談，或是巡廻訪問，或是郊遊踏青，而他們這一對令人羨慕的金童玉女，可謂杏壇雙璧、文苑對玉，每次與會都是出雙入對，引人注目，李殿魁沉潛淵博、含英咀華；鄭向恆談笑風生、熱情揚溢，每當微酣半醉時，李殿魁唱一段追韓信、鄭向恆歌一曲滿江紅，眾人的眼光，全部聚焦在二人身上。

這對伉儷築巢在台北木柵路的一幢公寓五樓，陽台加建，寬敞幽靜，但是兩層樓全部被書籍所盤據，其中善本孤版，套書古典，不可勝數，連洗手間都堆擱圖書，其藏書足可與圖書館匹比，當年尹雪曼教授譽為「雙玉齋」，堪稱名符其實，青年副刊主編胡秀乃為其開闢「雙玉齋隨筆」

專欄，後來又獲臺靜農教授親書橫披致贈，㕚是雙玉齋「既集墳典，亦聚群英」，名滿學界，爲文友所嚮往。

筆者忝爲末學，偶與呼嘯、莊原等造訪雙玉齋，有時亦在書林典壑之間搓打幾圈，鄭向恆則親切招呼，時而佳茜、時而咖啡、時而蓮子羹、時而紅豆湯，殷勤款待，如奉貴賓，使我們幾乎難以消受。

她，天生就是一個這樣熱情而爽直的人，凡是有關宣揚國粹、推廣文化的工作，莫不全力以赴，義無反顧。原來她和李殿魁早年同爲幼獅國樂社的台柱，一個擅吹笛和簫，一個專長古箏和琵琶，「絃絃掩抑聲聲思，未成曲調先有情。」在箏笛和鳴聲中，李鄭譜下了鸞鳳之曲、締下了秦晉之好，而且就在新婚宴爾期間，她被選拔爲「中華民國赴非文化訪問團」團員之一，蜜月之中暫別夫婿，出發前往非洲各國友好訪問，擔任古箏、琵琶的演奏，所到之處，備受歡迎。

也許細心、愛心、耐心是女性的特長，鄭向恆對遊歷過的地方、接觸過的人事，都會留心觀察、深入思考、認真記錄，因此她多年來足跡踏遍歐美南北亞，遊遍大陸名山大川，芳踪過後，均能將耳聞目覩的風光民俗，撰爲遊記，各地名勝史蹟、湖光山嵐，在她筆下活色生香、鉤玄提要，蔚爲極佳的卧遊指南、清心妙品，讀之令人怡情養性、心往神馳。

最近，鄭向恆教授將其近年來散見於各報刊雜誌之創作彙集成冊，由美國紐約柯捷出版社出版發行，收有旅遊篇、人物篇、隨筆、及精選早期若干作品計六十餘篇，書名曰《鄭向恆隨筆》，封面清心醒目，內容圖文並茂，誠如伊竑先生爲序云：「她的文筆細膩流暢、敘事簡潔、描述動人。深情懷舊的追憶，有中華文化優美高尙的傳統，是撫慰滋潤苦難時代天涯遊子心靈的良藥，是值得讀者肯定和讚美的。」誠然，讀畢鄭教授此書，深覺伊竑先生的序言，切合我心。

紐約柯捷出版社，孤處北美，在洋人世界中，竟能出版中文圖書，致力發行，數量已達一百三十餘種，其堅毅奮鬥之精神，令人敬佩。在《鄭向恆隨筆》中除了遊記之外，使我感動的是她對前輩長者的尊敬與緬懷，「人物篇」中的十篇文章，在字裡行間流露的是情真意摯、心織筆耕的孺念之殷，從這方面更可以看出她那宅心仁厚、虛懷樂取的性情來。

前面說過，鄭向恆幾乎是一位十項全能的女性，數十年來，她以教學爲專業、以遊旅爲興趣、以彈奏爲消遣、以詩酒爲娛樂、以創作爲抒情、以家務爲職責、以夫婿爲圭臬、以兒女爲生命，的確可以說是一位良師、益友；也是良妻、賢母，此語也許會有人說我揄揚逾份，難免溢美，不妨看看世新大學她的學生在網站上的評語，應該比較客觀持平：

「鄭老師國文知識很豐富，常會補充很多詩詞，很喜歡詩歌，有時還會載歌載舞，是個很可愛的老師，一學期會放幾次影片或音樂，上課不會太枯躁，還會講她與孫女的小故事，超慈祥。」

不錯吧，末尾那「超慈祥」三字做結語，道出了學生內心對她的真實感受。

「讀其文如見其人。」我閱讀《鄭向恆隨筆》時，不禁同時想起了多年來與雙玉齋伉儷車笠之盟的往事，竟也不知不覺地跟着她的隨筆而將記憶所及隨筆一番，信手寫來，無復詮次，也該就此打住，這「隨筆」二字，源自白居易的「詩作馬蹄隨筆走。」意即「有文就錄、有感就發、有事就記、有理就說，率性而爲，不必拘泥。」是故命題爲「《鄭向恆隨筆》之隨筆」焉。

好書不厭百回讀：讀「鄭向恆隨筆」

鮑曉暉

我喜歡旅遊，認爲旅遊是生活中樂事之一：既可擺脫平淡生活中諸般瑣瑣碎碎的事，做個看山看水冷眼看大千世界的閒雲野鶴的雅人，又可跳出井底之蛙的生活，心眼吸收新知。同樣的，我也喜歡讀「遊記」，好的遊記作者生花妙筆可以帶領讀者如身臨其境，享受旅途中種種樂趣。

日前，老友鄭向恆教授又出了一本關於「旅遊」的書；「鄭向恆隨筆」贈我。記得多年前她曾出版一本絕佳的旅遊著作「海闊天空」，看書名就嗅出書中五湖四海的壯遊。這本「鄭向恆隨筆」又是另一種風格；除了沿途美景勝地的描述，旅途中親情友情，見聞感觸也多所著墨，以隨筆的方式，結合了散文的感性溫馨，讀來回味咀嚼，滋味無窮，深享「臥遊」之樂。獨樂也希望眾樂，忍不住寫下讀後所感，和共好者同享。

「鄭向恆隨筆」共分「旅遊篇」、「人物篇」、「隨筆」、「早期作品」，共四輯。

細讀「旅遊篇」中所寫的十篇遊記，我只有「瀟灑絲路行」的「絲路」，「溫州紀行」的「溫州」未曾到過；溫州行是無緣，而絲路只踏上起點西寧，過門未入。而今臥遊書中絲路，稍感遺憾。

我們普通人出門旅行，只享受當下的遊趣。而喜歡搖筆桿的，回來常寫下所見所聞所思的一鱗半爪，以供他年說夢痕。但要寫得讓讀者怦然心動，也思親身一遊，筆下得有些功力。看「浪漫關島行」中，鄭教授如何以她生花妙筆介紹「關島」的美景：「……面對碧海藍天，視野遼闊，幾艘色彩艷麗的獨木舟，悠哉的閒盪在清可見底的海面上，幾棵搖曳的棕櫚樹，散落在海邊，沙灘上有著比基尼的女郎。……」一幅美麗的熱帶風光躍然紙上。又如她寫舉世聞名的「尼加拉瀑布」，驚歎它萬馬騰的雄姿，口占一詩曰：「萬馬奔騰震河川，山崩地裂奇景觀，瀑布飛來美加境，鬼斧神功造自然。」僅只二十八個字的一首詩，把壯觀的巨瀑移到讀者眼前，如身臨其境。

「人物篇」中諸文寫友親親情，以散文溫馨的筆觸寫她所認識的人，和親人之間感人的情愫。鄭教授讀書時代，就是「青年才俊」，能舞善歌，又彈得一手好古箏、琵琶，有機會奉派和團體到國外做國際交流的訪問，因緣際會得識一些外交老兵，如：「外交老兵陳雄飛」中對陳大使的風範推崇備至。記得民國七十三年中韓作家協會在韓國漢城（首爾）開年會，那時鄭教授在韓國某大學任客座教授，當時的駐韓大使薛毓麒先生盛情招待我們這個作家團體，熱情的向恆也盡地主之誼，百忙中相陪。她也曾訪薛大使談中韓兩國友誼，薛大使溫文儒雅，會後有兩三年還接獲他的聖誕賀卡，可見大使風範和禮數。而今，屈指一晃二十多年過去，時局丕變，往事依然歷歷如昨，思之悵然！

讀「往事不如煙～悼念沈謙博士」篇，掩卷黯然久久。沈謙教授是舊識，常在藝文集會裡碰面。而後他在南華大學碩士班的學生趙台萍以我的散文爲題，寫碩士論，他是指導教授，因而相熟。沈教授南人北相，正如向恆筆下所寫，豪爽，妙語生風，他在中副上寫的專欄十分叫座。由於國學根基深厚，筆下引經據典，如長江大河，使淺學的我獲益良多。可惜天不假年，英年早逝，僅五十九歲！而我那讀者小友，他的學生畢業不久，也因病而去世，是天妒文才？我無語問蒼天。

向恆教授寫友情感人，寫親情更動人。「隨筆」和「早期作品」諸文，雖以「隨筆」方式的筆觸著墨，但篇篇引人一讀再讀。如她在「家和萬事興」中，以韓劇中的人際關係，談到中韓文化的雷同。而韓劇卻把文化優良的傳統「父慈子孝，兄友弟恭」美德，融入劇中，我們卻忽視了這一環！我有同感。她寫祖孫情以「含飴弄孫，樂透透」爲題，真是神來之筆！祖孫之愛盡在不言中，我更有同感！而「笛箏和鳴」中，有個新發現，李殿魁教授不僅是學者、作家，還是位吹笛高手的音樂家。向恆與夫婿不僅是「文學夫妻」，還是音樂情侶。笛箏和鳴，奏出幸福生活，也奏出多彩多姿的作品，這本書讓人百讀不厭。

鄭向恆隨筆

目錄

人物篇

隨筆

早期作品——「我不能放棄自己嘔心瀝血的一部份」載高樂

附錄

旅遊篇

旅遊小品

地球是圓的，什麼地方才是「天之涯」、「海之角」？

旅遊，是我的最愛。所謂「五岳尋仙不辭遠，一生好入名山遊」，可說是我一生的寫照。去年此時，應邀出席在海南島所舉行的「蘇軾學會」之便，曾赴位於海南最南端亞龍的「天涯海角」一遊。望著茫茫大海。美麗的南海，不斷出現一隊隊朝雲，有時像一條飛龍，劃天而過，「亞龍」之名，因此而得。「亞龍」，本名「牙龍」。自從經改後，爲了吸引外資，避免用張牙舞爪的「牙」，而改名「亞龍」，海南人應以海爲量，與天下爲友，使地球各大陸同聲相應，同氣相求。海的力量是無形的，它使整個地球自然運轉，經濟互動，文化互往。面對浩瀚無邊的南海，海浪輕拍我的腳踝，我的心也跟著海水起伏，青天碧海無瑕，令人產生海闊天空的幻想。沙灘上奇石林立，其中最耀眼的就是鐫有「天涯」、「海角」的石柱。令人迷惘的是地球是圓的，究竟什麼地方才是「天之涯」、「海之角」。

旅遊，不但開闊了你的視野，同時又增長了知識。諾貝爾獎得主西班牙旅遊文學家塞拉曾說：「若要真體會旅遊的樂趣，必須實地用兩條腿去走，去探索。」。

民八十五年十一月八日　聯合報副刊

○八年前夕在北京

——紀念徐霞客誕辰四百二十週年大會

大陸上一個純民間團體「中國徐霞客研究會」（以下簡稱徐會），於二零零七年十一月二十七日在北京揭幕，進行爲期兩天的「徐霞客及中華文化研討會」，首日舉行了「紀念徐霞客誕辰四百二十週年大會」並在中華世紀壇舉行銅像揭幕式，十二月二十八日閉幕之後，筆者自由行，茲將所見所聞，記上一鱗半爪。

歷經十四年各地輪流主辦每隔一年舉行的「徐會」，於一九九三年在北京隆重成立後，大陸各地紛紛成立「徐會」，先後舉行研討會，迄今已十四年歷史，今年爲了紀念徐霞客四百二十歲誕辰，特在北京舉行，與會者來自五湖四海，所提論文有數十萬字之多，大家一致肯定游聖徐霞客是明代傑出地理學家、旅行家、探險家、文學家，被譽爲「明末社會百科全書」，並呼籲在市場開放，一切向錢看齊的今天，必須學習徐霞客吃苦耐勞的精神。

十一月二十七日在北京全國政協禮堂，舉行了紀念徐霞客誕辰四百二十週年的大會，大會由國際地質科學聯合會主席張宏仁主持，全國人大常委副委員長蔣正華做了重要的發言：「他說，早在十八世紀初『徐霞客遊記』就已成爲當時中國地理學領先世界的代表作，在西學東漸與中學西傳的中西文化交流熱潮中，傳到了歐洲。隨著全球化、信息化時代的到來，特別是隨著世界旅遊大潮的到來，國內外的徐學研究再繼續深入探討【徐霞客遊記】的科學價值及其在科學文化史上的地位的同時，更多地關注【徐霞客遊記】的文學美以及旅遊文化價值。他認爲，在人類文明發展的歷史過程中，任何一個國家或民族所創造的文明，既是它自已的，同時也是全人類的。人類的文明要發展，文化的交流與融合，就是不可阻擋的歷史發展趨勢。我們隆重的紀念徐霞客，深入研究徐霞客及其【遊記】，不只是研究他的輝煌業績及其在我國和世界科學文化史上顯著地位，而且是要更好地面向未來，面向世界，促進中華文化的和平崛起。他提出我們要向徐霞客學習，學習他獻身科學、拚搏進取、不斷創新的科學精神，促進人類與自然的和諧相處。國土資源部長徐紹史在發言中指出，我們要紀念徐霞客誕辰四百二十週年，就是要向徐霞客學習他熱愛祖國、獻身科學、尊重實踐的精神；學習他不怕困難、信念堅定、勇於探索的精神。他說「當前我國正處在全面建設小康社會，加快推進現代化的關鍵時期。我國人口眾多，資源相對不足的矛盾十分突出，資源、環境已經成爲制約經濟社會的重要因素。國土資源管理系統的廣大幹部要弘揚徐霞客精神，勤奮工作，勇於探索，改革創新，更好的保護資源，保障發展爲經濟和社會發展做出新的貢獻。」

上海古籍出版社贈送每一本【徐霞客遊記】，遊記中記錄了許多旅遊文化，不但學習徐霞客的執著精神，並宏揚中華文化，遊記已譯成各國文字並已列為世界遺產。貴州人民出版社贈送每人乙套【遊聖徐霞客】的連環畫，徐霞客在大陸受到重視之深，由此可見。

徐霞客銅像前的沉思

中午，在中華世紀壇為徐霞客銅像揭幕，銅像高二點一米，由中央美術院張大生教授創作，前會長江牧岳在前秘書長黃實的陪同下，坐著輪椅蒞臨，現任會長張宏仁主持揭幕，大家向這位偉大的遊聖——明代奇人深深一鞠躬，要學習霞客的執著、吃苦的精神以及奉獻實踐。中華世紀壇的建築，融合傳統文化與現代設計藝術的巧妙結合。總面積約四點二萬平方米是集建築園林、雕塑、壁畫等多種藝術形式於一體的大型人文景觀。位於三層的文化環廊，將塑立古今四十位中華文化名人雕像，已完成的包括孔子，以至於畫家齊白石等，今天又塑立了徐霞客銅像。我遙望著英姿雄偉的銅像在想，在當時的物質匱乏，交通不便的情形下，徐霞客能排除萬難遊山玩水，翻越山嶺寫下六十萬字遊記，真是令人不可思議，如果活在當今交通發達的年代，那真不知可寫幾百萬字的遊記了。

徐霞客生長在明末一個動盪的時代，當時朝政腐敗，他放棄仕途投向大自然，在他五十年歲月中，有三十年從事地理觀察，難怪受到大陸許多地質學家、地理學家的推崇，特別是在他晚年的西南旅遊，白天考察山川岩石，晚上點燈記日記，其中在桂林的一段時間，除陶醉在灕江美景外，還全力以赴考察溶岩洞穴。在雲南曾考察火山，最後曾下結論：「廣西多爲石山，雲南多爲土山，貴州兩者有之」，在雲南雞足山時還和一些和尚朝夕相處，在佛道方面也記錄了不少文字。當然，他的母親對他的影響很大，他母親曾說「大丈夫志在四方」因此他立下「大丈夫當朝碧海，暮蒼梧」的豪語，他一生艱苦奮鬥精神當可與司馬遷、玄奘以及國外的馬可孛羅齊名，甚至還過之，徐不但投入大自然，而且勤於寫作，是一種充滿獨創個性和心靈自由的文體，而且他提倡科學，主張經世致用。

徐霞客及中華文化研討會

十一月二十七下午以及二十八日舉行徐霞客及中華文化研討會，北京大學于希賢、雲南大學陳慶仁以及江陰徐會會長唐榮章以及自助旅行家馬中欣、劉瑞升等人均做了專題報告。大家肯定了徐霞客造福於人、造福於民的偉大貢獻。至於被列爲當代的徐霞客的馬中欣及劉瑞升留下了深刻印象，馬中欣是旅美的自助旅行家，美國、大陸、台北三地跑。他可是個傳奇人物，曾任石油開採工程師、攝影師、古董珠寶商等職，他曾帶著一個八歲、一個五歲的兩個兒子背著背包環遊世界，之後他又獨自浪跡天涯，帕米爾高原、亞馬遜河、喜馬拉雅山甚至南亞原始森林都留下他的足跡，爲此他做了專題報告。至於劉瑞升則出了一本「上道就好」的書，記載了他從二〇〇三年開始重走徐霞客的路，至今已先後六次駕車出行約一百零三天行程二萬五千多公里拍四千兩百張照片攝影九百分鐘，日記四十萬字走過的路包括北京、天津、河北、山西、陝西、河南、安徽、江蘇、浙江、江西、湖北等，往後將繼續走徐走過的路，進行考察採訪。

會議中，也多次討論到目前大陸生態環境惡化嚴重的情形，必須要在徐霞客身上學習環保生態道德等的實踐。台灣來的江陰同鄉會會長陶宗翰、陳應琮夫婦也應邀上台講話，他們都以徐霞客為傲，並宣佈返台後將在台灣成立徐霞客的研究會，贏得熱烈掌聲。本人亦應邀致詞：「本人一輩子除了教書就是寫作，由於喜歡旅遊，先後出了七本有關旅遊的書，一九九三年徐霞客研究會在北京成立時，前中央日報社長，中華民國專欄作家協會會長楚崧秋的推薦下組團前往參加，由青溪新文藝協會理事長程國強帶團，當時情況已撰文收在本人的【江山萬里情】一書內，當場我又拿了兩本【江山萬里情】贈送徐會，博得熱烈掌聲。提到中華文化，我特別強調孔子所說：『己所不欲；勿施於人』的道理應廣為宣導，這是中華文化的特色，這和今天法國總統沙克其在清華大學的演講環保有不謀而合的觀念，希望〇八年奧運成功舉行」。

拜訪管大使，參訪現代文學館

十一月二十九日，在徐會顧問胡有萼（和楚老是中央大學同學）以及前秘書長黃實陪同下，一大早前往圓明園花園別墅，拜訪管傳埰大使，九十二高齡的管大使早年畢業於中央大學外文系，後來投身外交界，能舞文弄墨，素有外交才子之稱，曾任法國參事以及駐節英國、越南、大溪地、盧安達等地，兩岸開放後，在他北京外甥女的安排下，定居北京，目前深居簡出，閉門寫字，見到我這晚輩來訪，喜笑眉開，中午在他寓所請我們吃小火鍋，喝紅酒談笑甚歡，下午我們告別時，行動不便的管大使，堅持送我們到門口，頻頻和我們握手說要我們再來，我告訴他芮正皋大使曾對我說：「你是老人之友」，他玩笑的說：「你還是人類之友」。我和管大使結緣於民國七十九年陳雄飛大使八十壽宴上。回程在黃老的陪同下，前往朝陽區參觀奧運會會場——鳥巢以及水立方泳池，許多遊客在此拍照，之後前往中國現代文學館參觀並贈送本人的作品，原來的館長舒乙和黃老是舊識已退休。該館有著中國風味三層的建築物，進門處牆上刻了巴金語：「我們有一個多麼豐富的文學寶庫，那就是多少作家留下來的傑作，它們支持我們、教育我們、鼓勵我們，使自己變的更善良、更純潔、對別人更有用」。大庭中間豎立著一對由景德鎮燒製的蘭花大瓷瓶，上面有五千多位作家的手書簽名，依姓氏漢語拼音順序排列，參觀者可以很方便找到自己喜愛的作家，包括台灣的卜少夫、林海音等。正門兩側各有一幅長十四米、高三點六米的彩色玻璃，鑲嵌壁畫，此地設有咖啡座很有情調，電扶梯上樓，展出了百年來作家群體和經典作品風貌，包括巴金、郭沫若、曹禺等書房以及作家手稿、書信、日記、照片以及作家收藏的字畫古玩，另外還有圖書館、閱覽室以及多功能演講廳，館長陳建功說，中國現代文學館，是中國現代文學的研究中心。

王府井，處處是奧運宣導標語

來北京的遊客，如不到王府井走一趟，那就白來了，王府井是條商業區，緊鄰北京飯店，坐地鐵在王府井下，從月台往前走可到美食街逛逛，此街建於千禧年，開幕迄今每天人潮滾滾，地鐵班班客滿，這次來此令人感到溫暖的是年輕人看到老人立即站起來讓位，比起十多年前搶位的情況已經文明很多了，爲了〇八年奧運順利舉行，到處招貼標語「同一個世界同一個夢想 One World One Dream」、「講文明，樹新風」、「我參與，我奉獻，我快樂」、「禮儀北京人文奧運、文明地鐵」……最有意思的一則廣告：「文明禮儀地鐵情，微笑服務傳溫馨」最多的是「和諧社會、喜迎奧運」，「微笑是北京的名片」等標語，甚至把荀子的話也搬出來「鍥而不捨金石可鏤」，後來乘坐公車時，到處也看到「文

2007 年 12 月北京街道

明乘車、排隊禮儀」字句，爲了解決交通問題，地鐵在減價，爲了迎接奧運，「二十四小時私人英語教練」的廣告也不少。走在王府井徒步區，許多商店面臨拆遷命運，門口都在打折出清衣物「一件不留」的大字報，王府井書店地下室高壓濃縮的 DVD 滿坑滿谷，任君選購，惜左一層右一層的包裝外殼，華而不實，我也買了不少套，回到住處全外殼給丟了，DVD 塞在衣服內即可。打開今天報紙，方知有一項中央文史館舉行國學論壇的會議，由該館館長袁行霈主持，有來自海內外地區的五十多名學者專家參與，主旨在宏揚和創新中華文化，結合時代的特點和自身研究領域，全方位多角度的國學進行交流和研討，惜我分身乏術，否則定前往參與，說不定也可發表一些淺見。晚上在「萬壽賓館」的「天下吉祥」餐廳用餐，室內一則廣告耐人尋味：「寧可食無肉，不可食無湯」。後來才聽說了一段「萬壽賓館」早在一九七○年有關聯合國的一段秘辛，當時美國爲了打「中共」牌，尼克森派季辛吉到亞洲訪問，季辛吉從曼谷到巴基斯坦後，僞稱身體違和，不見蹤影，原來是在周恩來的專機導航下，乘坐巴基斯坦專機飛到北京。爲了保密，下機後中、巴雙方機組人員都住進「萬壽賓館」直到季辛吉返美才放行。詎料事隔三十八年，我們來此舉行學術會議，真是世事難料。

四訪天安門、紫禁城

十二月一日一早，隻身前往郵局購得北京奧運紀念郵票、名片，最有意思的是象徵奧運的五個福娃的明信片，分別取名貝貝、晶晶、歡歡、迎迎、妮妮與「北京歡迎你」同音，有關福娃的紀念品，已經充斥北京的特定專賣店，使我想到八八漢城奧運時我應聘韓國東亞大學教書，到處都是「老虎」的奧運標誌，我還買了條印有老虎的浴巾回來做紀念，迄今捨不得丟掉，一幌已是二十年前的事了。從郵局出來搭地鐵來到天安門，這是我自兩岸開放以來四度來此，景物依舊，只是加了些奧運的氣氛，有小販在此兜售奧運紀念品，外地來的遊客絡繹不絕。每次看到建築宏偉的紫禁城時，就想到古時，帝王權威之大，而內部的文物之多，可說舉世無雙，令人印象深刻的是高約二公尺，直徑一公尺的由天山玉所雕的龍，心想當初蔣公怎沒把這雕龍移走？是不是太重了？

從天安門安步當車，步行到百年老店——北京飯店，飯店的貴賓樓，正在舉行中國文物展覽拍賣會，門票兩百元，許多收藏家來此參觀，展現出首善之都的氣派。

北京規劃展覽館、首都博物館

十二月二日在黃老的陪同下，來到位於西長安街的國家大劇院，這也是配合〇八年奧運而建的現代化圓型建築，建築四周都是水池，遠看彷彿一個淺藍的水晶球在水上，本月開幕，節目已排到〇八年四月，包括來自中外各地的表演團體，名之為「開幕國際演出季」，期走進國家級藝術殿堂，令觀眾感受經典的力量。中午吃了北京有名的涮羊肉之後，繼續前往位於崇文區的「北京規劃展覽館」，這是一個長方形規模宏大的建築物共四層，自動手扶電梯都是感應的，人不站在上面，它自動停止，太神奇了。展覽館主要介紹了北京的悠久歷史以及當代規劃中的城市，空間佈局與城市的協調發展，歷史文化名城的保護規劃、生態環境建設與保護資源、節約保護與利用，綜合交通體系防災滅火規劃——三層東區，展示了縮小的北京城市規劃模型，連我住的海澱區也呈現眼前。另有特別放大的模型，如銀行街全是高樓大廈。許多百年老店全集中在前門大街，正在施工中，爲了迎接奧運，據說許多四合院正以空前高價進行交易，計畫改裝賓館和餐廳，對遊客有巨大的吸引力。位於北京角的大山子區，原是九〇年代生產電子設備的廠房區，如今駐進不少畫廊餐廳，成爲美國紐約的「蘇活區」了。

接著前往首都博物館參觀，此館於二〇〇五年十月成立，一樓大廳寬敞氣派，有一巨大古銅鐘，大門上面的大型銀幕不斷播放展出內容以及網址，配上國樂，可以說中西合併。一樓的電影院不時播放「古都神韻」影片，爲多媒體的畫面，包括紫禁城、頤和園、天壇等，令人有強烈的空間層次感。二樓展示古今書畫，三樓展示古都北京，四樓展示古代佛像藝術，青銅、瓷器等，五樓展示古代玉器以及老北京民俗展（包括老胡同文化及老北京的戲台、戲服），吸引不少外國人。

天津探親，聚散匆匆

十二月二日一早，乘快車前往天津，拜訪久違的大表哥金隄夫婦，留下深刻印象。除了訪問南開大學、天津大學，還去了有名的文化街、食品街，兩天一夜行色匆匆，金隄是大陸著名的翻譯家，早年西南聯大外文系畢業，之後在北京大學、南開大學、天津大學執教，桃李滿天下，後來在耶魯大學及北卡全國人文中心客座講學，曾花了十年功夫，翻譯喬伊斯著的「尤尼西斯」。民八十二年曾來台新書發表，我們表兄妹晤面，一時傳爲佳話，金隄大表哥比家父小兩歲，抗戰時期他們在大後方昆明，相處形同手足，當時我才三歲，當然是沒有印象，但是他牽過我的小手，之後再見面時都是中老年人了，距離上次在台北晤面迄今又是十五年了，真是難能可貴的相聚。如今他落葉歸根，定居在天津安享晚年，兒孫都在國外。天津行印象最深的是文化街的楊柳青「年畫版畫」，實在是太吸引人了，至於食品街則買了許多天津板栗，最驚訝的是當年在大陸列爲禁歌的「梅花」，如今在大街小巷不斷播放著，使我回到當年中美斷交時，我們走向街頭向美國抗議就是唱的這首歌：「梅花堅忍象徵我們，巍巍的大中華」，可惜大表兄無法體會出我的感受。離開天津上飛機時，我捧著一大盒「中國傳世國寶」DVD，包括兩岸故宮的文物及出土文物，計二十片，是金隄哥送的，真是盛情可感。

九十七年四月　展望雜誌

註：欣聞台北江陰同鄉會，已於二〇〇八年元月元旦正式成立「徐霞客研究會」。

九一一紐約世貿「遺址」紀行

二〇〇二年九月初，一個秋高氣爽的日子，在紐約做客的我，曾前往九一一世貿中心被攻擊一週年的「遺址」憑弔一番，在我人生旅途上，是件刻骨銘心的事。

從法拉盛的中國城坐七號地鐵至四十二街再又轉四號地鐵，車程四十分鐘才抵達位於下曼哈頓的世貿「遺址」。

到達現場時，不禁令人唏噓，嘆人生之無常，與「親情」之可貴，「遺址」已被鐵絲網封鎖，有警衛守著，隔著鐵網，可窺其慘像，想不到這曾是象徵美國國力的「雙子星大樓」，真像變魔術一樣化爲烏有。猶記，去年九一一世貿被恐怖份子攻擊時，我曾以「天地同泣，草木同悲」一文悼念（民九〇、一〇、三華副），文中曾提到「眼看它樓燒起，眼看它樓塌了」真是怵目驚心、慘不忍睹。美國人引以爲傲的一一〇高世貿雙塔是人們夢想與希望的實踐，一時在熊熊烈火中，崩塌至灰飛煙滅，可以說是廿一世紀最恐怖的事件，這不是人們想看到了，多看了會得憂鬱症，但是仍有不少遊客舉起相機拍攝紀念，教訓要記取，才不會重現。同時，活著的人，更應知福惜福，那些葬身瓦礫的人，沒有白白犧牲。

因爲美國人遭此浩劫後更珍惜家人、親情、友情的可貴，修正了以往只重物質，以及拜金的功利主義，深深體會到世上如果沒有家人，其他所擁有的一切，都是空的。

遺址仍有推土機在施工，期於九一一週年前鏟平。一座高達四公尺的紀念牆，預定九一一週年揭幕，其上鐫刻兩千八百餘英雄榜，黑底白字，甚爲醒目。

「遺址」附近的教堂內亦粉刷一新，正以大型電扇吹乾，期九一一週年舉行追思禮拜。我亦入內默禱，並祈求世界和平、人類幸福，教堂附近草坪四周的鐵欄上掛滿了紀念亡者的衣物，以及販賣紀念品的攤販，包括雙星大樓明信片以及印有「I Love N.Y.」的T恤，白底紅字，非常醒目。

一位白髮老人，也許是愛爾蘭藝人，坐在一角吹奏「風笛」，曲調悲淒，如泣如訴，類似《安魂曲》，我在一旁佇足聆聽，和其他遊客一樣付小費，也恨自己未能帶上胡琴，在此奏曲《病中吟》獻給罹難者，我曾在地鐵聽到中國人吹奏橫笛賣藝，紐約多元文化由此可知。

遺址附近的金融中心——美林大廈，是眺望「遺址」的最好角度，大廈掛了巨幅美國國旗，際此九一一週年，再度掀起了美國人愛國熱忱，並把九一一訂爲愛國者日，當晚秉燭守夜，以示追悼。九一一攻擊事件可以說是美建國兩百多年不曾有過的創傷，它不是戰爭引起，而是無辜遭到毀滅，這裡是太多人傷心的地方，有人反對在此重建大樓，每天都有自動自發、默默獻上玫瑰花及美國國旗的人，他們要化悲情爲力量，從零開始，重建家園。

離開遺址，我特地搭乘M十五巴士，前往堅尼街的唐人街（中國城）巡禮一番。令人感嘆的是以前的繁華已逝，過去摩肩接踵，熙熙攘攘的人潮，只有在腦海浮現了。距世貿最近的唐人街，受到九一一攻擊事件波及，觀光客驟減，加之以往常光顧中國餐廳用餐的世貿員，如今不知存活，來此打工的華人，亦不知轉向何處，大家不願再在此工作，雖然九一一事件已屆一年，人們仍活在恐懼中，倒是象徵中國城地標的孔子像依然無恙。

九一一事件發生時，華人秉著人溺己溺的傳統美德，有錢出錢、有力出力，許多商店打開大門，免費供應電筒、食物等，參與救災行列，處處表露出市井小民大愛，美國政府應點滴在心頭。同時受難的華人，亦和其他族群一樣，可以申請補助金，時間是最好的療傷劑，據說今年的中秋節，就準備在法拉盛的中國城擴大舉行。可預見的是曼哈頓的「中國城」，將由法拉盛的中國城取代了。

離開中國城之後，再搭乘地鐵到三十四街逛到帝國大廈，這座曾號稱「天下第一大樓」的大廈，由於世貿的摧毀，遊客更顯得多了，登到一〇二樓，登高望遠，始覺自己的渺小，隔著玻璃窗，依稀見到隔海自由島上的自由女神，英姿挺拔地聳立在塔基上。這座女神，和世貿大樓一樣，歷經十年完成，是當年美國獨立百年紀念時，由法國所贈。

自由女神，是象徵美國追求自由民主的標誌，據說今年美國國慶時，自由女神上空曾嚴加戒備，以防恐怖份子來侵，天佑美利堅，迄今女神無恙。

我衷心地祝願女神永遠手持火炬、頭頂桂冠，帶領人類走向和平幸福大道。

九十一年十月二十日

黃花崗七十二烈士致敬團紀行

九月初，秋涼時節，本人有幸參與由中華民國團結自強協會，所組的黃花崗七十二烈士致敬團，去了廣州、珠海、深圳、澳門一趟，除了向黃花崗七十二烈士致敬外，還去了大元帥府、中山故居、黃埔軍校以及中山大學等地，回程參觀澳門最近開幕號稱世界最大的賭場「威尼斯人酒店」，收穫甚多，茲記一鱗半爪於後，以餉讀者。

廣州行

九月二日，我們致敬團一行二十七人，在愛盲協會理事長、團結自強協會理事嚴長庚的帶領下，由珠海搭乘巴士駛上京珠公路前往花城廣州，道路兩旁綠油油稻田和台灣鄉下相仿，約一個多小時，抵達位於先烈中路的黃花崗公園，園內史蹟豐富，環境優美，是中華民族緬懷先烈的聖地。門口有巨大的牌坊，上面刻了醒目的「浩氣長存」四個大字，由孫文書寫。辛亥三月二十九孫中山先生領導的同盟會，爲推翻滿清，在廣州發動武裝起義，犧牲烈士皆葬於此，兩旁均爲高大的松柏，其中有孫文種的松樹，我們爭相在此拍照後，即在嚴團長帶領下向七十二烈士獻花行禮。之後，我獨自一人徘徊墓的四周，一股浩然之氣充塞宇宙，記功坊上有章炳麟（太炎）題的橫額：「締造民國七十二烈士記功坊」小篆字體，字跡清晰有力，墓前有兩大石碑分別爲胡漢民、鄒魯所提的碑文，墓頂有自由女神舉火把的石像，取代了早年青天白日的國民黨黨徽。

此地有一座黃色琉璃瓦築的黃花亭，建於一九二六年，配上白色土牆非常典雅，園內還有長排的碑廊，惜無暇觀賞。據說，黃克強（興）是黃花崗的領導人，曾被打掉兩根手指，幸獲生還，曾塡蝶戀花詞，其中「……回首羊城三月暮，血肉橫飛，氣直吞狂虜……」真是慷慨悲壯啊！

中午在金南香漁港餐廳用餐，享受了一頓道地的潮州菜，由廣東對台辦蕭主任作東，特別介紹了「吃在廣州，住在珠海，玩在番禺」，尤其是吃，使我想到一句流傳的話：「除了桌子、椅子外，所有四隻腳的東西，廣東人都吃」。目前廣州有千萬人口，觸目皆是二、三十層的高樓大廈。廣州與香港來往頻繁，加之資訊發達，廣州已漸形成香港風貌，大型百貨公司、娛樂場所、酒樓，應有盡有。

下午，驅車前往「大元帥府」參觀，門口有大幅「浩氣長存」橫額，惜街道狹窄，黃色三層洋房內，陳列了曾在元帥府住過的名人，如宋慶齡、宋美齡、宋子文、朱執信、蔣介石、孫中山、孫科、廖仲愷、胡漢民等照片。

府內的木製家具，簡單樸實，會議廳有孫中山的畫像以及禮運大同篇書法。令人動容的是牆上懸掛的中華民國國旗以及國民黨黨旗，一尊坐在辦公桌前的胡漢民蠟像栩栩如生。惜室內無任何除濕空調設備。下午在大雨中，驅車前往位於珠江中流的黃埔島，參觀黃埔軍校。車程約一小時，黃埔島背山面海，爲廣州第二門戶。孫中山先生於民國十二年重返廣州時，就指定黃浦島爲軍校校址，他認爲「救國必須救黨，建國必須建軍」，軍校學生，都具有「愛國家，愛百姓，不貪財，不怕死」的精神，因此，「團結、負責，犧牲，就成了黃埔軍校的黃埔精神。壁上陳列了許多當年留下的遺墨圖片等，以及軍校史料，使我想到台北中央黨部的大幅對聯：「安危他日終須仗，甘苦來時要共嚐」，據說原來是掛在黃埔軍校禮堂的，是陳英士所撰集句，送蔣中正請孫中山書寫的。如今黃埔軍校操場正在培訓一些穿了軍服的青少年（類似咱們的救國團的戰鬥營），卻看不到雄糾糾氣昂昂的軍校生。望著牆上掛的巨幅黃埔軍校校歌：「怒潮澎湃，黨

2007 年 9 月 2 日攝於廣州黃花崗烈士墓

旗飛舞，這是革命的黃埔」令人感慨萬分。

校史展覽部份，包括了當年學生的畢業證書，蔣公和孫中山合照等等，總之，當年的軍校在蔣中正的領導下，培植了許多重要的將領，在民國史上承擔艱鉅使命，在展覽室中，最令人感動的是團員之中的一位高齡八十八歲梁老太太，在兒子的扶持下，彎腰仔細參觀每件文物，惜有關蔣中正的文件，在份量上，比當年的黨代表廖仲愷、政治部主任周恩來少了許多，無論如何，畢業證書上「校長蔣中正」字樣，是不可抹滅的。從黃埔返回廣州時，望著滾滾珠江江水，彷彿墜入了歷史的長河，令人唏噓不已。

晚上由黃埔地區何副主任以及台灣事務辦公室裡處長做東，設席享用「海鮮」大餐，何主任高歌了鄧麗君的「你在我心中」最後全體高歌「高山青」、「小城故事」，賓主盡歡。飯後坐遊輪遊珠江，珠江，江面遼闊，兩岸高樓燈火四射，五光十色美不勝收，包括百年歷史的華美大酒店，白天鵝大酒店以及酒吧街，晚上回柏麗酒店，一進門就見到廣州詩報詞主編梁鑒江夫婦在大廳等候，我們是十多年的老友，第一次見面是在桂林舉行的「韻文研討會」，如今我們都是做了爺爺奶奶的人了，相見甚歡。

深圳行

九月三日一早，巴士向深圳出發，途經虎門大橋，甚爲壯觀，此橋建於一九九六年，由江澤民題字，中午抵達深圳。此地綠化的很美，街道寬闊有六線道，高樓大廈林立，有世界文化村，民俗村，華僑城。中午在印尼海鮮酒家用餐，下午逛百貨公司，在一家肯德基喝咖啡，桌上的廣告很有趣：「爲什麼你一定要吃早餐，每晚七—八小時睡眠，胃把食物排空，身體必須的葡萄糖已降低水平，必須通過早餐來確保工作效果」，很有意思。邊喝咖啡，邊望著窗外街道的餐廳廣告也有創意：「蒸雞湯，真功夫，還是蒸的味道好！」，深圳是大陸五個特區之首，注重環保發展，一日千里，人口六、七百萬人。傍晚時分，前往中華民俗文化村參觀，我們分座小火車參觀了錦繡中華大陸，所有的景點已一比十五的比例，複製了各地的名勝古蹟，如萬里長城、故宮、蘇州園林、西湖、樂山大佛、兵馬俑，令人目不暇給，晚上觀賞大型民族歌舞表演，通過雷射、乾冰以及華麗的服飾、佈景，將中國民間的舞蹈、音樂、特技等進行了精采的演出。

中山市、珠海

九月四日清晨，巴士上了廣、深高速公路，向深圳出發，道路兩旁均綠油油的稻田，途經隧道、虎門大橋，中午抵達珠海鄰市中山市（昔稱香山），參觀位於中山市翠亨村的中山故居，中山故居大門朝西，進門兩旁高樹林立，是當年孫中山從檀香山返國所建設的故居，這裡傍山瀕海，林木蔥籠，鳥語花香。一八六六年孫中山在此度過童年和青少年，並在此行醫從事革命活動，後來辭去大總統職務後回鄉，因爲孫中山的大名遠播，使的小小翠亨村成爲海內外人士，心目中的聖地，門口牆上有孫中山題的「天下爲公」四個大字，白底藍字非常醒目，屋頂也是藍色的，館內陳列了孫中山的生平史蹟以及親屬的文物照片。此間的化妝間很現代化，如同五星級飯店還有空調。心想，廁所最重要的是乾淨、有水，是不是有空調，並不重要，寧可把空調放到中山故居大廳，使文物保持恆溫，不受潮！

下午，參觀中山大學珠海學院，這是一所無圍牆的大學，採開放式，校園很大，圖書館頗具規模，教學大樓是長型的，由法國人設計，外牆有彩蛋。校訓仍是「博學、審問、愼思、明辨、篤行、」中山大學，由孫中山創立於民國十三年，該校管委會卞瑜主任，給我們做了簡報，之後，我轉贈了黨國元老鄭彥棻的「懷聖集」。這本書是彥公民國七十六年親自簽名送給本人的，書內文章主要介紹國父的豐功偉業以及有關照片，彥公早年曾聆聽國父演講，是國父忠實信徒，彥公早年就讀中山大學，後來由鄒魯（海濱）校長選派到法國留學里昂中法大學，校長爲吳稚暉先生。返國後任中山大學法學院校長，抗日戰爭爆發時，曾親自領導學生抗日遊行示威運動，功不可沒，因篇幅有限，在此不贅。

晚上，由珠海事鍾市長設宴款待，次日遊珠海市區，目前的珠海，正在發展成旅遊休閒的都市，大廈不准超過十八層，已成爲移民城市。次日上午，前往位於珠海前山鎭上的梅溪牌坊——陳家大院參訪，有句口號：「了解珠海歷史，從梅溪牌坊開始」。原來這是清朝末年中國第一任駐夏威夷領事，也是華僑百萬富翁陳芳先生的故居。佔地十二萬六千平方米，目前成爲觀光休閒度假勝地，包括陳家花園、家族墓園、陳芳家史展、中國牌坊精品展、珠海名人蠟像館……陳芳字國芬，爲啇界王子、一八五七年娶夏威夷國王義妹茱莉亞爲妻，一八八一年被光緒皇帝，欽命爲中國駐夏威夷第一任領事，一八九零年返回故居落葉歸根，房舍結合了西方文化與中國建築，包括露天舞廳……。

中午在附近一座仿山西「大宅門」內的嚴府用餐，嚴團長先下車在門口歡迎我們，儼然主人身份自居，令人有賓至如歸之感。其他，還有許多掛有不同姓氏的宅子。下午前進澳門，遊覽海邊的漁人碼頭，此處有許多歐式建築的商店。

澳門行

次晨遊覽有五百年歷史的媽祖廟以及以及只剩下一面牆的聖保祿教堂，（澳門的標誌），此教堂原由義大利籍耶穌會神父設計，由日本工匠以鬼斧神工技術協助建成，於一六三七年竣工。此教堂先後經歷三次大火，木造教堂毀於一旦，只剩下巍峨壯觀的前壁，壁上全是精緻的浮雕，吸引不少遊客，之後，又去觀光列爲世界遺產的十五世紀由西班牙修士所建的「玫瑰堂」。本人因爲是天主教友，所以特別步入堂內跪拜祈禱。祭壇上，置有聖母手抱聖嬰的塑像，天花板佈滿圖案裝飾，莊嚴肅穆。接著參觀最近隆重開幕的威尼斯人大酒店，這座可容納三千客房的大酒店，真是金碧輝煌，氣派非凡。一進大廳就是一座巨大的黃金渾天儀，屋頂，皆是歐洲文藝復興時期的壁畫、弔燈，往裡面走，就是擁有八百張賭台的大賭場，堪稱是世界最大的賭場，另有一座可容納一萬五千座位的表演場，人潮絡繹不絕。服務生手執盤上的果汁、咖啡等飲料任君取用。至於餐廳四十多家，包括日式、中式、西式以及南洋口味，期打造爲中國的拉斯維加斯，大運河購物中心的三樓頂上，是人造藍天白雲。澳門拜全中國大陸熱衷賭博之賜，目前仍在大興土木繼續加蓋各式各樣的賭場。據說，澳門國民所得已超過香港。年輕人到了十八歲受訓三個月，即可進入賭場領取高薪，但也帶來負面影響，誰去念大學呢？

九十六年十二月　展望雜誌

上海鱗爪

上海，大陸首善之都，自從改革開放以來，套句大陸順口溜：「一年一個樣，三年大變樣」，上次去的時候是兩千年，我和外子殿魁，小女安安在春節時，前往上海探親、祭祖、旅遊，回來時後陸續撰寫了上海行的所見所聞，城隍廟、豫園、南京路、上海博物館、歌劇院等，在報章雜誌發表，在此不再贅述。今年二〇〇六春節，我們一家祖孫三代又組團前往上海祭祖、拜年、旅遊，包括雙胞胎女兒、兒子、媳婦、孫女一共七人，於元月二十七日除夕前清晨啓程，經香港到上海。前後在上海住了兩個星期，收穫不少，感觸亦多，茲記前次所未聞所未見的一鱗半爪於後。

多倫路文化街到外灘

除夕，大年初一，連著兩天都在上海寶山和殿魁弟妹侄輩們歡聚，除了向爺爺奶奶上墳拜年外，不是在餐廳互相酬酢，就是在卡拉ＯＫ唱歌或隔窗觀賞煙火，大家互祝健康，家庭幸福，工作順利，充分享受親情之樂。

大年初二，我們祖孫三代一行，向住在四川北路九十高壽的珊姑媽拜年，老人家端坐在木製椅上，和藹可親，笑容滿面，我們紛紛摟著她拍照，室內充滿歡樂親情。中午，在「上海人家」餐廳聚餐，慶功表哥堅持做東。在座的還有從大連來的慶融夫婦。慶功夫婦這次特地從內蒙來上海小住。自兩岸開放以來，我們第一次見面。記得民國三十八年，我隨父母從上海來台時，慶功才十歲左右，印象中他是個好動的男生，愛踢足球，讀的是名校，珊姑父是在銀行工作。而今歲月流逝，一晃眼，我們都是做爺爺奶奶的老人家了，見面恍如隔世，真是時代的悲劇。

飯後，大夥散步到附近的多倫路文化街，這一帶虹口區以前是日租界，早年曾是左翼作家聚集的地方，口誅筆伐，以文學革命，在現代文學史上有舉足輕重的地位，如：魯迅、茅盾、郭沫若、葉聖陶、沈尹默、夏衍、丁玲等，都在這裡活動過，故居也有蹤跡可尋。其他名人如白崇禧將軍、孔祥熙等仍保留著西式洋房。文化街入口處矗立了一座別緻的拱門式牌坊，有著明顯的上海石庫門建築造型，入內左手邊是現代美術館，走入石街古巷，都是一間接一間的紀念品店、舊書店、古玩店，路旁有許多雕像，包括魯迅、瞿秋白、葉聖陶與報童、馮雪峰與黃包車。葉聖陶是復旦大學教授，也是有名的童話創作家，，馮雪峰曾撰寫「魯迅回憶錄」。沈尹默是詩詞大家，早年作品發表在「新青年」，他曾擔任過中法文化交換出版社主任，出版過大量法國名著，他和黨國元老于右任相識，同是書法家，晚年以畫竹出名，尤擅長扇面畫，他最有名的是一百五十二字白話座右銘，譬如：「處理問題時要慎重些、了解情況時要全面些、受到刺激時要忍耐些……

待人接物要熱情些、工作方法要靈活些……。」文化大革命時，為了防抄家，把自己的詩詞撕碎，放在澡盆浸糊，擠乾，半夜由家人扔到蘇州河，真是文化浩劫。這些人，對我們的子女來說都很陌生，畢竟兩岸隔絕了半世紀。

除了塑像外，令人注目的是多倫路二〇一弄二號，曾是左聯左翼作家聯盟成立的舊址，由魯迅、夏衍等人發起，也有一九二〇咖啡屋，咖啡一杯二十元。

不知不覺走到一個弄堂，裡面一座花園洋房，門口掛了「白崇禧將軍故居」，即名作家白先勇兒時居住的地方，在此可遙想當年黑頭轎車緩緩進出，以及那風華絕代，穿著旗袍的美人出入繁華景況。至於孔祥熙故居目前已成民宅，邊走邊瀏覽，突然路邊出現一座中式建築的教堂，是一九二八年美國人所建，上海建築多元化，由此可知。

文化街出來，叫了兩輛計程車，來到位於外灘

2006 年春節向上海九十高壽老姑媽拜年

的和平飯店，這是我第三次來，只是家人沒來過，特別讓子女們看看這座具有歷史的古老歐式建築，一九一二年國父就任臨時大總統時，曾在飯店內歡迎會上大聲疾呼「革命尚未成功，同志仍需努力」。

在飯店頂樓，可以俯視黃浦江上來往船隻以及兩岸古典與現代化的建築。飯店內有爵士樂演奏，聲名遠播，吸引不少中外名流來此聆聽，勾起懷舊之情。

從外灘乘車，穿過海底隧道，即可抵達浦東開發區，登上八十八層金茂大廈，可清晰鳥瞰黃浦四周的景物，以及遠處如網狀的高架公路及來往車輛。

金茂大廈，是個很有創意又有著中國塔層式的商業建築。包括旅館飯店、辦公樓、展覽廳。其中水晶般的建材，在夜間燈光襯托下，更是晶瑩剔透，它和東方明珠比鄰而居，形成上海的標誌，連戰訪上海時，下榻的香格里拉即在此附近。

至於外灘，又是另一番景象，上海由於地理環境之優勢，二十世紀初，就已擁有英、法等國的建築，尤其是外灘的匯豐銀行（浦東發展銀行）、沙遜大廈以及海關大樓的「大自鳴鍾」，這些建築均出自於不同風格的設計師。文化大革命時，倖免於難，如今均列爲國家級文物保存建築，成爲中外遊客的觀光景點。給上海帶來無以數計的商機，據說它的夜景已列爲世界第一。尤其春節期間，大型電子廣告，不時打出「新年快樂」的中英文字幕，吸引成千上萬的人潮。韓國遊客不少，使我想到當年我唸初中時「中共抗美援朝」的事，如今過半世紀，歷史傷痛已灰飛煙滅。美國麥當勞到處可吃到，韓國手機，電子用品到處可看到。正說明世界上無所謂的敵人，無所謂的朋友，沒有一個國家不爲自己的利益著想。

外灘的夜景，五光十色實在太迷人了，可惜我們等了好久才坐到遊輪，最誇張的是這個碼頭買了票，要跑好遠的碼頭才坐上，我的五歲小孫女兒只好被爸爸揹著，在人群中跑，還被遊民推擠。大陸改革開放以後，經濟起飛了，高樓大廈如雨後春筍般崛起，但是觀光事業，還得再加把勁，人民的生活品質也得提高，不要讓外來客搖頭。

文化，需要經濟做後盾，但一味發展經濟忽略文化，則社會會腐蝕。尤其，扼守長江門戶的上海，在中西文化的交匯上，是不可低估的，要在國際上佔一席之地，必須在教育、文化上多加把勁。不僅基礎建設要好，民眾素質更要好！

上海到蘇州

大年初四，由姪女王芸駕駛箱型車，前往蘇州，隨行者尙有殿魁弟弟殿元以及貴州來的姪女夫婦等。上了高速公路，五十分鐘車程即抵達蘇州，速度之快，令人咋舌，大陸有句口號：「要開發，就得先搞交通」，由於大陸地大人多，資源豐富，加之旅遊普及，開闢交通，成了當務之急。爲此，大陸正在用水泥和瀝青把各地串起來，從西南部的喜馬拉雅山到北部的戈壁沙漠，高速公路網已僅次於美國。青、藏鐵公路都在趕工中，預計二〇〇八年奧運前完成，屆時將有世界第一高的公路了。這大概就是人多好辦事吧。

隨著公路里程的增加，和汽車銷量的增加，大陸的人民將可大大享受在高速公路上疾駛的樂趣了。

上海到蘇州的高速公路兩邊，皆是平房、別墅、廣告也很整齊劃一。不久，抵達位於蘇州城西楓橋鎮的寒山寺，由於時值春節，香火鼎盛，張燈結綵，遊客川流不息，紀念品店有唐張繼楓橋夜泊詩句的檀香紙扇，我一口氣買了好幾把。蘇州市區很繁榮，高樓不多，大都是二、三層樓房，當我們看到有「台北沙龍婚紗照」、「寶島眼鏡」時，彷彿置身在台北。此地網吧（咖）也不少，其中一家為「天涯網吧」很有創意。據說大陸網路族已達一億多，僅次於美國。中午，來到人民廣場附近的「和茶館」品嘗蘇式點心，妙的是茶館內居然還有麻將聲以及女子的吳儂軟語，一派太平盛世。

據說近幾年來江蘇一帶，外商不少，在無錫就辦了韓國學校，為了吸引大量投資客，原本污染的太湖，如今已整治清澈，風景優美。蘇州目前正推行九年義務教育，教育是立國根本。下午參觀蘇州有著五百年歷史的古典園林「拙政園」，園內亭台樓閣，小橋流水，典雅出眾，還有人在表演彈詞，是明代達官貴人，辭官歸隱之地。

早期世博之中國印象圖片展

為了配合二〇一〇年在上海舉行的世博會，春節期間，在上海圖書館舉辦了一場「早期世博之中國印象圖片展」包括了一百五十年前，中國滿清政府在美、英等國所舉行的珍貴照片，有二十多幅。令人印象深刻的是一八五一年，在英國倫敦博覽會上維多利亞女王，接見各國貴賓的巨型彩色油畫，包括了著滿清服的中國商人，宮內金碧輝煌。另外幾幅是一八九二年在美國芝加哥世博會上，所展出的中國寺廟、戲台、茶館等大型黑白照片，當時在西方世界已留下古老中國的印象了，不知四年後在上海舉行的世博會，會呈現什麼樣的風貌，將拭目以待。

上海圖書館，是一座拔地而起的現代高樓，最難能可貴的是後花園內聳立了一尊孔子塑像。「上圖」正門有個廣場，分別雋有「知慧廣場」與「知識廣場」的石碑字樣。爲了鼓勵市民讀書，一年三百六十五天無休日，因爲「知識就是力量」。

「上圖」的正對面，座落於淮海中路一六一〇弄二號的逸邨，是一幢白色洋房，，蔣經國在此住過的地方，已列爲優秀歷史建築。早年由遠東公司所造，磚木結構，一九四二年完工。琉璃瓦、鏤空花飾、花紋鐵欄，螺旋形窗間柱，後來共黨接收後，做了情報所。目前賣給了台灣旺旺集團。

宋慶齡紀念館

從「上圖」出來，左轉步行十分鐘左右，就是淮海中路一八四三號宋慶齡紀念館，這是幢三層樓的花園洋房，入內，發現有數十隻鴿子在草坪上啄食，鴿子象徵和平，是宋慶齡的最愛。洋房四周古樟樹環繞，環境優雅，在紀念館門前，有宋慶齡半身雕像，有江澤民所題「國之瑰寶」四個大字，館內珍貴文物包括她早年在美國求學時的照片、書信以及宋氏三姊妹黑白照，一九一五年她不顧父母反對，嫁給孫中山直到孫中山去世，她仍繼承中山先生「和平、奮鬥救中國」的遺訓而努力。展示文物中印象最深刻的是孫文送給宋慶齡的「孫文學說」，扉頁用毛筆題的「精誠無間，同憂樂，篤愛有緣共生死」，字體渾厚有力。宋慶齡一生可以說爲「捍衛民族」而努力。早年曾在上海和魯迅、蔡元培等組織中國民權保障同盟，有許多當時抵禦外侮的黑白照。後來她努力於婦幼衛生、文化教育和社會教育等工作。晚年大都從事友好往來，維護世界和平的活動。同時，她無時無刻不在思念兩岸親情，企盼統一。其中一封宋美齡來台後給宋慶齡的家信，封面寫的是孫夫人親啓的字樣。遺憾的是兩岸隔絕半世紀之久，宋美齡晚年長居美國，也未達成回大陸的心願。

走出紀念館，隨即參觀宋慶齡起居室，入內要先套上塑膠鞋套，以免弄髒室內地板、地毯。客廳有毛澤東送的梅花地毯，壁上掛著她最喜歡的「貓」的油畫，貓的雙眼畫的很傳神。最後欣賞影片「宋慶齡的一生」，一位記者這樣形容她：「她是我所知道的世界上最溫柔，最高雅的女性」，一九八一年五月二十九日她病逝於北京，舉行國葬，葬在上海萬國公墓，和她的父母親葬在一起。令人感動的是宋慶齡女傭李燕娥，十六歲來到宋慶齡身邊，陪伴她五十三年春秋，同甘共苦，結下半個世紀血濃於水的姊妹親情，後來李燕娥死後，也葬在宋氏墓園。

中山故居巡禮

中山故居，位於香山路七號，是一幢兩層樓的花園洋房，是一九一八年後，孫中山辭去海陸軍大元帥職務後，與宋慶齡的居住寓所，是當時旅居加拿大的華僑爲了支持孫中山先生革命活動而集資購買的。這期間孫先生深居簡出，在此完成「孫文學說」、「實業計畫」等著作。孫中山逝世後，宋繼續住到一九三七年，後來才遷到淮海中路。故居門口有孫中山先生的雕像，面對偉人，我們恭敬的行了三鞠躬禮，還引來在旁外國遊客的注目，我告訴他們我們是台灣來的。故居的簡介，完全是正體字，大概是方便海外的華人吧？

爲了保持室內乾淨，我們套上了鞋套，先後參觀客廳、臥室、書房，室內的陳設完全照原樣。客廳西牆掛了一幅身穿西裝的孫中山黑白照，神采奕奕，是一九一二年就任中華民國臨時大總統時所拍的，半身像的四周用黃絲線鑲成一個鐘形，寓意著「敲響警鐘，以鐘聲喚起民眾」，客廳典雅樸實，西式沙發，配上紅木茶几。茶几上放了一個紫檀木雪茄煙盒和煙灰缸，這裡曾是孫中山先生接見政要如廖仲凱、汪精衛、蔣介石、戴季陶以及普通老百姓的地方。

餐廳的餐桌是圓形的，四周放著八隻鼓形簍空的紅木凳子，桌面及凳面都鑲的大理石。餐廳的壁爐上陳列一把日本寶刀，據說是日本人久原所贈的祖傳寶刀，有三百年歷史，是資助孫中山革命用的，東牆陳列了一架美製「勝利」牌的留聲機，有思古之幽情。至於走道、書房陳列了中文、英文、日文的書籍，經史百家雜抄，老子精華、莊子精華、墨子精華都是涵芬樓刻印的線裝書，由此可知孫中山對傳統歷史文化之重視，所謂「知識即力量」也，使我想到林肯在選總統時曾說「我一無所有，有的就是幾個書櫃……」偉人皆是如此。

樓下的大廳，是一些和孫中山先生有關的文物展，其中包括孫中山的上李鴻章書：「人能盡其才，地能盡其利……」，原文多了「能」字，最後在紀念館買了「天下爲公」紀念盤，以及孫中山誕辰一百三十五週年的明信片，據說今年國父誕辰，在大陸將擴大舉行，因爲是國父誕辰一百四十週年。

街頭剪影

走在街上，最喜歡抬頭瀏覽各式各樣的招牌，招牌就是都市的臉，有些招牌很有創意，尤其南京路的老字號招牌，令人有回到三十年代舊上海場景，如「采芝齋」、「朵雲軒」、「老鳳祥」、「老大房」仍保留了傳統的正體字（大陸稱繁體字）。

但也有一些不雅的招牌，走在街頭突然看到「面大王」的金字招牌掛在餐廳大門上，不禁令人搖頭，何不把「面」這個字恢復到正體字的「麵」呢，如果是刀削麵的「面」也用簡體字，就太可怕了。再說干洗店的干，何不也恢復爲「乾」呢，也有廣告是完全正體字的，譬如中華牌香菸「愛我中華」的「華」並沒有用簡體字，令人好奇的是文法何以用倒裝句，「我愛中華」豈不更順？大陸人口多，爲了便於溝通，把原有的漢字改成簡體字，但也要合理簡化，不可亂簡，不可抹煞方塊字的形、音、義的特色。

在上海的消費差距很大，譬如老字號的「紅房子」西餐廳，七個人吃下來居然合台幣五千元。一般的勞工階級、小老百姓很少上館子，大都買了在家自己做，一天十元菜錢就不錯了，我曾坐過一輛計程車，司機五十歲不到，卻每天爲了替女兒繳學費，從早到晚開車，沒有一點自己的消遣，更談不上上館子了，原來他女兒讀的是中外合資的學校，學的是企管，學校沒畢業就有公司預約，可是一年學費要一萬五，這不是小數字。一年三百六十五天他每天得不停地開車，這位司機之前是在染布廠工作，下崗後，爲了女兒讀好學校只好拼命賺錢，完全沒有自己的生活。文革時已吃盡苦，現在爲了下一代吃苦。自從改革開放以來經濟提升了，但人的價值觀不同了，一切向錢看齊，加之一胎化政策下，小孩都被大人寵過頭了，讀普通學校就好了，何必讀中外合資的呢？

在上海停留的幾天，我們最喜歡搭乘的交通工具就是地鐵，班次之多，速度之快，以及月台之亮麗乾淨，就如同置身在台北。只是站與站之間距離比較長。其中一號線，已成爲上海從西南到東北的交通動脈，在月台上邊等車，還可以欣賞周杰倫、王力宏的代言巨型廣告，甚至許多大陸的年輕人都說王力宏是大陸歌星。心想，在當今講「統獨休兵」之際，民間早已統一了，尤其是演藝人員，我們的電視不也看到大陸的羣俐的代言廣告嗎，還有大陸百貨公司早已充斥味全、新東陽產品。

如今，北京的全聚德烤鴨，也進駐台北了，每天座無虛席，吸引不少老饕。至於大陸拍的古代歷史劇等，打開電視，即呈現眼前，所謂「同聲相應，同氣相求」。

附記：本人脫稿時，傳來上海珊姑媽去世的消息，不勝悲悼，謹以此文紀念之。

九十五年五月 展望雜誌

天祥到大禹嶺

我們一家五口，中午到達天祥，這是橫貫公路上第一期完的「美化風景區」。

在叢巖峭壁上，蜿蜒穿鑿的橫貫公路，到這裏豁然開朗，在群山裏難的有一塊小平台；一塊略呈傾斜的台地，這裏有公路局天祥車站，佔據了平地中心點，坡邊有幾間賣大理石紀念品及山地土產的小商店，有竹筍、木耳、當歸等。

散步在周圍的建築，都是現代化的，遍地種植奇草異花。車站後面山腰上，塑了一座民族英雄文天祥的銅像，天祥之名，大約既即是紀念這位不朽的偉人。銅像後面是一座八公尺見方的巨型大理石屏風，鐫刻了正氣歌全文，每個字總有尺地見方。銅像對面則是一座橫跨海拔五百公尺山顛的吊橋，在怪石嶙嶙的谷底，矗立兩座相連的小山，一山之巔建了一座天峰塔，卓立大山之側、小山之頂，自有一種挺拔、屹立、守正不移之概。

在天祥用過午飯後，車子翻山越嶺，愈爬愈高，除了仰不可攀的高山外，還是高山，外子殿魁指著面前高峰，仰著頭說：「你看那個紅點，據說是座亭子，等會兒我們的車子要從那兒經過呢。」真是不敢相信，我們的車子如何能爬上那陡峭的山頂呢？

車離天祥沿著山腰，作之字形往上爬，一會兒峰迴路轉，一會兒蜿蜒上升，尤其一邊是天祥谷地，洞壑的感覺越來越深，越走越險，而且這一段路面也不太好，到處是粉碎的風化石，車子走著、彎著，前面懸崖邊現出一角紅簷，起初還以為是觀光標誌，近前才知是一座古色古香的亭子，築在路邊懸崖上。有一條陡峭的石級，可以下達天祥，但是坡度太陡了，站在那階邊照樣都有些怕絲絲的。亭子名叫「豁然」，因為她矗立在高山之巔，下臨天祥谷地，由此亭四望，周圍群峰，盡在腳下，真是一洗半日來峽谷中逼人的氣息。到此，豁然開朗。群山遊雲獻舞，古書上說：「登泰山而小天下」，可見登此豁然亭，到反覺得天地之大，人的渺小了！

過了豁然亭，以為這裏是最高了，誰知還有更高的呢。從此起，車子走的是迴旋山路，或循山脊、或沿山腰，路是越爬越高，就好像老殘遊紀裏形容王小玉說書一段：「越拔越高」，峰迴路轉，回頭一看，真不敢相信來路在對峰百大山腰處。許是地勢太高了，雖然祇是下午三點左右，但已覺得涼意襲人，而沿途植物的景觀也大不如前。闊葉樹漸漸少了，滿谷滿坡都是針葉類的松杉，挺拔卓立。有的已枝條凋萎，蕭瑟地祇剩一株禿幹，但仍令人感到它直挺的氣概。有的旁枝再生，在這狂風吹不到的深谷裏，群山擁抱中，無論大大小小的樹，都是高直挺拔，有的徑尺，有的合抱。平時總覺國畫裏的松樹，有些誇大，如今目睹這些高材巨木，頗覺一些水墨杉松潑灑得還不夠淋漓。那些高高低低的梢頭，總掛著一些似棉非絮的東西，遠遠看去，如停雲、散霧般。

車正拐彎末角地前進。忽然一株大樹，矗立在路頭，上面還掛著牌子，隱隱中「碧綠神木」

四字跌進眼簾。周圍地上散著不少的果皮紙盒等。這就是「名勝地」的特產——少不了的餐盒、果皮、空罐等；台北近郊的名勝如此，想不到遠藏深山的風景地也逃不了被糟蹋的厄運。車在大樹旁停下，此樹是橫貫公路上最大的一株杉樹，據估樹齡有兩千年以上，直徑有三公尺半，周圍十一公尺，要七個大漢才可把它抱住。樹上也被遊客挖了許多紀念痕跡，我們繞樹一周，仰望高不可攀的樹巔，想起莊子逍遙遊中的那棵大樹了！就是因它立於深山僻谷，才能免去斧斤的厄運，享其天壽！兩千多年來，真是幾度滄海桑田，它卻依然安然無恙！

氣溫越來越低，沿途皆是原始林木，斜陽從高山之顛古樹之隙下射，枯藤老樹，倍增蕭索，滿眼白雲青山，公路坡度亦甚大，所幸車子性能良好，近黃昏時抵達橫貫公路最高點——大禹嶺。大禹嶺對面便是有名的合歡山，是冬天賞雪最佳的地方。

北京行

二〇〇五年九月中旬，本人有幸隨世界和平婦女會台北分會訪問團，前往北京，參加「世界和平婦女會國際親善」交流活動，收穫良多，感觸亦深。茲記上一鱗半爪於後：

崛起中的北京

九月十八日一早從下榻的華潤大飯店，訪問團一行登上編號十二的巴士，向市區駛去。北京，不愧爲中國首善之地，佈局宏偉整齊，爲了迎接二〇〇八年奧運來臨，路上不時出現一排排公寓以及高聳入雲的辦公樓（寫字樓），大量引進外商投資，大型的飯店正在興建中，奧林匹克中心早已興建。

一般薪水階級的上班族，根本買不起市區的房子，只好買在郊區，私家車增加了，塞車問題也出現了，聽說有些人，爲了避開早上顚峰時段，一起床，就帶著盥洗用品上路，其緊張可想而知，這是十多年前我來北京，所不曾發生的，當時整個生活步調是緩慢的。

上午九點多，抵達號稱這座可容納百萬人的天安門廣場。令人想到一九八九年電視上坦克車鎮壓驅散學生的六四天安門事件，以及民運人士被逮捕的景象。如今已物換星移，一大早廣場已聚集來自各地的遊客，而毛澤東畫像對面的天安門高高掛了一個二〇〇八年奧運指定倒數計時鐘，是OMEGA（歐米茄）的巨型招牌，大家爭先恐後在此拍照留念，面臨即將到來的二〇〇八年奧運，不知到時我們兩岸的選手是否也像去年在雅典奧運開幕式中，南北韓選手一樣攜手進場呢！這是兩岸領導人，應集思廣義，抱著遠大胸襟，在和諧的基礎上謀求全世界永久的利益，人類幸福的時候。

穿過天安門，來到象徵古代帝王權位的故宮，四周有護城河圍繞。

大陸經濟改革開放後，原來冷清的故宮如今每天湧進五湖四海的遊客。站在太和殿前，充耳可聽到四川話、廣東話、江西話的鄉下老百姓，也有黃髮高鼻子的老外，遊客水準參差不齊。

太和殿是宮內最宏偉的建築，它象徵位居世界中樞的古代中國，可遙想滿清時代各國來此朝聖的盛況，殿內一座巨大的金龍座椅，正是皇帝在此發號施令，統御全國的地方。

中午在天安門附近的國家博物館用餐，室內佈置優雅，十人一桌十道菜，爲了配合外國觀光客，門口設有咖啡專櫃，一杯卡布奇諾居然索價二十八元人民幣。下午參觀帝珍絲綢織品有限公司，APEC會議曾在北京舉行，當時各國元首所穿的唐裝即由此公司訂製，衣服上繡有APEC英文字。是爲了是弘揚古蠶絹文化，開拓新絲綢之路。

晚上，參加在「北京展覽館劇場」舉辦的晚會，此劇場有俄羅斯之風貌，進門兩邊樓梯口，分別豎立了「讓社會更進步，讓家庭更和諧」、「以人文迎奧運，以愛心建和諧」的標語。這正是咱們的儒家思想，唯有「仁愛」、「和諧」才是使世界各種族、宗教，實踐大同思想，和平共存。

劇院內有紀念品販賣店，我買了一對小男孩打跆拳道的模型，煞是可愛。劇院內的通道掛滿了歷年來此演出的劇照，以俄羅斯的芭蕾舞最多，半圓形的舞台上高高懸有「文明家庭高峰論壇大型晚會，中國社會協會婦女論壇主辦」，的橫幅，舞台兩邊有「構建和諧家庭，迎接人文奧運」的標語，同時打出「東方和諧理想家庭聯合會，祝人人擁有一個和諧家庭」的螢光字幕，在在顯示和諧的重要。

晚會開始前，由大陸朝鮮族朴會長致詞，特別提到二〇〇八年在北京舉行的奧運會，希望能營造出地球村。一九八八年在韓國舉行的奧運會，充分發揮了團結的力量，可提供二〇〇八年北京奧運做借鏡。

晚會節目內容精采、溫馨，有歌有舞，包括「來自龍的故鄉、唱給媽媽聽、舉杯吧、朋友、秦王點兵、魚在水中游」其中以秦王點兵場面最偉大，兵馬俑都上台了，壓軸是華裔韓國歌星周玄美，所唱的是鄧麗君的「甜蜜蜜」台上台下打成一片，此曲在後來的場合也聽韓國人唱過，可能是歌詞簡單旋律優美吧。音樂無國際，均能傳達人與人之間的感情。

龍慶潭、長城

次日，主辦單位安排遊龍慶潭、長城以及世界和平婦女會交流活動。有小三峽之稱的龍慶潭，位於北京北面，由於票價昂貴加上地處偏遠，一般旅行社很少安排到此。遊覽車一早出發，十一點才抵達目的地，比預定的時間晚了一小時，原來是龍慶潭附近一所類似軍事管理的訓練營正值結業。受訓的大都是高中生，男男女女的均著軍服，有的家長自己開車來接，也有出租車陸續把他們的愛子愛女接回去，這些青少年都是一胎化政策下出生的，被雙親、爺爺、奶奶、外祖父母所寵愛，所以利用暑假送他們參加了類似我們台灣救國團戰鬥營的活動，培養他們吃苦耐勞，以及規律的生活，早上六點起床、跑步、練操，一天只有三餐，不准吃零食，更無電視、電腦的設備。由於塞車，走走停停近午時才到龍慶潭的入口處，門票七十五元一張，一下車就有位老先生拎了剛摘下的李子，一元一袋，合台幣只有四元，二話不說三包全買下來了，接著又在販賣機買了瓶統一的綠茶。

龍慶潭是個人工水庫，山青水秀，藍天白雲，風景如詩如畫，但必須先通過一個人工開鑿的山洞，洞內有上下電扶梯，有空調，出了山洞就可登上無頂蓬的遊艇，此處水深湖濶，船悠悠滑行在湖面上，如行駛在藍寶石上，山上林木蒼翠，鳥雀飛鳴，一座座高聳入雲的山峰，倒映水面，如一幅幅水墨畫，令人流連忘返，聽說此地韓國遊客不少。

離開龍慶潭後來到居庸關，天空一片蔚藍，城樓屋簷下有一幅「天下第一關」的橫幅，字體渾厚，蒼勁有力，由此處環顧四周，長城氣勢如虹，如巨龍般蜿蜒盤旋在高低的崇山峻嶺。長城，是我第二次來，景物依舊，不同的是山腰蓋了一座名為長城古棧仿四合院的酒店，一晚四百多元人民幣，可免費參觀長城，夜間不開放，據說曾經有對情侶夜間翻過長城牆，在月光下做他們愛做的事，被公安發現，罰了不少錢。

從月球往地球看，唯一肉眼可見的就是中國的長城了，它是人類建築史上罕見的古代軍事防禦工程，被聯合國文教組織列為世界遺產之一，難怪每天吸引一波波的中外遊客，為了吸引觀光客，連廁所都煥然一新，不同於前。

晚上，在世紀飯店有一項「內蒙古東方和平理想家庭聯合會與世界和平婦女結緣聯誼會」活動，我們台灣來的代表，分別坐在不同的席桌，十人一桌，我和美國、日本、韓國的代表同桌，來自世界各國的婦女代表皆盛裝而來。

用餐前，由朴會長致詞，再度強調社會和諧的重要，「和諧」才會使國家富強，並強調以愛心造福人類，以信心克服困難，就如同彩虹一般照耀人世，尤其婦女們要做賢妻良母，要尊老愛幼，邁向美好的地球村，並祝二〇〇八年北京奧運成功。

接著由內蒙古婦女會會長王真致詞，內容不外乎世界婦女肩並肩，為世界和平而努力。最後由日本代表、台灣代表先後上台唱歌，台灣代表唱了「祝你幸福」、「高山青」兩首，贏得滿堂彩。

接著用餐，同桌每四人互相簽姊妹結盟書並拍照留念，達到高潮，惜冷氣不夠，美國代表直拭汗，幸好我有隨身攜帶檀香扇，借她使用。

自由行

天壇、頤和園、以前都曾遊過，今天脫隊自由行，前往拜會徐霞客研究會，此會成立於一九九三年，紀念明朝地質學家徐霞客吃苦耐勞、鍥而不捨，犧牲奉獻的精神，當時會長江牧岳先生，理事胡有蕎先生，秘書長黃實先生，係由前中央日報社長楚崧秋的引介，由本人組團前往北京的，楚老和胡有蕎先生是大學同學，胡老後來留在大陸作了外交官，兩岸開放後，他們有了連繫。此次，江會長知道我來北京，堅持作東請大家吃飯，地點在一家民間的「缸煨湯館」設宴款待我，盛情可感，久別重逢，相晤甚歡。

我們的話題仍圍繞在徐霞客身上，徐霞客不但是地質學家，而且是地理學家，他足跡遍及大江南北，歷時十年完成「徐霞客遊記」，最難想像的是，他曾到過貴州的黃果樹大瀑布。在那個時代，黃果樹是少數民族居住的地方，原為夜郎國所在地，他排除萬難，抵達該處，精神可佩。多年前，就曾在該地舉行過「徐會」，八十多歲的江老也不辭辛勞，前往參加。

席間，也提到徐會的名譽會長，程思遠，不幸於七月間辭世，享齡九十七高齡，程氏曾任政協副主席。

吃了頓豐盛的午餐後，下午自由行，有趣的是當服務生遞給我的一包面紙，打開發現封套內頁印有「千年奇鮮，古法煨製，會吃是福，健康是金」的字句，另一面則是「喝罐湯來歇歇肩，拿起酒杯聊聊天，有時點破一句話，勝似低頭忙一年」，耐人尋味，佩服人家的宣傳手法。

下午獨自一人，乘坐有三十年歷史的一號長安路橫貫線，因為經過市中心，乘客甚多，冷氣不夠，車廂內壓克力手環上印有「竟報領跑二〇〇八」的廣告，白底紅字。永安月台相當寬敞亮麗，特別下車逛逛，有名的仿製品秀水商場，即座落於此，吸引許多觀光客，尤其是俄羅斯人，仿冒的皮包、手錶、球鞋似可以假亂真，在附近的露天咖啡座喝了杯卡布奇諾後，又下到地鐵繼續往東區行駛，在四惠東站可換新幹線到東邊的大橋，月台很大，惜要排隊買票，月台設有紀念品店、藥店、麵包店，廁所卻是投幣的。

車票一張三塊五毛，登上車廂經過五環，在廣播學院下車，再又回程往西，此站月台的公廁張貼「多一點清潔，多一點文明」，或許是大陸教育不夠普及，標語特多。

中國醫院院長大會及婦女研討會

九月二十一日，飯店的會議廳舉辦了一項「第二屆中國醫院院長大會」，我也躬逢盛會，聆聽了一場演講，內容多為行政方面，譬如院長要站在第一線，多與顧客（病人）成為夥伴，即使病人出院，也要給予電話關懷或寫信慰問。加強醫院的文化管理，發揮大家庭互助互利的管理方式，院長要放下身段，多說好話，多讚美病人，要有宏觀，不能只坐在辦公室批公文、接電話。不怕病人投訴，要爲院內院外建立好形象、好品質，多和社區溝通，懂得爲名醫打知名度……。

會場外面陳列許多有關醫療器材及醫療書籍銷售，我買了本「吃的營養與治療」。

晚上，舉行了世界和平婦女研討會，由美國婦女代表主持，北京大學楊麗萍教授代表致詞，特別強調教育的重要，希望十年以後，中國強大了，有更大的場所歡迎大家，並說明一胎化後的孩子，自主性很強必須加以輔導。由於大學錄取率低，競爭力強，互相勾心鬥角，加之社會上的貪污腐敗，貧富不均，在在造成心理上的不健康，在目前情形下必須加強「互助合作」及「愛的教育」，在物質發達的同時，必須配合精神的提升，這方面希望得到各國婦女的協助。

他的講話由中國教育基金會駐華代表黃明珠翻

2007 年 12 月 2 日攝於北京國家大劇院

譯，黃代表早年是從台灣到美國留學的。

會中，婦女們紛紛針對一胎化提問，譬如沒有戶籍的「私生子」造成求學就業的困擾，一胎化政策的小孩，目前都已是二、三十歲的學生或社會人士，由於無兄弟姊妹，不懂人際關係。

五十年代，毛澤東提倡人多好辦事，每家生五、六個小孩，農村更甚，因爲有補助，人口從四億一下飆到八億，北京大學校長馬寅初建議節育，不但沒有採納，反而被打入右派，說他太西化。

到了七十年代，實施計劃生育，一胎化強調「一家一個真光榮」，誰料造成女嬰常常被扼殺，以及私生男嬰不報戶口，以及一對夫妻照顧兩對父母的後遺症。

研討會最後總結一致認爲，未來必須發揮以德服人的王道精神。過去，中華文化已影響東亞好幾個世紀，儒家思想中的「己所不欲，勿施於人」、「己欲達而達人，己欲立而立人」。「人不獨子其子，不獨親其親的道理」，可以化解仇恨，以及種族，宗教的歧見。

不可諱言地，全球性的文化正在形成，西方與東方必然會合，激出世界新的文化，千萬不可抱著崇洋媚外的心態，要取西方之長再融合中華優秀的仁道精神。

會後，我向楊教授交換名片、意見，並贈送本人所著「江山萬里情」以及「中國文化背景與家庭倫理」，爲此行化下句點。

九十四年十月　中央日報

永恆的尼加拉瀑布

九月初，一個雲淡風輕，秋高氣爽的好日子。清晨，在法拉盛喜來登大酒店門口，獨自一人登上了「縱衡紐約」巴士，開始了尼加拉瀑布的兩日一夜游。全團五十名，均來自五湖四海的華人。導遊小呂，不時用國語、粵語，介紹沿途風光名勝。

裝有抽風系統聞名的一條隧道

巴士向新澤西方向駛去，途經一座隧道時，小呂特別向大家介紹：「這是一個很特別的隧道，特別的抽風系統著名，每九十秒可將隧道內的空氣換新」，難怪隧道內無廢氣。出外旅遊，碰到好的導遊，則收穫多多。

出了隧道，巴士即進入新澤西州，此州最初係荷蘭人移民至此，把鮮花帶到此地，故又明「花園州」，隔著海水可遙望左岸曼哈頓，許多紐約的上班族，寧可早出晚歸，奔波於兩岸，也願意在新澤西購屋定居，因爲此州的房屋便宜，環境優美。難怪出了隧道，兩旁均是加油站。

巴士在十七號高速公路，行行復行，爲了排遣時間，車內撥放了劉德華主演的港劇。但是，我寧可倚窗望著窗外的藍天白雲，以及夾道的叢林，偶有起伏的丘陵，散落的房舍。

康市玻璃藝術品技術高超享名

中午時分，巴士駛入高速公路的休息站，小呂帶著大家去一家中國自助餐廳用餐。一客八元美金，菜色繁多，任君享用，比起附近的麥當勞，價錢雖然貴，卻滿足了中國人的口胃，誰叫中國人的嘴巴如此的挑剔呢？大陸改革開放後，到美國的遊客，一年年增加，中國餐廳也應運而生。二十一世紀，屬於中國人的，由此可證。

下午兩點多登車，不久進入康寧市區，前往參觀玻璃藝術中心。康市在二十年前，還是個小鎮，由於玻璃藝術品技術高超聞名於世，由小鎮升格爲市。

場內所有員工，均爲康城出生，代代相傳。龐大的建築物，全是玻璃建材，內收藏了兩萬多件玻璃藝術品。我們還參觀了玻璃花瓶的製作過程，爲了使我們一車的華人都聽的懂，主辦單位特別請了精通中文的老外口譯。中文熱，已逐漸在美國升溫了。

壯觀的萬馬奔騰瀑布嘆為觀止

離開玻璃藝術中心後，繼續向尼加拉市前進，黃昏時分抵達尼加拉市。次日，一早來到世界聞名的尼加拉瀑布，令人彷彿走進家中掛的西洋風景畫的月曆中。轟轟隆隆的瀑布聲，不斷在耳邊響起，真是嘆爲觀止。即時口占打油詩一首：

萬馬奔騰震河川，
山崩地裂奇景觀，
瀑布飛來美加境，
神功鬼釜造天然。

隨後，遊客們均穿著管理人員發的雨衣，登上「霧之女神」號輪船，身歷其境一番，之所以稱「霧之女神」是由於瀑布前方噴出來的水霧如新娘面紗，既神秘又浪漫。渡輪行駛到瀑布前面時，水花打在雨衣上，遊客們尖叫聲四起，據說，瀑布每秒挾著七十萬加倫的水量，宣洩而下，日復一日，月復一月，不分晝夜發出天籟之聲。數十公尺高的水花四濺，發出的聲音，彷彿在演奏大自然的交響曲，自然而貼近。抬頭可看到天空有人乘著直昇機鳥瞰瀑布奇觀，無論天下、地下，這天然奇觀也帶給美、加兩國無以數計的龐大觀光收入。每天都有陸續不斷的遊客揹著相機遠道而來。而輪渡每天千偏一律在河上穿梭，真是瀑布無價，遊客有情。

上岸後，有人把雨衣脫下來，帶回家作紀念。之後又乘電梯到瞭望台，眺望四周景緻。但見美、加國旗在空中飄揚。對岸的加國擎天塔（sky）清晰可見。一座通往加國的彩虹橋（raoinbom bridge）亦如彩虹一般橫跨兩岸，橋上車輛川流不息。

回程尼加拉市湖濱公園行駛，湖光山色，美不勝收。車上的旅客，此時已打成一片，後座兩位中年男子，一是大陸移民美國的科技人士，一爲台灣移民美國的生意人，兩位「哈拉」半天，有爭執，也有交集。因篇幅有限，在此不贅，總之！旅遊時的所見所聞，常是課本上沒有的，所謂行萬里路勝讀萬卷書，是有道理的。

九十二年四月　展望月刊

那年冬天

——美東十年罕見大風雪

今年的冬天很有冬意，氣象報導合歡山飄雪，民眾樂翻天，使我想到前年的二月，我正好旅居波士頓。親歷了十年來美東罕見的大風雪，雖然時隔兩年，但那鋪天蓋地的大風雪，彷彿就在昨日，令人印象深刻。

二月十七日是美國總統節（紀念林肯、華盛頓）全國放假一天，卻發生了十年來罕見的大風雪，風雪從紐約逐漸往北移動，每小時下雪一到二吋。

十七、十八兩天，我和向寬弟剛好在波頓慶勝表弟家做客。由於風雪來襲，無法出外，被困在家哩，站在落地窗前，放眼望去，銀灰色的天空，雪花飄飄揚揚地像柳絮般悄然無聲地在空中飛舞，又像是在空中灑鹽，緩緩飄下，白茫茫的一片。屋頂上、樹枝上、地上都被雪覆蓋，空氣清新，沁人心脾，四周渺無人跡，正是「千山鳥飛絕，萬徑人蹤滅」的寫照。同時也想到劉備三顧草蘆的雪景「瑞雪霏霏，山如玉簇，樹似銀裝」這雪花和雨水是迥然不同。雪花靜悄悄的，不知不覺入夜時已累積兩呎深了。儘管外面萬里雪飄，氣溫零下二十度，室內因開著暖氣，溫暖如春。

「秀才不出門，便知天下事」坐在電視機前，得知紐約皇后區已積雪2.8英吋，超過了一九四七年的積雪量。紐約交通全面停駛，且發動近兩千人外出剷雪，並呼籲人們勿外出，但是，還是有不少年輕人，在曼哈頓街道大大划起雪來。華盛頓已關閉兩個機場，聯邦部門停止上班，學校停課，維吉尼亞州洪水氾濫，有十三處養禽倒塌，近三十多萬肉雞、火雞被壓死，真是災情慘重。

慶勝夫婦，正好利用大雪天，在家DIY，自己做年糕，配方是中、西合併的，就是把牛奶、素油、發粉以及豆沙搗拌在糯米粉內，然後放置烤箱，烤四十分鐘，取出冷卻後吃。真是又香又Q。邊吃年糕，邊欣賞租來的「康熙微服私訪記」，此時，窗外已是一片銀色世界，竹枝上，松葉上，都頂著一堆堆的白雪。

我們圍爐繼續看連續劇，偶爾瀏覽客廳的字畫，最難得可貴的是餐廳掛的一横幅，是「禮運大同篇」隸書體。在海外，尤其在住家，能讀到這篇「大道之行也，天下為公……是謂大同」，堪稱絕響。感動之餘，拍了好幾張照片，帶回來作紀念。同時也使我想起去世的母親，在我幼小時，就用她湖南口音，背誦著這大同篇，並教我們背誦，好像背三字經一樣。後來電視台也播放過大同歌，更容易背誦，每次聽到這曲子，我們全家大小就跟著哼唱來，當時新聞局，還製作了卡帶。民國七十二年，我率領中華文化訪問團訪問南非時，就向新聞局索取的一些，送給海外華僑。時過境遷，如今，電視早已不播放此曲，新聞局是否還有贈送此卡帶不得而知了。

母親，出身書香門第，從小讀私塾，同時寫得一手好字，後來進了湖南有名的私校——周南女中，抗戰期間歷經結婚、生子，放棄了原本考取的廣西桂林大學。母親受到父親軍人本色的影響，一生忠黨愛國。晚年，自美返台時，曾參加爲紀念抗戰勝利五十週年，而在國父紀念館舉行的抗戰歌曲紀念晚會上，當聽到「我的家在東北松花江」時，她老人家也跟著唱，令我感動得熱淚盈眶，那已是十年前的事了。而今母親已經辭世，但她的音容笑貌，仍清楚浮現眼前，特別是在下雪的時候，影像特別清晰！

第三日，風雪停了，在一片寂靜中，我們這些已邁入老年的人，外出堆雪、打雪球，頗有返老還童之感。也爲我的人生旅途中，留下新奇的一頁。那場十年來罕見的大風雪，使我體會到雪的晶瑩可愛，它大公無私地把大地裝點得如此純潔美好。

九十四年三月六日　青年副刊

波士頓甘迺迪博物館（巡禮）參觀記

不要問你的國家可以爲你做什麼，而要問你能爲你的國家做什麼？

今天是二月十七日，美國總統節。在旅居波士頓慶勝表弟夫婦的陪同下，參訪了位於海邊的甘迺迪博物館，頗具意義。

這座特別的建築，係華人貝聿銘所設計。門票美金八元，由於是總統節，館內有多項紀念活動，門口車水馬龍，川流不息，館內更是遊客如織。

我們首先在電影院欣賞了甘迺迪（Kennedy John）年輕時代的黑白紀錄片，包括甘氏在中學、哈佛大學以及在海軍服兵役的畫面，片長二十分鐘，禁止攝影。印象最深的是甘氏在學校參與多項運動以及社團，二十歲的小伙子，溫文爾雅，極具才智，後來在海軍服上尉役，更是雄姿英發，珍珠港事件，曾指揮魚雷艇對抗日本，身受重傷，獲海軍陸戰隊勳章，一九五三年與賈桂琳結婚。

之後，我們轉到地下室參觀牆上掛的照片，首先映入眼簾的是一九六〇年競選總統的海報，隨時光倒流，使我回到四十多年前，我剛進大學的時候，甘氏和尼克森在廣播電台的激烈辯論，以及報章雜誌大幅報導甘氏的畫面。

記憶中，我家尚未購置電視，如今卻在展覽室的一角親眼目睹當年甘氏和尼克森在電視辯論中的鏡頭，美國人收集資料之完整，令人佩服。許多遊客佇立在電視機前聆聽他們的辯論，令人感覺無論談吐、風度，甘氏都佔上風，而尼克森顯得木訥。在辯論中甘氏大聲疾呼：「美國人要負起責任……對付人類共同的敵人——暴政、貧窮、疾病、戰爭……」。

除了電視演說的生動畫面之外，靜態的展出包括了甘氏用過的衣冠文物，小至用過的鋼筆（上刻有甘氏名字）、記事本，大至於用過的書桌、坐過的沙發，其中包括戴過的眼鏡、帽子、用過的球棍、電話、公文夾，甚至友邦贈送的禮物。印象深刻的是非洲的象牙雕刻等。至於白宮所使用的刀叉碗盤，以及賈桂琳戴過的首飾、穿過的衣帽……，真是琳瑯滿目，令人目不暇給。其中也陳列了甘氏的著作「英國爲何酣睡」、「勇敢者傳略」，後者榮獲普立茲獎金。

一九六一年甘氏被選上美國第三十五任總統，他就職上任時說的演說，其中最打動人心的是：「我的美國同胞們，不要問你的國家可以爲你做些什麼，而要問你能爲國家做什麼？」可以說在當年，是深入年輕人腦海中，那時的年輕人，如我輩等，如今均已邁向六十歲的老人了。

但是好景不常，甘氏做了一千天的總統，不幸於一九六三年十一月二十二日，在德州達拉斯遇刺身亡。令人不勝噓唏。當時被刺殺以及之後出殯的歷史鏡頭也不時在電視上播放著，供人憑弔。不只一架電視，同時有三台電視在一個展覽室播放，四周的牆壁一片黑色，氣氛是莊嚴而肅穆，觀眾不發一語佇立於電視機前觀看當年的新聞紀錄片。十一月二十二日中午，甘氏和夫人乘敞篷禮車通過市街，接受人民夾道歡呼時，一名暴徒射了幾發子彈，命中甘氏頸部，約半小時不治身亡。立即由副總統詹森繼任。十一月二十四日，在全國哀悼聲中，甘氏遺體安放在美國國會圓型大廳，供人憑弔，教堂鐘聲齊鳴，所有餐廳、電影院停止營業，二十五日，九十二國領袖參加國喪，在馬車拖曳著靈柩，前往聖馬太教堂做安魂彌撒，途中有百萬人夾道致意，數百萬美國人在電視上收看喪禮，總統被葬在阿靈頓國家公園的斜坡上，他的遺孀在其墓前點燃一個永不熄滅的火焰，整個歷史鏡頭到此，令人屏氣窒息，無不發出感嘆之聲。以為展覽到此結束，詎料，在出口處有一架電視正在重複播放柯林頓的談話，主要在敘說他年少時，曾晉見甘氏並和他握手寒喧的經過，原來甘迺迪是柯林頓的偶像。

參觀結束後，在紀念品販賣部購得有關甘氏的紀念幣、光碟等。這位從政十五年的政治家，二十九歲就競選眾議員，連任三屆，直到當上總統，競選從未失敗。他在任內，重視社會救濟，平民福利，並曾建立和平工作團，協助非洲落後國家，並與英俄簽訂核子禁試條約，外交政策溫和，贏得歐洲輿論的推崇。可惜英年早逝，如果活著，迄今也是八十多歲的老翁。在他去世近四十週年之際，令人無限懷念。

九十二年十月十日 中華日報

洛杉磯地鐵（捷運）自由行

此次來到洛杉磯，探視兼旅遊，其間亦曾乘坐地鐵自由行，東西南北逍遙遊。地鐵的標誌和國內一樣，均是大寫的「M」即法文Metro的縮寫，是一種既經濟又快速的交通工具。你不用參加旅行團，只需按圖索驥，就可到達你要去的地方了。

目前，洛城有四條不同顏色的路線圖，分別是紅、藍、緑、黃。印象最深的是今年才啓用的「黃」線，以及一九九九年啓用的「紅」線；從中可以窺出人家捷運和社區文化，是互相結合的。

在市區的第七街，可乘紅線聯合車站、轉黃線到中國城。聯合車站建於一九三九年，是爲西班牙式建築；爲了宣導大家多使用黃線，車站的大廳內掛了一橫幅：「Discover Gold Line」，意味著當初中國人來此，只爲完成淘金的夢想，因爲這條線的第二站即是中國城，無論遠近，票價都是一元三毛五，乘電扶梯直達陸面上月台。此線的車箱，相當新穎，內部的座位亦呈黃色系列，可惜乘客不多，大家仍習慣自己駕車。抵達中國城後，彷彿置身中國，陸面高架月台上的建築物均古色古香，中國傳統式的屋簷、柱子，紅、緑、黃相間，尤其柱子塗得鮮紅、耀眼欲花。這還不足爲奇，奇的是地面上一幅巨大銅鑄的八卦方位圖，吸引了我，這在國內都不易見到，沒想到在異國接觸到了。這是始於伏羲氏時代的產物，也是中華民族最早的思想符號，也是人類哲學的開始。情不自禁，一連拍了好幾張照片，在徘徊欣賞之餘，感歎我們也有捷運，卻鮮少有類似藝術，以國父紀念館站來說，何不鐫以孫文題的「天下爲公」四個大字在壁上？又有些站名，值得商榷，如「景美」站，外來的遊客看了會誤以爲是風景美麗的地方。

另一條通往好萊塢（Hollywood）以及環球影城 Universal 的紅線，也突顯了社區文化藝術並與當地觀光點結合。在影城的出口，即有免費接駁車，到達位於山腰的影城參觀，從市區乘地鐵到影城，僅半小時車程，實在太便捷了。

至於好萊塢的站名，在紅線上有三個與好萊塢相關的名稱如 Hollywood /vine、Hollywood/high land、Hollywood/west；每站月台都甚寬敞、乾淨且各具特色。在 Hollywood/vine 地下月台的天花板，全由一盤一盤的膠片盤所組合而成的；電扶梯到一樓的月台設列兩個大型攝影機，四周牆壁散布著與好萊塢有關的人物造型彩繪磁片，至於在 High land 的這站，月台出口的牆上打著五光十色的霓虹燈，極具視覺效果，當你登上電扶梯一舉頭即可看到，恍如置身電影院般。這站出去，即可一睹星光大道與中國戲院其門前馬路上的巨星手印。

在市區的第七街，可以轉藍線到 Long Beach，共二十二個站，此線於一九九〇夏通車，乘客中多爲中南美洲或墨西哥的外勞，他們在此區的加工廠或碼頭做工，沿途可以看到西班牙式建築以及其遺跡。其中 Vernon 站的高架月台上，可以看到路旁一些工業用具，如剪刀、鉗子等，實爲突顯出此區特色。

車站內，從未聽到廣播的聲音，但在出入口的牆上你可以清晰地看到一行英文字，意思是說：「請你保持車內的清潔，因爲它是你們花錢蓋的」（納稅人的錢）。

中央交通中心，是結合地鐵、火車和公車的運輸站，大廳非常氣派，有一幅名爲「都市之夢、歷史之河」寬達八十英呎的油畫，任何旅客一出站就可以看到畫中的男女老少，他們代表了先後來到達 L.A. 爲這塊土地打拼的居民，意味著「了解過去，打拼未來」，和美東紐約的地鐵相比，不可同日而語。

原來洛杉磯的都市計劃中列有「地鐵藝術委員會」，此會成立於一九八九年，性質是要求以地鐵工程的百分之零點五，作爲設置藝術品預算，以串連不同社區的多樣文化以及都市特色。

我們的捷運，寬敞潔淨，但是除了商業廣告外，是否更應加強人文氣息以提高生活品質。

九十三年二月三日　中華日報

美西太浩湖散記

——謹以此文獻給敬愛的大姑媽

爲了一掃上半年在台灣地區所發生的SARS陰霾，我決定一放暑假，就開始我美西之行，探訪親友兼旅行，上山下海好好散心一番。在抵達洛城的當晚，得知旅居此地的大姑媽早在三個禮拜前，就已經託我的小表妹美文，去旅行社替我安排了舊金山、太浩湖、紅杉木國家公園的四天三夜之旅，真是令人喜出望外！尤其感動的是，一直疼愛我的大姑媽，堅持付了旅遊的費用。她說：「你花這麼大的機票錢，我這點小錢算什麼？」恭敬不如從命，只好心領了。後來離開洛城，要回台北時，向大姑媽辭行，九十一高壽的老姑媽提高嗓門：「別忘了！回來要寫文章給我看。」爲了不辜負老人家的期許，僅以此文獻給我敬愛的大姑媽。

真是不登高山，不知山之高也。不臨深谿，不知地之厚也。四天三夜旅遊，眼界大開，印象深刻。茲就世界第二大高山湖——太浩湖Lake Tahoe記上一鱗半爪於後。

八月下旬，一個雲淡風清的早晨，來自五湖四海的遊客，登上遊覽車後，離開了位於內華達州的雷諾賭場，開始了第三天約三小時車程的太浩湖之行。太浩湖 Lake Tahoe 是印地安語，位於海拔一千八百九十八公尺的高山上，介於加州與內華達州交界處。三百年前火山爆發斷崖後，形成了這座世界第二大高山湖。湖水大部分在加州，南北長三十五公里，東西寬十九公里，最深處五百公尺。湖水全倒出來，再靠雨水、雪水注滿，得花七百年之久，真是不可思議！通往太浩湖的路上，一邊欣賞窗外的景色，一邊迅速記下導遊的介紹，內華達州是美國第三十六州，是美國最後一個被開發的州，境內一半是沙漠氣候，是全美最乾旱的州。礦業豐富，又叫「銀州」，人口大部分在拉斯維加斯。

途經位於 Carson City 的內華達州政府，白色建築物，無任何刻字，從四周松柏圍繞的草坪上，才看到一個木牌，上刻有 City Hall 的字樣，一樓陳列了歷任州長油畫像，二樓為博物館，空間寬敞明亮，室內無論冬、夏均保持恆溫，免費供遊客參觀，泱泱大國之風，由此可見。

在州政府走馬看花之後，繼續登車前往山區，車子環山而行偶出現山坡小木屋，在盤山公路上，轉來轉去，愈爬愈高，四周盡是高入雲霄的翠柏蒼松，濃蔭遮天，令人體會到「念天地之悠悠，獨愴然而泣下」的境界。不禁感嘆，這麼美的湖竟然藏在高高的山上。

約十點四十分抵達太浩湖。眼前為之一亮，真是不看不知道，看了嚇一跳！真不敢相信在此高山上，這麼一片浩瀚無邊，碧波萬傾的湖水。河水之充沛，空氣之明淨，令人難以想像。

十一點，正好有一班遊輪開始遊湖，我們魚貫登上輪船開始了兩小時的遊湖之旅。我們乘坐的這艘輪船，可容納五百人，有八年的遊湖歷史。心想，這個遠離城囂，遺世獨立的世外桃源，每天真不知替美國賺了多少外匯呢？

起初，我是坐在甲板上眺望四周湖光山色，冬天此山區滿山遍野覆蓋著雪，附近的「少女谷」是滑雪勝地。後來才轉到一層的船艙，感覺各有千秋。在甲板上時，鄰座是兩位老夫婦，頻頻搶拍好風景，遠處的藍天白雲，近處的青山綠水，偶有出租直昇機掠過，降落傘緩緩而降，原來是降到遊艇中，是那麼的悠哉悠哉。想到多年前遊三峽，看到山上被砍伐的禿樹，以及因水土保持不好而混濁的江水，令人感嘆不已。中國大陸想要發展觀光事業，必須組團到美國好好考察考察，包括人家的環保，人家的公用廁所以及販賣各項紀念品、餐飲等設施。

在甲板上也遇到一對年輕夫婦，推著嬰兒車在欣賞風景，儘管嬰兒不懂得欣賞，但是從小就沐浴在大自然中，令人不得不羨煞：「美國是兒童的天堂！」

我情不自禁逗著嬰兒，嬰兒笑的好天真，經年輕夫婦同意，也攝入我的鏡頭之中。人生如過客，在旅行中，有些人只與你短暫相處，卻留下美麗的回憶。

中午時分，我才轉到船艙，龐大的艙內有餐廳也有吧台，以及販賣紀念品。靠窗有桌椅，可自由入座，紀念品大都是 Made in China 的。我買了幾個鑰匙環送人，點了一份凱撒沙拉、海鮮濃湯，十二美金。來自西方的遊客，大都安靜聆聽電視上介紹太浩湖的影片，而東方人士（包括中國人）大都在聊天。我就遇到一位老太太是來自印尼的華僑，她篤信佛，常自備自動瓦斯爐，旅行時，隨時烹煮她吃的素食，難怪她拎了個好大的袋子。她育有五個子女，均已移民美國，她年少守寡，如今輪流住子女家。喜歡到處旅遊，使我想到我親愛的大姑媽，自己待在家中，卻鼓勵我這姪女外出旅行。我凝望著窗外飄忽的白雲，如夢如幻，想到大姑媽常說的一句話：「當你快樂時，看看雲吧，雲告訴你歡樂易逝。當你痛苦時，看看雲吧，雲告訴你痛苦很快消除」。姑媽是位知書達禮的新式婦女，自從七年前大姑父去世後，大姑媽不再單獨出外旅遊了，獨自過著規律的生活。樂天知命的她「心中常喜樂，口頭無怨言，永不老，天天忙」。不是去教堂，就是參加當地老人長春中心的各項活動；如：聚餐、唱歌、韻律操等，有時也和親友打老人麻將。閒時，自己下廚烹調，做了家鄉菜，就分送給親友們。她年輕時，就努力向學，十六歲和姑父訂婚後，在夫家的支助下，繼續到浙江嘉興師院讀書。結婚後，生有五男一女，勤儉持家、相夫教子。後來投身公務員近半世紀之久，由抗日、勝利，播遷來台，顛沛流離，苦盡甘來，兒女有成。退休後隨大姑父移居美國，安享晚年。大姑媽在家排行老二，上有長兄，下有四妹一弟，我父親即是她所暱稱的「小弟」。父親英年早逝，之後我這內姪女一直受到大姑媽庇護，歲月如流，直到如今我自己也做了祖母。這次來美，她老人家還替我準備公車銅板，我真是何德何能，有這麼一位關心我的大姑媽？我只有努力寫作予以回報。她常說：「錢財，是偷得走的，唯有文章，是人家偷不走的」！

我邊俯視平靜如鏡的湖水，一邊沉思，要是大姑媽一起來跟我遊湖該多好？我低吟：「天上飄著些微雲，地上吹著些微風，啊！微風吹動我的頭髮，叫我如何不想她」。

約下午三點半，繼續登車，向加州中部佛雷斯諾（Fresno）駛去。這是一大片廣闊的農產區，各種果實，早已收成。如今全是綠油油的樹葉，放眼望去，除了「綠」還是「綠」。加州得天獨厚的氣候，所出產的廣大農產品替美國賺取不少外匯。五點鐘左右，太陽已西斜，火輪般的落日將澄澈的天空，染上一道金光，由於平原遼闊，太陽顯得特別大。向晚時分，浮雲散盡，天宇寧靜。晚上下榻旅館，一夜好睡，從早上的藍天白雲青山綠水，到下午的大草原果樹，夕陽無限，盡入夢中。

九十二年十二月十四日　青年日報

紐約的中餐廳

中午從紐約法拉盛圖書館出來，步行到一家叫「阿宏」的中餐自助餐廳用餐。三菜一湯，只要四美元，價廉物美。菜色繁多，炒、爆、煎、燜、烤、蒸、燴，五花八門，真不知如何取捨？最後，我選了煎小鯧魚、芥菜、小牛排，可惜筷子不是免洗的。老板是廣東人，卻也有不少上海客光顧，從餐廳中客人的談話，可知法拉盛的上海人不少，當然，也有說著閩南語的。

凡是法拉盛稍有名氣的餐廳，都可以聽到講上海話的華人，可見上海人對吃的講究。吃的品味遠超過充飢果腹，正因如此，法拉盛吃的文化似乎取代了唐人街。菜的名稱，可以說包羅萬象，五湖四海的菜餚，如無錫排骨、東坡肉、清炒蝦仁、清炒鱔魚、蛤蠣雞湯、蔥爆蝦、西湖醋魚、醉雞、紅燒黃魚、小籠包……加之台灣移民所帶來的台菜如蚵仔煎、味全花瓜碎肉、滷肉飯、台南擔仔麵、小火鍋、三杯雞、金針排骨、肉羹米粉、炒花枝、福州魚丸等。新開的一家紅筷子餐廳，有農家雜糧、南北佳餚、游水海鮮、竹筒蒸飯，雲天樓的烤鴨，一隻十六美元，皮脆，鴨骨可煮湯或紅燒豆腐。真是嘆爲觀止。兩岸在吃的文化上，在這裡早就已經統一，且吃出燦爛的文化來。招牌林立的中國城，呈現了一個多元化的生活情調。

中國人對吃的創造和研究，可以說到了登峰造極的地步。當然，也給美國帶來無窮商機。

九十四年六月十二日 青年副刊

參觀紐約

——聯合國總部有感

到了紐約，置身在曼哈城中時，抬頭仰望，均是一棟棟拔地而起的高樓大廈，印證了人們常說的：「到了美國，是看摩天大樓！」由於此區以上班族居多，熙來攘往的，街道上不是西裝革履的白領階級，就是穿著入時、舉止高雅的仕女，令人目不暇給。

中午，在洛克斐勒廣場，用過簡餐後，即步行到四十二路巴士站，搭車前往睽違已久的聯合國大廈總部參觀。記得第一次參觀大廈時，是在民國五十八年底，那時我國在聯合國佔有一席之地，直到民國六十年退出聯合國迄今，已是三十多年前的事了。物換星移，當年在聯合國維護我國權益的大使、代表們，也已陸續作古，存者，亦已八、九十多歲的耄耋老人了，真是不勝唏噓。

令人印象深刻的是前年去世的薛毓麒大使。他是爲叱陀風雲的外交鬥士。曾駐聯合國安理會副常代表長達十二年之久，並曾任加拿大、西班牙、沙烏地阿拉伯、韓國等大使。我因曾在韓任教，有幸常向薛大使請益，每提及退出聯合國一事，無不令他痛徹心肺。想到辦外交有所爲有所不爲，有所怒有所不怒。後來薛大使調回台北，退而不休，受聘爲總統府國策顧問。期間曾爲加入GATT（關貿總協）、WTO（世貿組織）而奔波。那時，正值我經濟起飛，人人高唱「明天會更好」的黃金年代。我中華民國終以「台、澎、金、馬」名義加入GATT或WTO，印證大使常說的一句話：「外交靠經濟作後盾、辦外交要有經濟實力」

如今，政黨輪替，經濟衰退，加之失業率攀升，而執政黨卻妄想以GATT、WTO的模式，進而加入WHO（世衛組織），真是緣木求魚，更遑論加入聯合國。基於中共的「一個國家」政策，中共是不會在門口歡迎我們的。

車上沉思良久，不久來到了四十七街，一座龐大的建築，橫在眼前，這就是象徵世界團結，維持國際安定力量的聯合國總部大廈。它像巨大的屏風一樣，聳立在東河畔。

下了車，步行到大廈總部，方知此地不算美國領土。從北端阿富汗國旗延伸到南端，所組成的會員國國旗，由當年的五十多國，增加到如今的兩百多國。一片旗海，五顏六色，置身在此國際區域中，令人眼花撩亂。這個區域，不屬於任一個國家，而是屬於加入聯合國的所有國家。

參觀門票美金八元，每十人一組，由不同語言的導遊帶領參觀。包括英文、法文、俄文、西班牙文、阿拉伯文，我參加的是英文導遊。據介紹，最高的大廈是秘書處，兩側較矮的是會議室，地下室餐廳、紀念品店、郵局。

總部所在地建築群，除了三十六層的玻璃和大理石的秘書處大廈之外，還有圓頂的大會大廈，中間有連接兩者的會議大廈，由一批國際建築師所負責設計，建築群中以及地面上均有各會員國所贈的紀念品。中國大陸所贈象牙雕刻，取代了以前我中華民國所贈的禮運大同篇大理石碑。我曾在此欣賞過此碑，印象深刻，字跡出於國父孫中山先生，據說是黨國元老陳立夫的建議政府，將孫文書法鐫刻在大理石上，送到聯合國的。因為兩千多年前，我老祖先對於世界的理想——「大道之行也，天下為公……」與聯合國宗旨正吻合！但目前此碑卻不知移到哪去了？

聯合國成立於二次大戰結束之後，一九四五年在舊金山簽署聯合國憲章。迄今已逐漸擴大到兩百多個會員國，服務項目包括促進世界和平、保護人權、解決文盲、疾病、飢餓、恐怖份子、販毒、難民等，導遊邊指著歷史照片、掛圖、海報邊介紹。

印象最深刻的是安理會會場，因為這個地方是每年舉行安理會時，電視上常出現的畫面，馬蹄形的會議桌，一張長方形桌子，從缺口伸進去。長方形桌，靠近後面主席的座位，是四位譯員，輪流當場速記各國代表之發言，再立即譯成各國語言。

佇立在正在休會的會議廳中，令人遙想當年我國在聯合國佔有一席之地時，我與會的代表團均為資深歷練駐任各國的大使們。他們經常在此議場舌戰群雄，阻止中共入會長達二十三年之久。堪稱外交史上的奇蹟。當時許多國家紛紛與我國斷交，我國在聯合國代表全問題上屢遭挫敗，面臨嚴重挑戰；為了鞏固非洲國家邦誼，民國五十三年，在非洲先生楊西崑大使主導下，特組「中華民國文化友好訪問團」，前往非洲十六個國家訪問，團長為芮正皋大使，副團長為白萬祥將軍，筆者有幸為團員之一。當時有些親共的國家，由於我們的訪問，而與中共斷交。那時，我剛大學畢業，爲了國家的利益，也加入艱苦的外交行列。

然而情勢比人強，直到民國六十年，在「排我納共（匪）」案中，終於通過中共入會，在「漢賊不兩立」的原則下，我國毅然退出聯合國。那年，我已研究所畢業，在大學教書，已有一對念小學的雙胞胎女兒，正是爲家庭、爲事業打拚的花樣年華。當退出聯合國消息傳出後，舉國憤怒，咬牙切齒、垂頭喪氣，幸在蔣公英明領導下，化悲憤爲力量，全國上下同舟共濟，共體時艱。那時「置個人生死於度外，以國家興亡爲己任」的標語隨處可見。年底，外子亦榮獲國家文學博士，我也與有榮焉，隨外子上電視台接受訪問……往事歷歷如昨，三十多年來，我已由少婦到中年，而今兩鬢花白的祖母了。

邊參觀，邊思索，不知不覺來到大樓的地下室郵局。來自各地不同種族的遊客，正在排隊買名信片，正如前文所言，聯合國總部，不屬於美國領土，所以郵件上只蓋U.N.的郵戳。當然我也買了一張寄回家做紀念。希望有一天，我國「重回」聯合國，而非「加入」聯合國。這會成真嗎？唉！

九十二年十月　展望雜誌

瀟灑「絲路」行

遠離塵囂，脫離俗務和親人瀟灑走一趟「絲路」，真是人生難能可貴的經驗，不論是山川，是草原，是沙漠都可以令人忘卻世間所謂的金錢，權力而取得內心的滿足。

今年的九月金秋，我和外子殿魁，堂弟治明，小弟向寬，都是六十多歲以上的「四人幫老人」，報名參加了旅行社辦的「中華之星-最愛絲路十二天」，一圓大西北行的美夢，除飛程外，長途跋涉有六千多公里之長，可謂「甘苦之行」也可謂「親情之行」。如今回來體力透支，可是那無邊無際的大戈壁灘，那海拔一千八百公尺的「天池」，那一千六百年前的莫高窟，那高低起伏的鳴沙山，那天下第一雄關「嘉峪關」，以及那兩千年的秦陵兵馬俑……仍不時浮現腦海，揮之不去，招之又來，茲簡記於後以饗讀者。

烏魯木齊、土魯番、火焰山

九月十六日「絲路」旅遊團一行二十人，一早由台北起飛至香港轉深圳乘海南航空飛越廣東、湖南、四川、陝西等上空，飛航五小時，於晚間抵達絲路中點——烏魯木齊（蒙古語爲美麗的牧場），原名迪化。

次日一大早遊覽車向有名的「天池」駛去，地陪小姐滔滔不絕介紹新疆的人文風俗，原來新疆有一百六十六平方公里，佔有大陸版圖六分之一大，西北部可延伸到印度、喀什、巴基斯坦、哈薩克，民族包括維吾爾族、回族、漢族，出口羊毛、羊皮、地毯等。

目前在發展紅色產業，包括番茄、枸杞子等，同時在「綠化」沙漠，建廠煉油。提到番茄才知道此地的番茄營養是台灣的三倍，有台商到此地把番茄製成罐頭銷到歐洲。而在北疆最好的投資是海產店、速食店或房地產，美國速食店如麥當勞等也大發利市。約兩小時車程抵達海拔一千八百公尺的天然高山湖——天池，古稱瑤池，傳說西王母曾在此宴請群仙的蟠桃盛會。空氣清新，心胸爲之開闊，不禁深吸好幾口氣，天池水深而無波浪，登艇游湖盡攬湖光山色，池水如翠綠鏡子，清澈見底，又名「天山明珠」湖畔四周有針葉樹，此地有王母娘娘廟，香火鼎盛，在哈薩克族人的心目中「天池」是非常神聖的地方，池水奉爲「聖水」。

下午參觀新疆博物館，包括南疆出土的乾屍，還有樓蘭女屍，大陸用「干尸」簡字。從中知道早期紡織的技術以及新疆民族風情，陳列館同時播放新疆音樂，惜說明太簡單設備不理想。

走馬看花參觀博物館後，汽車向南山牧場奔馳在哈薩克氈房，品嘗奶茶，道路盤旋來到山上草原，時值金秋，草原一片金黃色，有三五成群牛羊在低頭吃草，哈薩克民族最會騎馬，又會唱歌跳舞，個性豪邁，信仰伊斯蘭教。

冬天，此地可以滑雪，場地係仿照韓國的。夜間逛「國際大巴扎」，此地熱鬧滾滾一如都市市集。街上攤子有燒烤羊肉串，涼麵，人行道堆滿西瓜，總之，這座離海洋最遠的城市，目前正在飛速發展中。

九月十八一早汽車行駛三一二國道（伊犁到上海），前往吐魯番，道路筆筆直直，是絲路的中道，途經亞洲設置在兩旁戈壁灘上最大型電扇風力發電器。一眼望去是起伏的天山山脈，此間有淡水湖，據說上海的大閘蟹一部分是此地養殖再反銷到上海的，湖邊的蘆葦，是造紙原料，三、四小時均行駛在天山山谷中，途經大城板，使我想到民歌：大板城的姑娘辮子長呀，西瓜大又甜呀……，左邊有通往蘭州鐵路，惜乘客不多，由於南疆缺水，條件不好，北疆如今公路修好，南疆的旅遊業也越來越旺，交通的重要由此可知，大陸口號「要發展，先搞交通」，青藏鐵路，就是個例子。

中午抵達這個世界第二低的盆地——吐魯番，兩旁是無邊無際的「死亡之海」，氣溫酷熱，雖如此卻有四最之稱「最低」、「最熱」、「最乾」、「最甜」，所謂最甜指葡萄了，這個連螞蟻都難得呼吸的城市，居然可以種葡萄、亞痲、棉花、哈密瓜，午餐後前往「葡萄溝」。在漫天蔽日的葡萄架下吃「馬奶子」、無核葡萄等，同時欣賞維吾爾族歌舞。有名的火焰山、千佛洞、蘇公墓，交河故城坎兒井都在「吐」境內，它融合了古代的文明以及現代的風采。

印象最深的是在西遊記中被神話的「火焰山」，由東向西躺在吐魯番盆地中部，億萬年間，地殼橫向運動時，留下無數條皺摺帶和大自然的風蝕雨剝形成了火焰山，起伏的山勢和縱橫溝。

至於「坎兒井」是古代三大水利工程之一，城裡居民用水，靠上千條稱「坎兒井」的地下渠道供水，總長五千多公里，來自天山冰河的溶水，堂弟治明是研究經濟的，對「坎兒井」特別有興趣。

敦煌莫高窟藝術寶庫

九月二十日，汽車長途跋涉，經哈密鄯善來到古代絲路必經之地——敦煌，一路黃沙滾滾。偶見大片棉花田，車停路旁讓我們去摘取留念，同時也拾得幾塊石頭，無論風吹雨打，石頭的生命是永恆的。車行七小時左右，下午三點多抵達世界聞名的敦煌「莫高窟」，敦大也、煌盛也，「敦煌」是佛教傳入中國的重鎮，有沙漠綠洲之稱，中西交匯處絲綢之路的商旅過客，為求西方異域平安往返，特請藝匠為其雕鑿佛像畫壁畫，最早由樂僔和尚在公元三六六年雲游四方，在茫茫沙漠中發現此地「金光燦爛、烈烈揚揚，像有千佛躍動」，於是在此築窟成為聖地，日積月累洞窟一一開鑿，號稱世界藝術長廊，它位於敦煌東南二十五公里的鳴沙山東麓，在五十多米高的崖壁上，大大小小洞窟綿延一千六百公尺，蔚為壯觀，是絲路上的一顆明珠。始於前秦歷經北魏、西魏、北周、隋、唐、五代，宋、西、夏、元等朝代，一千六百多年，集繪畫、建築、雕塑為一體的藝術，由於長時期風吹雨打，砂礫侵蝕，如今只存四九二個洞窟，大都以民間神話為內容的壁畫或雕塑，又因受印度佛教的影響，多為釋迦牟尼生前捨己救人故事為主，洞窟如此多的原因，乃敦煌地處中原，是當時古文明東西交流之重要孔道，遙想昔日的駱駝商隊，蒙古駿馬早已沉埋沙漠，不禁令人唏噓感嘆。最令人遺憾的是十七窟藏經手抄本五萬卷，後來由英、法、德、日等國探險隊擄去。

如今研究唐寫卷，非得到英、法不可，由於我和外子殿魁曾於三十多年前在法國研究敦煌寫卷。此次實地來參觀，特別請了敦煌研究院專員來解說，先後參觀了好幾個窟，一次又一次投入在人群中，聽專員解說，除了佛像，還有許多文化歷史的繪畫，大都以佛教故事有關，充分反映當時眾生相，是中世紀百科全書，令人神往。惜遊人太多，如同市場，空氣欠佳，壁畫雕像大大受損，心想幸好許多文物由英、法妥善保管，否則損失更大，印象最深的是一五八窟，築於中堂，主尊釋迦牟尼象全長15.1米，頭部長3.5米，形體豐滿，健美，線條圓潤流暢，神情安祥微含笑意。一三〇窟築於盛唐泥塑的大佛，高26米有九層樓高。二五九窟是北魏禪寶佛，這尊身著袈裟，造型洗鍊，表情生動、安祥，恬靜的神情中洋溢著內心的坦然與喜悅，喻為東方的蒙那麗莎。三二八窟是初唐彩塑，是一組保存較好的唐塑精品，年老資深的迦葉雙手合十，沉穩謙恭。十七窟有唐高僧像，神態沉靜、莊重而富有內在氣質，此窟即有名的洞，另有侍女身著唐時流行的男裝，右手執仗，仗上有小鳥飛鳴。六十一窟有于闐公主供養像，公主頭項上綴滿了綠色珠玉，鳳冠高聳，臉上遍貼花細，源於宮廷的「梅花妝」，是當時婦女所追求的時尚，如同現今年輕人刺青，另外還有五代百戲娛樂圖，技藝高超，伴奏者均著長袍或坐或立。在販賣紀念店，看到一幅反彈琵琶的畫，完全是壁畫的翻版，顯示唐代舞蹈身姿優雅，充滿了歡樂與出神入化的神情。解說員特別為我們開放二七二窟，北涼時期所供養的菩薩壁畫，全是赤裸上身的天宮妓樂，個個身材婀娜，舞姿靈巧優美，型態無一雷同，呈現一種渾然有序的韻律美，色澤以土黃、淺綠相襯，有著濃厚的西域風格。

玉門關、鳴沙山

九月二十一清晨車程一小時抵玉門關，隔著車窗望著戈壁一小叢一小叢的駝草（駱駝吃的草）以及沙中的小蔥蓬草，不禁想起小時候唱的「左公柳拂玉門曉，塞上風光好，天山溶雪灌田疇，大漠飛沙旋落照……」這是羅家倫抗戰初期做的「玉門出塞」詞，選在小學音樂課本中，現在已不再傳唱了，甚爲可惜。

玉門關是漢武帝時所建重要軍事要塞，也是河西走廊著名交通要道，面對一堆土牆以及藍藍天空，遙想古代東西交往之盛況。離開玉門關，汽車奔馳前往鳴沙山的國道上，這一帶全是沙漠地帶，抵達鳴沙山，已下午四時左右，鳴沙山有月牙泉風景區，位於敦煌域南五公里「沙泉共存」，是古往今來的「沙漠奇觀」，顧名思義因沙動成響而得名，又稱神沙山，沙有紅、黃、綠、白、黑五色，晶瑩閃光，沙山之寶月牙泉處於鳴沙山懷抱中，其形如一彎新月而得名，在茫茫大漠中，沉靜地躺了幾千年，泉水永不乾涸，沙塡不滿，實乃一大奇景，此處有「一曲甘泉，百仞鳴沙」石碑，包括免費騎駱駝十分鐘，有職業拍照者一張二十元，駱駝是沙漠之舟，忍辱負重，溫順可愛，我們騎在雙峰中間，感覺好神氣，駱駝一步一腳印向前走，卻不會陷入泥沙中，真是太神奇了，也有許多年輕人，走到沙山半腰再又滑沙到山腳。此間亦有涼亭供應茶水，一杯雀巢即溶咖啡也要五元，我們寧可喝杏仁茶。黃昏時分，金色輝煌的鳴沙山格外美麗，不禁吟誦「夕陽無限好，妙在近黃昏」。

嘉峪關、酒泉

次日一早汽車前往河西走廊之一的「酒泉」，途經棉花田、烽火台，馬路高低起伏，相當顛簸並經過出產哈密瓜的安西，中午時分抵「酒嘉」省（酒泉、嘉峪關合稱）其中有鐵路正在修築，顛簸不堪，如同騎馬一般，此時想到古代犯人，被逐到關外時的詩：「出了嘉峪關，兩眼淚不乾」的民謠，當時的犯人還回過頭用石頭擲向城牆以求平安，假若石頭跳回來，他就能回來。

「嘉峪關」又稱天下第一雄關，與東邊山海關遙遙相應，樓高五層，為河

2006年9月於嘉峪關

西走廊之門戶，是漢代長城。從長安延伸至敦煌之最西端的關卡。此關建於明洪武五年，是個「固若金湯」的軍事防禦重地，北爲茫茫戈壁沙漠，南爲邊荒萬里的祁連山，清代平定回亂的名將左宗棠，曾沿途種植柳樹，後人稱左公柳，令人想到「新栽楊柳三千里，引得春風度玉關」，嘉峪關正門口有株高大古老左公柳，大家競相拍照。入內有文昌廟、關帝廟，此地馬路寬敞，因地質原因，房子一律不准超過八層。離開嘉峪關繼續向河西走廊之一的酒泉駛去，東爲天山山脈，西爲祁連山，晚上下榻酒泉賓館，相當氣派，餐廳有著旗袍的服務生，遞毛巾供客人拭臉，大廳古色古香，惜一長幅對聯，左右聯顛倒，播放的音樂又不倫不類，小喇叭吹奏梁祝，魂斷藍橋等曲，不適用於用餐的時候。次日參觀酒泉公園以及酒泉夜光杯工廠等，前者古色古香，後者入門，即見名書法家趙樸初書法「葡萄美酒夜光杯……」的王瀚詩句。相傳早年漢武帝所賜霍去病之酒，倒入泉水之中，與士兵共飲而得酒泉之名，最早由西域進貢的玉杯在月光照射下玲瓏剔透，光耀奪人，產生表面張力，後來由大將霍去病取名「夜光杯」，是由祁連山的墨綠玉所製。之後參觀河西走廊四郡之一「張掖」的大佛寺，張掖古稱「甘州」，大佛寺位於西南面，臥佛創建於西夏，距今九百年歷史，寺院有牌樓，山門大佛殿、藏經殿土塔所組合，元明時期影響所及，到歐洲人著名的馬可波羅曾來此一遊，泥塑的臥佛身長34.5米，肩寬17.5米，腳長4米，耳朵就有2米多，是中國現存涅槃佛像中最大的一尊。

中午飯後前往武威（涼州），最有名的是漢墓出土的「飛馬踏燕」。這個造型我家好多年前就已陳列，是四川大學曾棗莊教授送的。因爲馬是古代交通工具，天馬行空，故目前成爲中國旅遊的標記。

蘭州到西寧

九月二十三日一早自武威直奔蘭州，車程七小時，放眼望去皆祁連山支脈，以及黃土高原，馬路起伏不平，想到王維詩：「涼州城外少行人，百尺烽頭望虜塵」。沿途零落有些殘破的烽火台，孤立沙磧中。

中午時分在山丘盤迴行駛，道路兩旁種植許多松樹，政府還不斷在進行「綠化工程」，進到蘭州，始發現天空灰濛濛，晚上看不到星星，原來此地有巨大石化工廠所致。古稱金城的「蘭州」，由於佔地理位置之優勢，在中國版圖中心點，目前正天翻覆地發展中，高樓大廈林立，「槐樹」爲其市樹，硬體建設是有的，但是軟體設施、基礎教育、城鄉差距仍大，據說蘭州落後上海五十年，希望能急起直追！

次日參觀了黃河水庫、水車、羊皮筏子以及黃河母親像，中山橋、塔山公園、黃河石頭博物館等，黃河石頭五花八門，陳列甚多，惜光線不夠，不能仔細欣賞。最動容的是黃河邊母親抱嬰兒的石像，象徵黃河如母孕育中華兒女，使我想到「黃河遠上白雲間」、「黃河之水天上來」等詩句。中午在金順樓享受蘭州牛肉麵，連日來不是羊肉就是雞肉或蕃茄炒蛋、蔬菜，偶然品嘗蘭州麵，口味大開，蘭州牛肉麵最早起於清回族，所謂一清指湯，二白指蘿蔔，三紅指紅辣油，四綠指蔥，五黃指蓬草，麵有寬有細，不同性格吃不同麵，目前牛肉麵店，已由清回族第三代經營，據說蘭州人三天不吃牛肉麵，則食不知味。

蘭州白塔山公園山頂有元代的白塔寺廟，山頂可俯覽蘭州市區。

離開蘭州，汽車順祁連山脈往青海「西寧」駛去，公路平坦，車程七、八小時，西寧海拔兩千兩百公尺，四周群山環繞是青海省省會，交通要道，青藏鐵路就是從此到西藏拉薩，是世上最高鐵路，晚上抵達西寧，據當地地陪說：西寧落後蘭州十年，這可以從青海湖上的藏族小孩身上看到教育的落後，一群五、六歲天真可愛的小孩，著藏服圍著我們，我以為是要唱歌給我們聽，誰知是伸手要錢，用普通話說：「照一張一塊錢」之後錢就交給坐在路邊的母親。青海湖海拔三千多，山脈起伏，草原偶有牛羊，但面對這些該上學而未上學的孩童，心情已大打折扣。如果是外國人來此旅遊，會做何感想，中國要在世上崛起，先從普及教育著手不可。

青海湖為中國第一大高山鹹水湖，它像一個巨大的玉盤嵌在高山中，山邊原有稀稀落落的帳蓬，是出租用的。「一場秋雨，一場涼」想不到到了西寧，次日下起滂沱大雨，在雨中參觀了喇嘛教塔爾寺，該寺建於明朝，金碧輝煌，氣勢雄偉。晚上殿魁大弟殿元夫婦來中發源飯店相晤，兄弟相見甚歡，他們帶來青海特產：冬蟲夏草、雪蓮等，盛情可感，兩岸相隔半世紀之久，見一面少一面，下次何時再來青海，不得而知，殿元從上海下放到青海已四十多年，也習慣此地風俗民情，他還是青海老人大學京劇團團長，之前在上海見過幾次面，兄弟一見面就唱戲。

九月二十六日大雨，人家說我們把雨帶來了。雨中上了飛機直飛西安，西安機場，亮麗整潔，不愧是大城市，一下飛機看到「百聞不如一見，兵馬俑」的廣告，之後參觀位於驪山的秦始皇陵出土的兵馬俑，果然名不虛傳，所謂「觀景不如看景」，門票一百元，兵馬俑在電視上，在書報上早已有所見，只是親臨現場，特別令人震撼！足見秦始皇之霸道專制，乃世界之最，但是目前大陸也靠秦皇陵致富（每天一百五十萬人次參觀）。每個兵馬俑低眉斂目，雙手下垂，兩肩前聳，都是溫順安祥的樣子，一副朝拜的姿態，精湛的雕塑藝術令人敬佩。坑道的戰馬，是典型河西走廊馬。此墓陵掘於一九七四年，連戰上次訪西安時去參觀過，柯林頓多年前參觀時特准其用手觸摸，我們參觀三個坑道，以第一個坑道最大，一排排兵俑不但與真人相同且布陣和孫子兵法中相仿，有鋒有衛，置身其間令人肅然。館內有三百六十度大型立體電影院，仿洛杉磯環球影城，在此反覆介紹秦王朝歷史，因下大雨有電車往返兵馬俑博物館到售票口，每十人一輛。至於位於驪山華清池，又是另一種園林風味，門票七十，令人想到「溫泉水滑洗凝脂，侍兒扶起嬌無力」的楊貴妃，以及唐明皇只愛美人不愛江山而引起安史之亂，令人感慨，門口有尊貴妃半裸雕塑，有些不中不西，吸引大批遊客在此拍照，貴妃地下有知不知做何感想。號稱有著三千年古都的西安，目前已成開發大西北必經之交通重地，又是中國文化發祥地，其繁華景象，可以說一日千里，畢竟這裡有來自五湖四海的遊客，包括外國人，似乎所有元首到大陸訪問必來西安，法國總統希哈克早年來此發現兵馬俑時就大嘆「這可稱爲世界八大奇蹟」，而且要見第一位挖出兵馬俑的農人，並要求其簽名，豈知此農人不識字，後來請人教其書法，如今坐在兵馬俑博物館的書店專門負責用簽字筆替購書著簽名，月入四千人民幣，比起當初農民四百元收入，不知翻了好幾倍，真是前世修來的福。晚上前往觀賞大唐樂舞，門票二〇〇元，節目精采，祈天鼓舞、教坊樂舞、宮廷演出、霓裳舞、少林武術表演、雜技等。

碑林．大雁塔

離開西安的當天上午參觀了位於東南的西安碑林博物館，入內看到一排排的石碑，上面鐫刻各體書法，包括唐玄宗孝經，如同上了一堂書法課，又如同走入四書五經，經史子集之聖堂，大有「興亡歷史數千年，人事已非景物依舊」之嘆，之後去參觀大雁塔，是唐高宗李治爲追念其母恩所建之慈恩寺，建於唐貞觀二十二年，塔高六十四公尺，共七層，公元七世紀唐朝高僧玄奘從長安最終到印度，把中國道教經典譯成梵文傳入印度，同時帶回千卷佛教經書在大慈恩寺研究翻譯，總之，西安是中華民族文明的重要發源地，是中華文化燦爛豐富的地方，絲路的起點。這趟絲路行，在我人生的旅途中，是趟奇特之旅，彷彿走進虛幻的夢裡，細數著故國的物換星移。

九十六年一、二月展望雜誌

溫州紀行

由臺北溫州同鄉會所組的溫州參訪團，一行二十一人，在伊理事長竑的率領下，於五月二十八日出發，展開了爲期十天的六縣二市的參訪活動，本人應邀參與此行，收穫甚大，感觸亦深，茲記上一鱗半爪於後，以饗讀者。

溫州人．生意人

溫州，在浙江東南面，佔地理之優勢，目前是沿海開發城市之一。溫州人有句口號：「哪裡有市場，哪裡就有溫州人；哪裡有溫州人，哪裡就有市場。」這可從東方航空的椅背廣告「波司登」羽絨服、休閒服看出，下面還有註明一行字——連續十一年全國銷量遙遙領先。這使我想到三十多年前赴法國進修時，許多皮包就是出於溫州人之手，如今到了溫州，方知溫州有「服飾之城．皮革之城」的稱號，溫州人，很團結，是中國的猶太人，在海外有中國人的地方就有溫州人，自從改革開放後，溫州一日千里，高樓大廈，如雨後春筍般崛起。從機場到市區，街道兩旁都是大型皮革公司、服飾公司的廣告和招牌。溫州人最能把握商機，也最有冒險刻苦的精神，溫州人開風氣之光，創立全國第一家「私人包機」公司，真是百聞不如一見，一見勝於聞名。

玉海樓．孫詒讓紀念館

五月二十九日，我們參訪了位於瑞安市的「玉海樓」，方知溫州也是文化之都。「玉海樓」係清朝孫衣言、孫詒讓父子的藏書樓，之所以取名玉海，係仰慕宋學者王應麟之巨著玉海一書爲名，認爲自家藏書亦「如玉之珍貴、如海之浩瀚」。從「孫詒讓紀念館」可窺出孫詒讓不但是近代文字學家，也是著名教育家。郭沫若尊爲「啓後承前一巨儒」。的確，教育爲立國之本，台灣在完全沒有資源的情形下，一步一腳印，列爲高科技發展國家之列，就是早在三十年前，實施九年義務教育的成果。大陸資源豐富，在造就人才方面，得加把勁，才可與世界接軌。

吾師林景伊（尹）係瑞安人氏，叔父林公鐸爲永嘉學派大師，任教北京大學。林師早年師承國學大師黃季剛，習文字、聲韻學，同時也是章太炎再傳弟子，來台後在台灣師範大學任教，桃李滿天下，提到簡體字時，特別強調形聲字，如廣、廠，絕不能簡化成广、厂，這是中國文字的毀滅。簡體字，筆畫少，好寫，但是從文化來說，方塊字是包括了形、音、義，少掉一項便不成字了。

劉基故里——文成縣

五月三十日，參訪溫州有著後花園之稱的「文成縣」，此縣以明開國元勛劉基的文成謚號爲名，劉基字伯溫，目前正在建築劉伯溫紀念館，此地有好山好水，有句話說「開門見山，出門爬山」、「仁者樂山，智者樂水」。資源豐富，又稱「長壽村」據說文成有十萬人，分居世界各地，目前一些老華僑，落葉歸根，又回到故鄉，安享晚年，所以又叫「華僑城」。

我們在劉基第二十二代孫女海外聯誼會會長劉玲玲的陪同下參訪了劉基廟，劉基廟在南田，「三分天下諸葛亮，一統江山劉伯溫」軍師劉伯溫，運籌帷幄，輔助朱元璋成就帝業，在台灣，就曾播放過劉伯溫連續劇，頗受好評。他不但是政治家，也是軍事家，文學思想家，是位「立功、立德、立言」之不朽偉人，文成縣因劉伯溫而出名，我特地購得劉伯溫酒一瓶攜回台灣。

晚上遊河畔之華燈夜景，有「劉伯溫故裏」石碑，惜「裏」爲「里」之誤，特告知劉玲玲「里」非簡體字，是原有的「正」體字，「裏」是裏外的裏和故里的里完全不同構造及含義，一定要重新做過。大陸簡體字恢復正體字偶有混淆不清，弄巧成拙的情形，就好像乾淨的「乾」、樹幹的「幹」、幹部的「幹」一律減化「干」字，是不通的，請問「乾隆」的「乾」是否也可寫成「干」隆呢？八卦的乾卦可以作干卦嗎？

成風光，聚生態之大城，集山水之精華，融自然和人文景觀爲一體，全縣所擁有的百丈漈，自古就有「頭漈百丈高，二漈百丈深，三漈百丈寬」的說法，其中「百丈一漈」高207米，寬30多米，堪稱中國第一高瀑，百丈飛瀑區，峭壁連天，百舖雷鳴，劉基曾有詩云：「懸崖峭壁使人驚，百斛長空拋水晶，六月不辭飛霜雪，三冬更有怒雷鳴」，文成的山，是聚寶盆，文成的水，是碧玉帶，是希望的土地，創業的樂園，我決定以後帶孫兒們來此一遊，欣賞大自然。

泰順到平陽

五月三十日，乘旅遊車，翻山越嶺，於傍晚抵達泰順山區，氡泉香溢假日酒店，此地風景宜人，開門見山，見瀑布，是個渡假中心，在此可洗溫泉，旅館內設備齊全。此地出產茶葉、蓆子、居住環境已列全國前十名，有九百多座無釘橋樑，已向聯合國申請世界遺產，目前正在大力提高基礎教育，如貧困、少數民族可減少課本費，總之，大陸已意識到教育的重要。

三十一日，在雲霧瀰漫中用早餐，因適逢端午節，自助餐中就備有粽子，早餐後，驅車前往泰順北面如今已成工業城「農民村」參觀，以造紙、印刷、皮革爲主。再又乘車抵達平陽，也就是伊理事長老家，中午又吃了粽子，同時看到有人在河中划龍舟，可見民間習俗，仍受重視。

下午參觀國際禮品城，溫州自唐宋以來就有商業城之稱，國際禮品中心包羅萬象，有雕刻、漆器、皮革、打火機、刺繡等手工藝，應有盡有。平陽縣處溫州南部，攬山海之勝，地靈人傑，平陽建城六百年，祖先由北方經紹興來此，抗日戰爭時，許多城牆都拆毀，只剩北門，目前二十八萬人口，高樓大廈林立，此處距福建甚近，我們參觀了國際知名數學家蘇步青的故居，樓上掛了許多放大的黑白照、書法，蘇氏曾任復旦大學校長，政協主席，最後在上海去世，牆上掛有中研院吳大猷院長輓聯，蘇氏是微積分、幾何學創始人。

晚宿平陽大酒店，飯店送來溫州日報，方知三十日在杭州舉行「孫子兵法國際研討會」，使我想到不久前，胡錦濤會見布希時，曾贈「孫子兵法」一書給布希，可見大陸對孫子兵法之重視。它不僅是人類兵學，在經濟、政治、文化甚至和平發展上都有一定的貢獻。

樂清北雁蕩山

六月一日，是大陸兒童節，一早大夥登車向溫州山區永嘉縣駛去。據說，先有永嘉才有溫州，永嘉，地靈人傑，名文學家王羲之、謝靈運，都做過永嘉太守，永嘉同時又是南戲之祖，其唱腔原始、粗獷，以高則誠（明）「琵琶記」爲代表。

台灣名作家琦君（潘希真）亦是永嘉人，在她的故居有琦君紀念館。惜文物不多，民國六十年前後，我和她在文化大學同事過，同坐交通車，她很熱誠照顧我們晚輩，是位令人敬佩的長者。後來她去美國就沒有聯絡了。前年從美國又回臺北定居，今年已九十高齡，中央大學爲她成立了研究室，據云，她於民國九十年八十五歲時曾返離別半世紀的故鄉。

永嘉和文成一樣，山好水好，無工業污染，有名的楠溪江、北雁蕩山，已向聯合國申請優質景點區，惜前往楠溪的路上，因值黃梅雨季，道路凹凸不平，造成旅遊不便。楠溪江以產楠樹出名，此處爲甌江下游，有石門台、芙蓉樹、麗水街、麗水長廊，車程兩小時抵山洞內的陶公洞，晚宿新龍門客棧。

六月二日，天氣晴朗，一早搭車前往樂清市。數天下來跑了六縣二市，相當於台灣三分之一的路程。

樂清市，是地處浙江東南沿海，東瀕浩淼的樂清灣，南與溫州市區隔江相望，快速公路到溫州機場，僅四十分鐘，是大陸沿海首批對外開放的城市之一，海上名山——雁蕩山，得天獨厚，吸引無以數計的遊客。

雁蕩山是由於「山頂有湖，蘆葦叢生，秋雁宿之」得名，景區內奇峰怪石，古洞石竇，層巒疊嶂，飛瀑流泉，蔚爲壯觀，其中以靈岩、靈峰、大龍湫被譽爲「雁蕩之絕」，其中大龍湫瀑布，最爲壯觀，從一百九十公尺嶂岩飛瀉而下，迅如雷電，而其諸

2006 年夏於溫州雁蕩山徐霞客雕像前

峰中，又以「夫妻峰」最著名，又名「合掌峰」兩峰緊緊相依，如夫妻兩手合掌。

明朝地質學家，旅遊家徐霞客曾來此一遊，此地矗立徐霞客的全身塑像。他足跡遍大江南北，十多年前，北京成立了「徐霞客研究會」，本人應邀前往參加，後來每年都在徐霞客去過的地方舉行研討會，以發揚其吃苦耐勞開闢新天地的精神，該會名譽理事長、政協副主席程思遠，於去年不幸辭世。

洞頭、靈霓半島長堤工程．嘆為觀止

六月三日一早，由樂清市向南方的洞頭縣行駛，一路依山傍水，彷彿置身前往墾丁的路上。洞頭，包括一〇三島嶼二五九海礁，如今許多島嶼已被數座大橋連接，最嘆爲觀止的是通過海埔新生地的半島工程——靈霓長堤公路，長十四點五公里，三十多分鐘車程，兩旁是一望無際的泥沙淺海，其中擁有淺海牡蠣、角螺、貝類、蝦、蟹的養殖，產量居浙江之首。

靈霓長堤公路，今年四月才完工，吸引大量到海濱的遊客。車子經過花崗村，再又駛過洞頭大橋後，抵達洞頭縣，縣區全是新蓋的五層樓洋房。洞頭又稱百島之縣，如一串鑲嵌在石頭碧波之中的明珠，在浙南沿海甌江口外，地理位置佔優勢，海產資源豐富，尤其外銷日本的羊栖菜，有降脂肪及膽固醇的作用。海邊最有名的是仙疊巖，登此可遙望近海的「半屏山」，算是大陸地區距離台灣最近的地方了，如果通航的話，兩岸人民情感，也藉此得以溝通。大陸與我們有太多思想和生活上的差距，不過，人家改革開放後的都市規劃、交通建設、綠化甚至養殖場都值得借鏡。

溫州大學城

六月四日，天安門事件的週年，電視隻字未提，似乎已灰飛湮滅成過去式了。今天參觀了溫州大學城，大學城，位於溫州南面茶山山麓，茶山以產楊梅著稱，從維多利亞酒店乘車，約半小時抵達大學城，一路穿過市區，飽覽街景，新式高樓大廈、百貨商場、酒店、飯店，林林總總，馬路寬敞，大型招牌廣告，整齊劃一。

令人注目的是一家名為「武大郎燒餅」店，真想下車品嚐，經過奧林匹克大酒店、東方健身俱樂部、女子醫院（供女子看病美容等）大型建築物後，抵達大學城。大學城包括溫州大學，溫州師院、溫州技術學院等。於二〇〇三年由市區遷此，因校區腹地廣闊，校門前有三輪車兜生意，車伕都是年輕小夥子，來自江西、山東、安徽、四川的外勞，就是大學城的餐廳服務生，也是來自以上各省的外勞。學生穿著都很時髦。人文學院在溫州大學入門的左手邊，我特別拜訪了該院院長葉世祥博士，方知目前的人文學院係由原溫州師範院人文學院與原溫州大學人文法政學院整合而城，包括文藝學、漢語言文字學、民俗學、中國古代文學、中國現代文學、中國現當代文學、文史、語言學、應用語言學等，可以說包羅萬象。

之後，去參觀大學城生活區，包括男女公寓式宿舍，此區大都為生活用品店，包括猎（獵）

書店、美容院等。餐廳一樓為學生所用，二樓為老師用，採自助式，價廉物美，二樓的餐廳內，懸掛了「民以食為天」的橫匾，有思古之幽情，惜廁所仍不盡理想，總之，大陸硬體建設都不錯，但是軟體及維持管理仍得加把勁。圖書館的建築新穎宏偉，惜時間倉促，不及入內參觀。

晚上應伊竑理事長之邀，陪同其在溫州的妹妹、妹夫餐會，地點在一家名為「朱氏新丁香餐廳」的連鎖店，面紙的封套上印有李白詩：「人生得意須盡歡，……莫使金樽對空月」的字句，倒是挺雅緻的！

菜餚是以海鮮為主，前菜有道來自嘉興的菱角，特別珍貴，因為我祖籍是嘉興，如今吃到故鄉的特產，倍感親切，臨走時還叫了一份打包，帶回台灣給兒孫們嚐嚐。我突然想到旅居洛杉磯的九十三歲老姑媽，她才是最想要吃的。

晚上在旅館附近的「御足堂」足底按摩，此堂也是連鎖的，總店在廣東，標語是「龍的文化．脥的享受」，係用中藥泡腳，男女服務生都著唐裝，都很年輕。從四川、湖北來的鄉下人，我勸他們多存些錢，湊學費，還是讀書的好。

次日，自由行，在溫州的五馬街閒逛，之所以稱五馬街，是因為入街上街頭有五匹銅馬，此街為徒步區，街道寬敞，店面亮麗，大都是女人的服飾、帽子、皮革等，有句口號「女人進了五馬街，就出不來了」其吸引人由此可知。

要瞭解，就要先接觸，此次溫州行，真正體會到溫州是個有魅力的地方，下次我還要再來。

九十五年八月　溫州會刊

浪漫「關島行」

旅行，已成為現代人生活中最欣喜和嚮往的夢想。今夏，我們一家五口，包括大女兒平平及一雙兒女、次女安安和本人，圓了「關島行」的美夢，最興奮的是我的外孫威普及外孫女凱琳，因為他們都是游泳健將；開學升國二的威普曾在學校榮獲游泳銀牌，為了鼓勵他，早在放假前，即計劃此行。

我們所搭乘的美國大陸航空於七月二十三日晚間十一點五十分起飛，航程三個半小時，由於關島比台灣快兩小時，因此抵達當地時是凌晨五點，灰色的天空閃爍著孤獨的星星。導遊 Jess 來接機，見面寒暄後，才知道這位帥哥竟是我二十年前在文大的學生，真是他鄉遇故知（師生）！七年前身為遊客的他，在此找到真愛，之後便結婚生子定居於此並從事旅遊業。登上嶄新的中型巴士後，Jess 即簡單扼要的述說著關島的近代史……。

關島~位於台灣以東、夏威夷以西，面積僅五四一平方公里的美國屬地，不僅洋溢著熱情的島國風情，更是最受新婚客喜愛的蜜月勝地之一。一九四一年曾被日軍侵佔統治，一九四四年又被美國奪回並實行地方自治，是飛往美西、太平洋諸島及日韓等國的航運中途站；島內無煙囪工業，空氣新鮮，除了陽光、海水外，當地小白球的娛樂休閒也舉世聞名。

關島雖小，卻五臟俱全，沿杜夢灣三公里長，全是一座座五星級旅館，走在街上，來自日、韓、台三地的觀光客比比皆是，我們下榻的悅泰（Fiesta）飯店於二〇〇五年九月重新開幕，從機場約十分鐘即可抵達，十分方便。我們住進最高的十二層海景雙人客房，面對碧海藍天，視野遼闊，幾艘色彩豔麗的獨木舟，悠哉的閒盪在清可見底的海面上，幾棵迎風搖曳的棕櫚樹，散落在海邊，沙灘有著比基尼的女郎，好一幅美麗的熱帶風情畫。

卸下行李，用過早餐後，登車前往自由女神公園、總督府，因剛好是上班時間，還巧遇副總督座車抵達，當他下車時還親切地與我們揮手招呼；之後又參訪了拉提公園、西班牙廣場以及具百年歷史的聖瑪利教堂，教堂附近則聳立著教宗保祿二世銅像。

下午是小傢伙們，期待許久的水上活動，飯店雖設有兩座游泳池，但湛藍清澈的海水仍擄獲大家雀躍的心，一個個戴上蛙鏡，躍身淺海，一覽海中的迷人世界，只見兒孫追捕魚兒樂不可支。

晚間散步到附近的皇家蘭花飯店，其二樓有間著名的義大利餐廳，道地的口味，大大滿足飢腸轆轆的我們！

次日，我們乘坐觀光巴士「叮叮車」前往關島大型購物中心「GPO」，「GPO」內有許多知名品牌的暢貨中心、電影院、美食街等，其中一間暢貨店家「ROSS」的商品價廉物美，吸引不少本地人及觀光客的青睞，大女兒則爲兒女們精打細算採買一番，各自滿意的揹了一雙名牌球鞋在身上。看到平平在試戴太陽眼鏡，就想起她小時候常常喜歡搶戴我的太陽眼鏡，大大的鏡框，掛在那小小的臉蛋上，真是滑稽可愛。歲月如梭，一晃已是四十年前的事！在美食街，安安特別推薦墨西哥速食連鎖店"Taco Bell"餐點中，一種淋了酸奶和起士的薯塊，很開味，大夥吃得意猶未盡，安安阿姨趁機訓練威普說英語的膽子，告訴了他正確發音後就聳恿威普再去櫃檯點餐，等了半天，只見他面紅耳赤的端了兩份全然不同的薯條回來時，我們都笑彎了腰，可能是發音不準產生了誤會。他自己也感到好笑，神情活絡地訴說關鍵情形，也大方自我解嘲的說：「這就是學習，知道錯在哪裡，下次改正就好，出來旅行就是遊學。」後來我們在麥當勞用餐時，他就字正腔圓的叫了份蘋果派，讓他很有成就感。「學任何語言就是要多說，否則等於白學」我對他們說。

之後，我們又乘坐「叮叮車」回旅館，我們特地坐到車廂上一層的露天座位，一路清風徐來，天空出現半輪明月，「快抬頭看看關島的月亮是否大一些？」我說。此地因為沒有工業污染，空特別乾淨。回到飯店時，泳池畔的小型舞台上，正在熱鬧表演著查莫洛族土風舞，鼓聲雷動、熱情洋溢，無論男女頭髮上、脖子上都綴以花環，全身扭動的跳著草裙舞、呼拉舞；旋律奔放粗野，舞步快捷，這種全身抖動的舞蹈，想必是他們保持身材的最好運動。令人震撼的是妙齡女郎，所表演的噴火及火環舞。

第三天，我們乘免稅店（DFS）的免費巴士，至鬧區逛逛，關島街道寬敞，無機車，無高樓大廈（飯店除外），兩旁種了很多的梔子花樹，偶有淡淡的花香撲鼻而來。關島的免稅店相當氣派，而頂級的世界名牌專賣店更是琳瑯滿目，斗大的英文字成了女兒們爭相拍照的背景。當沉醉在奢華的氣氛中時，孩子們吵著要回到大海和魚兒約會，把我們又拉回大自然裡，此時火紅的一輪夕陽已落在海面：「夕陽無限好，妙在近黃昏！」我躺在椰林下的躺椅上，邊欣賞天邊彩霞，邊欣賞孩子們在海裡嬉戲，乃人生一大快事。但見天邊的夕陽像火球般在水天相接處移動變幻，斜暉映在海水中波光鱗鱗，彷彿置身在大型油畫中……。

我情不自禁走入海邊摸了兩塊歷經海水沖蝕的岩石做爲紀念，我最喜好收集石頭，因爲它無價、沒煩惱、沒痛苦；去年九月的絲路行，我曾拾到兩塊戈壁沙漠的石頭做爲紀念。此時天色已晚，威普從海水上岸，隨即又躍入飯店的游池內和一名九歲大的德法混血女孩玩起水上籃球；兩小無猜的他們，僅用眼神即可挺有默契地一來一往互遞手中的球，我在游池一角欣賞他們，心想「體育無國界」就和音樂一樣。

晚上享用了道地的牙買加風味的燒烤，餐廳綴有吊扇、貝殼等裝飾，頗有加勒比海風情；套餐中的查莫洛紅米飯很香又Q，淋上香噴噴的烤雞汁。被外孫女凱琳譽爲「極品」。

第四天中午，前往位在鬧區的水族館參觀，導遊Paul爲我們買了附夏威夷午餐的門票，就位點餐後，一桌子的牛排、魚排和漢堡再配上大杯的冰涼飲料，對消耗了大半體力的我們，真可謂是補足了元氣！水族館有一座百公尺長的隧道，一入內彷彿置身海底世界，各式各樣、大大小小、五顏六色的魚兒，在我們的頭頂及兩旁游來游去，樂悠悠，令人羨慕！

參觀完水族館，又勾起孩子們和魚兒約會的念頭，我們只好回到海邊，我則來趟飯店自由行。首先來到隔壁的 Marriott（萬豪）飯店，大廳相當氣派，廳內擺著美式沙發及油畫，我坐在面對大海的大沙發上，隔著玻璃遙望浩瀚無邊的大海，天空偶有飛機掠過，或有海鷗低飛，正是「海濶任魚躍、天空任鳥飛」。點了杯咖啡望著朵朵浮雲，想起九十五高齡的大姑媽常說的一句話：「歡樂時看看雲吧，雲告訴你歡樂很快消失；痛苦時看看雲吧，雲告訴你痛苦很快消除！」

對著藍天白雲沉思良久後，來到地下室，此處陳列了一些唐三彩等中國文物，和大廳的陳設可謂中西合璧，可惜所有解說皆只有英、日、韓三國文字，就是無中文，或許是擁有落地美簽的台灣遊客數目尚不足日、韓二國，而另一方面擁有龐大旅遊人口的中國，則需要美國簽證方可進入關島，因而增加了大陸遊客的困難度。中文說明也就沒像日、韓文那麼普遍了。

出了萬豪，約十分鐘路程來到 Pacific Islands Club（P.I.C. 太平洋島渡假村），大廳掛了巨幅關島之島花~雞蛋花，白色花瓣、淡黃色心蕊，優雅柔和，是熱帶地區最普遍的植物。P.I.C. 太平洋島渡假村爲美國人經營，但是來此渡假的仍以日、韓遊客居多，靠海處有著大大小小的泳池、水上娛樂設備及人工瀑布；搭乘電梯到二十六樓，有間專供遊客欣賞夕陽的咖啡廳，登高望遠，景色綺麗。

傍晚時分回到下榻的飯店，在泳池畔又見到威普與兩位韓籍叔叔在打水中籃球，雙方你來我往，一樣無聲勝有聲，不用開口，就可以做國民外交了。

在泳池櫃檯處，巧遇一位來自台灣的八歲男童，幫忙收泳客浴巾，我好奇問他：「來渡假的嗎？」「是的」「讀什麼學校？」「興隆國小」「怎麼在這裡幫忙？」「我爸在這捕魚再銷到日本做生魚片」「所以你是來這探親的囉？」「嗯。」真是可愛。

今晚是在關島的最後一晚，兩個孫子想在飯店房間好好休息，我們母女三人在導遊推薦下來到飯店附近的泰國餐廳用餐；菜色道地且份量足，酸甜微辣很開胃，吸引不少老外光顧，難怪餐廳生意興隆。

七月二十八日是在關島的最後一天，由於是晚上班機，所以早上依舊與家人在海裡消磨了大半天，近中午時分，孫子們開始流露依依不捨的離情，心不甘，情不願的被催促上岸：「真不想離開水底的魚兒啊！」。

中午隨處逛逛，到一家看似日本人開的義大利餐廳，爲了配合東方人的用餐習慣，除了刀叉外還備有筷子，真是貼心！下午漫步到 ABC 便利商店採買些紀念品，價錢方面還是屬 K-Mart 便宜。五點半導遊驅車，將我們送至機場，結束了五天的「關島自由行」。

回程機上看了齣電影，不久即抵達台北，當飛機快降落時，耳裡傳來中、英文廣播：「台北快到了，請繫好安全帶、椅背豎直」，這段話令人尋思，還是老美用字謹慎！不像咱們的華航、長榮所播送的是：「台灣桃園中正國際機場快到了……」。

目前，扁政府不斷宣傳以台灣名義加入聯合國，簡直是門都沒有，你想老美會支持嗎?中共會支持嗎?加不加入聯合國並不重要，重要的是自己有沒有實力?硬闖是沒有好處的，這是返台前，在機艙內偶發的感慨。

九十七年九月　展望雜誌

遊山玩水在福建

前言

福建，這個飄在東南沿海的綠葉，是個山青水秀，地靈人傑的地方，如果你既有登高遠眺的興致、又懷有放眼滄海的情懷，那麼三面環山，一面臨海的福建，正是既可登高又可望海之地，有著「東南山國」之稱的福建，有著閩西「出門見山」、閩南「登山面海」的地理環境，雖然地處東南，遠離中原，卻有著多層面的歷史文化。

近在咫呎的福建，以爲隨時都可以去，結果十多年過去了，曾跑遍大江南北的我，卻遲遲下不了決心去福

2008 年 6 月於福建開元寺

建走一趟。這輩子似乎有旅行的命，似乎不曾停過，今夏我應太平洋文化基金會張執行長豫生之邀，終於如願以償去了福建一趟。我們一行二十人，包括退休大使黃秀日夫婦、戴瑞明夫婦、團結自強協會理事長高銘輝夫婦等，於六月二十六日清晨起程，由台北飛澳門轉福州，先後遊歷了林則徐紀念館、湄洲媽祖廟、泉州開元寺、集美村、鼓浪嶼、胡里山砲台等地、七天的行程，收穫良多，真是百聞不如一見，一見勝於聞名，由於篇幅所限，僅就鼓浪嶼與武夷山兩地，記上一鱗半爪以饗讀者。

海山仙境——鼓浪嶼

六月二十九日早飯後，登上遊覽車，前往廈門古渡碼頭，乘坐渡輪前往位於廈門東南面，可隔海相望的鼓浪嶼。在渡輪上巧遇一對雙胞胎，一男一女大約十歲左右，我情不自禁趨前摟著他們，並和他們拍照寒喧，我告訴他們的母親，我也有一對雙胞胎女兒，叫平平、安安，如今已四十出頭了，這位母親睜大眼睛望者我「那你已經做外婆了」，「是呀！」雙胞胎可愛的叫我「婆婆好」，心想大陸一胎化政策，這對雙胞胎可賺到了！約十分鐘左右，抵達鼓浪嶼，我們在導遊小林的引導下，陸續登上當地的電動車，開始漫遊這座有著「海上花園」之稱的島嶼，因爲曾是英國的租界地，曾留下許多歐洲風味的別墅，過去許多達官貴人曾住於此，使我想到芮正皋大使夫人的芳名劉嶼梅，可能是在鼓浪嶼生的，芮夫人的尊翁曾在廈門當過市長。

鼓浪嶼又稱「萬國建築島」、「鋼琴島」，是年輕人最愛度假的地方，島上只有一萬人，只准出，不准進。首先我們參觀了「鋼琴博物館」，館分一、二兩館，館內展示世界各國的古鋼琴，其中以德國最多，壁上掛了許多鋼琴名家油畫，二館有落地玻璃門面對大海，視野遼闊，心曠神怡，當我們離開鋼琴博物館時，同行的戴大使大筆一揮，在留言板上寫了「學音樂的孩子不會變壞」，真是神來之筆！之後再度登上電瓶車，繼續穿梭在十九世紀的紅洋房的小巷中，偶與樹木蒼翠的古榕樹擦車而過，除歐式建築外，也有中國傳統飛簷翹角的廟宇。此處有幽默大師「林語堂故居」以及「世界名人博物館」、「鄭成功紀念館」，最後來到黃金沙灘，海闊天空，不捨離去。詩人胡貫中曾有詩讚頌鼓浪嶼「環嶼碧波頻鼓浪，山巒起伏海濤中，幽深小巷花飛處，曾顯鄭公人傑風。」鄭公，即鄭成功也。

中午，在好清香大飯店用餐，飯店內掛有「政當以人爲本，民則以食爲天」、「廈門菜萬歲，飯店業千秋」的書法。惜上菜太快，不能細嚼慢嚥，胡亂吃完，又乘車前往胡里山砲台參觀。

此區擁有當今世界最大和最小的兩門大小砲，是世界上仍保存在原址的最古老和最大的十九世紀海岸砲台。抗日戰爭時，大砲曾擊中一艘來侵的日本軍艦，功不可沒。在此可透過望遠鏡隔著台灣海峽，遙望金門的大膽島、小膽島以及「三民主義統一中國」的大型標語，和此間砲台所掛「一國兩制，統一中國」招牌互相輝映，令人有時空錯亂之感，我低聲唱著：「三民主義，吾黨所宗……」時，望著茫茫大海，太平洋沒加蓋，還真恨不得跳下水游到對岸！位於廈門南端，緊鄰廈門大學，由於地理位置的重要，早在清光緒二十年建造此砲台，台上設有「榮光寶藏博物院」，爲了吸引遊客，此地不定時舉行清軍演練表演活動，廈門大學爲大陸重點大學之一，依山臨海，襯托著古老的紅磚建築。

世界文化遺產與自然遺產——武夷山

武夷山的自然風光獨樹一格，所謂「三三秀水清如玉的九曲溪」與「六六奇峰翠插天的三十六岩」的絕妙結合，形成了巧奪天工的天然山水園林，此處還有燦爛的歷史文化，享有「碧水丹山」之美譽。

人間仙境——九曲溪

六月三十日一早，在導遊小陳的引導下，攀登了武夷山有名的虎嘯岩及一線天。中午在紅高粱酒店用餐，接著趨車前往有著人間仙境之稱的「九曲十八彎」，在九曲溪渡口，我們六人一組先後登上古樸的竹筏，開始了全長七公里的九曲十八彎之旅。這裡的山是奇特的，水是碧綠的，真是所謂的「九曲清流浮竹筏，人間仙境在武夷」，九曲水淺不能行船，只能用五根大毛竹綁成竹筏，他們叫「排」，竹排上放了三排小竹椅，「排」在水中順水漂流，半沉半浮。我和張領隊以及由重慶來的祖孫三代同乘一竹筏，撐篙的篙夫四十多歲，自稱小王，一路口若懸河地介紹溪兩旁的奇石山峯以及種種傳說，有時來幾句順口溜。令人玩味的是朱熹的詩：「武夷山上有仙靈，山下寒流曲曲清，欲識個中奇絕處，棹歌閑聽兩三聲」。我目不轉睛望著溪旁變幻無窮的奇峰怪石，彷彿散發出一種靈氣，也就是所謂的地靈人傑吧，真是「九曲風光天下奇，碧水丹山處處詩」。清流帶著我們漂向岩洞，此處曲折幽深，仰望兩岸峭壁雲霧繚繞，虛無飄渺中隱隱可見摩崖石刻，泛溪兼遊山，山水已結合一體，正是：「桂林山水甲天下，借問君曾到武夷？」武夷之奇、之美，由此可知。「桂林」在兩岸開放之初，我曾應邀前往參加有關詩詞的會議，順便遊了灕江，曾寫過文章，但這回到武夷，才發現以歷史文化來看，收穫勝過桂林。此間有唐宋以來所建樓台亭閣、寺廟、石刻，南宋朱熹就曾爲九曲寫了九首的七言絕句九曲棹歌。竹筏順水蜿蜒曲折而行，由九曲到六曲經過白雲庵、磨盤石、駱駝峯、雙乳峯、金雞洞、桃花洞等地，遊到六曲時呈現眼前的是朱熹題壁石刻「空谷傳音」，「逝者如斯」，靠近「逝者如斯」石刻時，還真想把腳泡在清溪中體會一下，據說陸放翁曾來此一遊，但只遊到六曲就折返，其他包括李商隱、范仲淹、辛棄疾、徐霞客都曾到此一遊。正因如此，此處峭壁懸崖有四百多處題辭石刻，真是洋洋大觀，一條江河可流出一條文化史！

六曲五曲是九曲溪精華，包括有名的「天游峰」、「晒布岩」、「雲窩」等地。「天游峰」是武夷山的標示，有人說大陸何以把旅遊的遊或遊戲的遊，都寫成「游」字？其實是行的通的同音同假，徐霞客游記就寫成「游」，就好像公佈的佈，可寫成布，但是形聲字麵粉的麵，絕對不能寫成「面」，因爲是會意字，這是題外話。晒布岩上，整齊排列著數十道流水沖刷而成的風化布紋，故名晒布岩，很壯觀。六曲以下，一路是懸崖絕壁：「壁立萬仞」四個石刻，遙遙可見，據說是清朝留下的，腳下是清澈的溪水，游魚穿梭其中，逍遙自在，我情不自禁對著八歲小女孩唱：「魚兒魚兒水中游，游來游去樂悠悠」！我問小女孩會不會唱這首歌，他搖搖頭，接著他大方的唱起他的兒歌，原來兩岸唱的兒歌不一樣，這方面要多多交流才是。小女孩的嗓子清脆嘹亮似可穿透雲霄。浮在前面的竹筏也停下來聽小女孩唱歌，竹筏上的黃秀日大使對我們說：「像不像置身於威尼斯」，黃大使祖籍福建泉州，曾任教廷大使，此次神州之旅，感觸必多。當石壁上出現「五曲」兩個紅色大字，知道九十分鐘的行程已走了一半，四曲到一曲經過了「五夷岩」、「臥龍潭」、「茶館岩」、「大藏峰」、「臥龍潭」、「題詩岩」、「船棺」、「仙釣台」、「玉女峰」，「臥龍潭」水深不見底。朱熹曾爲四曲作詩：「金雞叫罷無人見，月滿空山水滿潭」格外傳神。「水光石」有明代抗倭英雄，戚繼光的題字石刻氣如長虹，最令人百思不解的是離地面約一百公尺高的「船棺」，用楠木所做的船型棺材，三千多年前春秋時代，不知如何凌空運上去的，又如何安置在峭壁的岩穴中的？傳說古粵閩族系處於洪澤氾濫，以捕魚爲生的他們，恐祖先亡故後，被魚吞蝕遺骸，故製船棺於峭壁。婷婷如玉的「玉女峰」是武夷山的標誌，上有「插花臨水一奇峰，玉骨冰肌處女容」的詩壁，擎天拔地昂然高聳的「大王峰」，怪石嶙峋的「虎嘯岩」均仰望無遺，不愧有「秀奇甲東南」之美譽，「大王峰」有石階可登，但我們無暇靠岸。竹筏行到一曲時，呈現眼前的是黑底紅字的石刻「鏡台」兩字，令人有心如明鏡之感，朱熹曾爲一曲作詩：「一曲溪邊上釣船，幔亭峰影蘸晴川，虹橋一斷無消息，萬壑千巖鎖翠烟」，結束行程時，如置身「亞馬遜河」。

獨坐群峰的天游峰

次日，在小陳的帶領下，遊覽了武夷第一勝景——天游峯，走進天游峯，印象深刻的是巨石的形象與傳說。有句順口溜「不到天游峰等於白遊」，天游峯位於武夷山中部，海拔四百多米。我們一行二十人，有柱著枴杖循山間螺旋石階，一步步往上爬的，也有的有自知之明，如本人搭「滑竿」的，此地人叫「花轎」來回二百六十元，前後兩人扛著花轎「嘿荷」、「嘿荷」地一路搖搖晃晃的往山頂行走，同時介紹奇峯勝景，偶爾在樹下歇息、聊天，方知他們原都是種田的，田地被徵收用來綠化，只好來此幹活賺取勞力錢。公司一次只付一百元，五十歲不得聘用，其中一位年僅二十一歲小夥子，腳力不錯。他抬了兩年，爲的是替二十歲的弟弟賺學費。之後，我們繼續向「天游峯」前進，我對小夥

2008年7月武夷山天游峰

子說：「有機會讀書還是讀書好，把青春花在勞力上太可惜了」，此時路邊傳來許多鳥叫聲，山上下來的遊客，男女老少不時親切和我打招呼，並喊「加油！」據說這條通往天游峯頂的石階小徑，建於一九三六年，當時是供蔣宋美齡來此旅遊用的，結果因西安事變而取消。登「天游峯」的中途，有許多所謂的「雲窩」，大有「雲深不知處，只在此山中」之感，中午時刻，在經過「長壽坡」、「天游門」後，終於到達山頂，遊客不多，當然受到「川震」影響，公家出差費、旅費都去賑災了。此間有「天游閣」二樓，曾爲宋美齡建舞廳，但不曾使用，如今變成遊客拍照景點，蔣夫人地下有知不知作何感想。據說在此山頂，可觀日出雲海，可賞晴空月色，惜我們來時是日正當中，但可清晰俯視九曲十八彎全景，宛若天仙飄帶，盤繞於武夷群峰中。所謂「曲曲山迴轉，峰峰水抱流」，遠處崗巒起伏，白雲出沒。徐霞客遊記曾記載「其不臨溪而盡九曲之勝，此峰固應第一也」。

大紅袍岩茶山區

所謂上山容易下山難，上山靠體力，下山靠腳力。下午抵達平地，接著遊覽大紅袍岩茶區。「大紅炮岩茶山區」，是武夷山景點之一，有電瓶車，在車上遇到從美國來此一遊的一家人，我見到一位小男孩用英文笑說：「歡迎、歡迎」男孩母親問我：「你是從台灣來的嗎？」，「是呀！」「是從台灣到美國的吧」我反問，真是他鄉遇故知。男孩的母親跟我女兒一樣大。不久，來到大紅袍岩茶山區，爬到半坡可望見風化的懸崖，壁上刻有「大紅袍」三個石刻，這幾株大紅袍堪稱稀世之寶，推測樹齡已三百年。三百年前武夷茶葉對外貿易已十分發達了。半山有間茶藝館，有著旗袍小姐示範茶道，我也喝了兩杯岩茶解渴，據說岩茶為中國十大名茶之一，而紅茶的發源地正是武夷山的「正山」，於十六世紀遠銷荷蘭、英、美等地。

武夷精舍——朱熹書院

宋朝閩學家朱熹，曾在此著書立說十一年，此地有朱熹書院，內有「學達性天」、「靜中氣象」、「萬世宗師」等橫匾，一律由右至左，並有「武夷精舍牌坊」我購得朱熹的格言拓本乙幅，以為紀念。格言內容：「讀書起家之本、循理保家之本、和順齊家之本、勤儉治家之本」後來在三姑街某飯店又購得吳杰書法家「天道酬勤」墨寶乙幅，美金二十元。

華夏民族城劇院

晚上登車前往「華夏民族城劇院」觀賞「武夷神韻」的晚會，主持人係來自東北，唱作俱佳，談吐詼諧，節目以「古閩、越歷史文化」為主，包括古越鼓舞、古越獵舞、古越祭舞、宮廷樂舞、閩越雄風、皇宮招親、千手觀音等，最後展示了「靈秀武夷」、「泛舟九曲」、「動物天堂」、

「仙浴潭」，真是場面偉大，服飾華麗，五光十色，令人目不暇給。最後謝幕時，主持人拋丟數包珍奇的「大紅袍」茶包，答謝台下觀眾，爲此旅遊劃下句點。

七月二日清早，前往機場搭乘廈門航空經澳門轉長榮返回台北，當廈門航空機艙內播放和長榮航空播放同樣曲子「望春風」時，真不知有置身何處之感，大部分乘客都在閉目養神，我卻在沉思爲何近年來，長榮航空在起降時總播放「望春風」一曲，某年過年，我前往紐約，下機時就播放此曲，難道不能播放與過年有關敲鑼打鼓的傳統音樂呢？真是令人百思不解！下午三點左右抵達台北和朋友道別後，回到溫暖的家，腦海中仍揮不去如醉如痴的奇山碧水，正是「武夷佔盡人間美，願乘長風我再來！」

九十七年十月　展望雜誌

世紀之旅

——澳洲行

前　言

我似乎天生下來，就有旅行的命；自一九六四年到今年十月，前後四十四年，在人生路上，除了教書，即是旅遊，除了旅遊就是教書！一生過得多彩多姿，跑遍、美、亞、非等四大洲。今年十月應邀出席在澳洲雪梨舉行的「世界和平婦女國際年會」（WFWP），又圓了世紀之旅——澳洲行美夢，感到欣慰無比。雖然澳洲行只有十天，但也留下一些所見所聞，茲記上一鱗半爪，以爲紀念。

拜訪芮正皋大使夫婦

我於二〇〇八年十月廿一日深夜，啓程前往香港轉機於廿二日清晨抵達澳洲雪梨（Sydney）

作者與世和會台灣總會林淑慧祕書長合影

作者（中）與芮大使夫婦合影

機場，雪梨世界和平婦女會（世和會）已派專車來接，隨即前往位於海邊的渡假中心會議廳報到，同行者有台北世和會祕書長林淑慧。

行李安頓好後，由芮正皋大使介紹的年輕朋友 **Paul** 錢俊駕車來接，前往拜訪芮大使賢伉儷並共進午餐。久別重逢，相聚甚歡，芮大使雖已拄著拐杖，但仍不失溫文儒雅之風，而夫人依舊氣質高雅，對大使照顧得無微不至。

夫婦倆目前住在一幢高級公寓的廿六樓，可以遠眺美麗的海景；附近有購物中心、地鐵站，生活機能不錯，因此他們樂於在此安享晚年。

我和芮大使結緣於民國五十三年，迄今已四十四個年頭，當時我剛大學畢業，應邀參加「中華民國赴非友好訪問團」簡稱「訪非團」追隨芮正皋團長，白萬祥副團長，前往非洲十五個國家，朝夕相處一百天，那時芮大使正值英年，彈指之間，如今已屆九十高齡，而我也由少女變成祖毋級的老婦，真是如夢似幻，。猶記民國五十三年八月訪非團出發到羅馬時，芮大使從上伏塔飛來羅馬與我們會合，當晚在下榻旅館彩排點名，隔兩天即由大使率團前往非洲，肩負文化大使的任務（詳情在此不贅）。之後於民國七十一年芮大使駐西非象牙海岸大使時，又邀請我前往象國上電視介紹中國樂器，而芮大使則宣揚我十大建設，讓友邦留下深刻印象。大使是位非常有使命感的人，也是位傑出外交官，早期留學法國取得法學博士，說得一口流利法語，回國曾任蔣公法文翻譯；後來追隨非洲先生楊西崑，長期駐節非洲，晚年旅居雪梨。訪澳十天中，我們見了好幾次面，不是吃法國大餐，就是韓國料理、日本料理或是港式飲茶，每次都相聚甚歡！正是：「親情友愛最珍貴，良辰美景要珍惜」……提及當年「訪非團」的團員郎雄以及副團長白萬祥均已作古，人事滄桑，白雲蒼狗令人唏噓……

在芮大使公館小坐後，錢君又送我回到會議中心，晚上在會議中心舉行了盛大晚宴，來自五湖四海，愛好和平的婦女們約一百二十位，不分種族、不分宗教、不涉政治，齊聚一堂；在「同住地球村，同是一家人」的理念下共進晚餐。會議由雪梨婦和會會長主持，與我同桌的有來自大溪地、希臘、法國等地的婦女，我們比手劃腳用有限的英、法語交談。會中，韓國婦女上台演講，強調美育的重要，如韓國天使兒童曾巡迴世界各地演出，以增進交流；最令人感動的是來自日本的年輕人，演奏咱們中國的樂器「把烏」，他用英文說是在台灣買到的。「把烏」是一種吹管樂器，源自雲南，之後，我向這位年輕人購買了五張CD，算是鼓勵。

清晨觀海，「世和會」他鄉遇故知

次晨六點，在大會九點開始前，熱心的錢君駕車來接我和淑慧，前往曼尼Maney海邊欣賞海景。這輩子，首次清晨看海，感觸特別深；沿海行駛，放眼望去，海邊盡是翠綠的高爾夫球場，以及遠處隨海浪起伏的衝浪客。衝浪是澳洲最受歡迎的水上活動之一，而高爾夫球場及網球場都是開放式的，任何人都可以享用。我們沿著北面山坡行駛，有森林公園，景色宜人，公園內的標語寫著：「請你來與玫瑰花香擁抱，與鳥對話，並在草地上野餐」。因爲是清晨來此，園中只有我們三人在此呼吸新鮮空氣。佇立山坡，面對大海，海浪拍擊沙灘以及陡峭險峻的崖石，如交響樂般。海邊也有許多早起垂釣的人，一路上錢君為我們介紹澳洲的人文景觀；澳洲是個多元化的社會，卻是人口密度最小的地方，三分之一人口來自海外；此地人悠閒、樂觀，賺多少花多少。錢君來自上海，是位理財專家，移民在此十多年，與大使是忘年之交。我們在海邊用過豐盛早餐後，則折返會議中心，在一整天的會議中，有美國、日本、加拿大、紐西蘭、非洲等各國世和會婦女領袖們一一作了精彩的報告，內容皆圍繞於婦女在社會中的角色，如何解決衝突之道，以及如何促成種族融合等相關議題。我當場分發了本人事前所準備的中、英對照名為「同一個世界，同一個夢想」的文章，引起熱烈的討論；我的文章強調孔子「以和為貴」及「世界大同」的理念，澳洲行政院副院長夫人亦出席致辭，並強調「和平」的重要。

次日，繼續舉行研討會，中午在戶外草地上自由交談時，遇到一位來自模里西斯的婦女，當我告訴她我曾去過模里西斯三次時，她大為驚訝，睜大眼睛盯著我，並給我一個熱情的擁抱！第一次是於民國五十三年，我隨赴非文化訪問團，那時，她還是小女孩，後來民國六十八年、七十二年，係由本人率團前往宣慰華僑及宣揚中華文化，並順道去了南非。她說，在電視上看過我們的節目，特別是我演奏琵琶、古箏的鏡頭；文化的影響力之大，由此可知，真是他鄉遇故知。

會議結束，我放棄大會的餐會，六點左右，又由錢君來接，應芮大使之邀，在一家老字號法國餐廳用餐；這間餐廳天天高朋滿座，必須在一個月前預先訂位，真是盛情可感！席間，賓主盡歡，交談熱絡，錢君雖是理財專家，卻很重視咱們的中華文化，他說他會努力促成兩岸文化交流的工作，他是大陸人民出版社的海外代表，負責連繫海外文化人士的書籍出版及演講等事宜，也希望我協助他，當然，這是義不容辭的事。他說在沒見到我之前，以爲我是位很嚴肅的教授，見面後，發現我是這麼地平易近人、樂觀開朗。

參觀新南威爾士（New South Wales）州議會

位於南半球的澳洲，十月正是春夏之交，正逢春光明媚、鳥語花香的季節。廿四日早餐用畢，即登車前往位於雪梨麥考里大街的新南威爾士（NSW）州議會參觀，並參加酒會。州議會是澳大利第一個議會；分上院和下院，進門就是中央噴泉大廳，氣派非凡。大廳四周不定期地有藝術品展覽，或作爲文化歷史檔案的臨時公開展覽區。議會廳的顏色沿用英國議會會議廳的傳統顏色：上院紅色、下院綠色；我們在演講廳聆聽議員代表演講，女主持人是健康基金會顧問。之後舉行酒會，舉杯時，遇到來自肯亞，面孔漆黑著非洲服的婦女，我們相擁拍照留念，因爲我告訴她我曾去過非洲十五個國家，讓她備感親切。

下午自由活動，晚上參加於和平大使館舉行的晚宴，和韓國及旅居日本的韓裔婦女同座，巧的是和一位韓國教授閒聊時，方知她任教於韓國東亞大學美術系，我驚喜若狂地回應她，我曾於一九八八年，值漢城（首爾）奧運時，曾客座於東亞大學，還替校方舉辦了「中國週」介紹中國的歌、舞、樂，我的大女兒平平那年大學畢業，還前往共襄盛舉，表演了民族舞蹈。這晚又添了一椿他鄉遇故知的巧事，隨即用韓文向她乾杯致意。我們邊用餐邊欣賞台上的表演，包括了大溪地、印度、茅利族的舞蹈；澳洲多元化社會由此可證，據說三萬年前，首先登陸此地是印度人，過著原始生活，後來荷蘭人、英國人、中國人才陸續移民至此。

雪梨灣、歌劇院、植物園

廿五日一早登車前往雪梨灣，參觀世界聞名的歌劇院，這個外觀像張滿白帆的劇院，是雪梨的地標，如今已列為世界遺產，它由丹麥建築師約農設計，於一九七三年完工，歷時十六年，真是嘆為觀止！而雪梨灣，更是世上最美的海灣，一千艘戰艦，可安全地在此停泊。歌劇院後面是雪梨大橋，建於一九三〇年經濟大恐慌時，目的在用它作為對澳洲未來希望的象徵，相對照於今日全球的金融海嘯，是否可做為國內借鏡？

緊鄰歌劇院的是皇家植物園，我們分乘電動車繞行一周，如置身天堂般；園內有著不同的鳥類、不同

2008 年 10 月於雪梨歌劇院

的植物，樹頂上還有一群群的蝙蝠，植物園出來後，在渡輪碼頭自由行。街頭藝人的敲鼓聲響徹雲霄，令人不覺手之舞之、足之蹈之，全身隨之搖擺起來。有些遊客在旁欣賞。

之後，又在紀念品店和大陸來的店員閒聊，了解到許多大陸父母都拚命賺錢供子女留學澳洲，但有些孩子適應不良就又回去了，唉~天下父母心，望子成龍、成鳳，但何其不易！在紀念品店，我買了一個澳寶（蛋白石）做紀念。蛋白石是澳洲特產，每次出國旅遊，總不忘帶一樣紀念品回去。碼頭附近也有露天的自由市場，大都販售紀念品。但我獨獨對附近的圖書館有興趣，入內才發現大廳四周掛著各大報紙，供人翻閱；大廳採自然光線並設有許多大型沙發，我順手地翻了翻華文報後，即行離去。

晚上出席在文化運動俱樂部舉行的「爲他人而活的」晚會，會中還頒發和平大使證書，包括澳洲某知名歌手，難怪來了一大堆粉絲。晚會節目精采，除了鋼琴演奏，還有泰國舞、原住民舞。

與易經學會舉行座談

十月廿六日會議結束後，中午在芮大使安排下，由易經學會副會長朱琪勵（Lisa）來接，遷出旅館後前往位於徒步區的德信街的唐人街（中國城）參訪，同行者尚有易經學會會長張妤妮（Winnie）以及總幹事莊豐盛（David）。中國城有座橫掛「四海一家」的牌坊，令人有賓至如歸之感；城內網羅了中式、泰式、日式等各地美食佳餚。色彩繽紛的燈籠隨處可見，紀念品店也不少，北京奧運雖剛結束，還是有許多外國人來此採購「福娃」等紀念品。午餐過後，下午住進學會特意爲我安排的臨時出租公寓；公寓內應有盡有，相當舒適。稍事休息後即在寬敞的客廳舉行「讀書會」；首先由本人介紹「旅遊與文學」，陳列出我的七本散文作品，並簡述個人的寫作經驗。與會者均爲易經學會的會員約二十多位，包括來自台灣退休的飛官夫婦、國際商銀退休經理夫婦及廣州來的中醫師等……巧的是還遇到師大畢業的校友，不過他是教育系，我是國文系。

談到旅遊文學，不得不從我的第一本「半個地球」說起，這本書是我和舍弟向元合著的，民國五十三年我參加「訪非團」，他同時前往美國參加「羅浮童軍大露營」，意義深遠，因此返國後我們就共同出版了這本書。

談到「半個地球」，不免又提及當時的團長芮大使，無論如何也要趁此次訪澳機會，親自向芮大使及夫人請安。在熱鬧的交談中，大家拉拉雜雜地交換些不同寫作經驗。

芮大使特別提到他早期留法時期邊打工邊讀書的難忘經過，有意思的是他還用法國國歌的調子，唱著岳飛的「滿江紅」，慷慨激昂，博得熱烈掌聲；文學素養不凡的他，接著出示一疊於民國三十三年春，在上海用毛筆抄錄「佳句雜抄」的影本，大家爭相傳閱，封面還親筆寫著「六十餘年前所書錄格言影本贈鄭向恆教授卓參法正並誌其首遊雪梨以爲紀念正皋識二〇〇八年十月廿六日」。

這份雜抄多是自勉與勉人，一九九四年由上海的晚輩找出寄給了他，時隔五十多年，那時，他不到三十歲，在分隔了半世紀之久，又重獲親筆手抄原稿，真是彌足珍貴啊！

這是個很溫馨的座談會，末了我送了一份今夏在大陸湄州媽祖廟買的「隨緣」條幅給 Lisa，她則回贈我一幅澳洲原住民的手工藝品圖騰。

晚上，我至下榻處的游泳池游泳，遇到一對由上海來此探親的婦女，她們住在十六樓，我們一見如故，天南地北地聊，其中一位太太還是江西京劇院的旦角，退休做了個體戶，全力培植她的女兒。和她女兒同住的室友，是來自台灣新竹的；心想，兩岸女兒一家親，在海外自然而然地早已統一了。

雪梨大學東亞圖書館

十月廿七日一早，搭地鐵赴市中心轉計程車抵達澳洲第一大學「雪梨大學」參訪，我特別帶了幾本散文集，贈送該校東亞圖書館，並與該館負責人在劉渭平教授題的「雪梨大學東亞圖書館」條幅前合影，劉渭平教授係芮大使夫人的哥哥，早年任雪梨總領事，後來執教於雪梨大學，國學根基深厚，能詩能畫多才多藝，雪梨大學

作者送書給雪梨大學東亞圖書館
背後係劉渭平教授題字

退休後，曾任教於文化大學，由於芮大使的關係，我們結識很早，不幸，劉教授於兩年前辭世，哲人其萎，令人不勝唏噓……面對筆力蒼勁的墨跡，令人緬懷前輩風範，久久不忍離去，其先翁曾為廈門市市長。

雪梨大學圖書館一樓相當寬敞，到處陳列電腦，供學子上網；漫步校園時，遇一大陸女留學生，穿著時髦，相談之下，她父親也是經商的，據云在此留學比到美國便宜，難怪放眼望去校園內，有許多大陸來的留學生。後來又遇到印度來的學生，談吐親切，她說很少看到我這把年紀的中國人，在校園裡逛來逛去；她來此學藝術。雪梨大學建於一八五〇年，設有農學、建築、藝術、醫學、法律、工程等科系，學校裡充斥著各色人種，真是個雛形聯合國。

回程坐地鐵又遇一位福建來的會計師，知道我來自台灣，不禁問我：「你們台灣人怎麼這麼喜歡打人？」原來他在電視上看到大陸張銘清在台南孔廟被打的新聞，我忙解釋說那是個案，是少數份子的行為，大多數民眾是和善有文化的。

下午三點多鐘，和芮大使夫婦相約在附近購物中心的咖啡廳喝咖啡，芮大使帶了本劉渭平著的「大洋洲華人史事叢稿」送給我，真是心電感應，我立即取出數位相機，秀出在東亞圖書館所拍的劉渭平題字給他們看，接下來我們的話題圍繞在這本書上，原來這本書目前正譯成英文，在華文報上連載。我已迫不及待地拜讀芮大使所寫的序，方知十九世紀中葉澳洲發現金礦時，就有大批華工由閩粵沿海各地渡海南來，並散居澳洲、紐西蘭及太平洋各島。華人習性勤儉，刻苦耐勞，終以此召妒，而有各地排華暴動的發生。二次大戰後，類似情況稍改善，但華僑的事業也向前邁入另一個新時代……後我將此書放在隨身袋，不時翻閱，受益匪淺。

動物園看無尾熊、袋鼠

十月廿八日中午又蒙 Lisa 來接，驅車前往動物園參觀，據說園內有兩千多種動物，規模相當大；上上下下，有電梯可乘，其中最吸引人的是無尾熊（樹熊），溫順可愛，長約一英尺，背上有著灰咖啡色，腹部黃白，臉蛋圓圓，耳朵大大，抱著樹幹，惹人憐憫。袋鼠也很有意思；此外，尚有來自世界各地珍禽異獸，如亞洲的老虎、泰國的大象……一群小學生來此校外教學，老師則在一旁做解說。無意間發現了一間古老的廁所，裡面陳列著舊式馬桶，四周圍起了繩索，成了獨特的古蹟！

我們在觀景台邊飲用咖啡點心，邊欣賞對岸的歌劇院、大橋及海上的點點帆船，真是令人心曠神怡。在紀念品店內買了些小象的木雕；「象」和「相」諧音，有福相之意。

坎培拉（Canberra）一日行

十月廿九日我們隨旅遊團乘車往南約三小時車程的首都特區坎培拉，途中經過遼潤的牧羊區，據說這裡的羊肉不可食用，唯一可用的是牠的羊毛。坎培拉位於澳洲南阿爾卑斯山平原，距雪梨二百英里，由於地處內陸，位居政治中心，人口儘三十萬，是座無煙囪城市，又有「美麗公園之城」的稱號。一九二七年前，聯邦政府首都是在墨爾本，後來才遷到坎培拉。

邊聽司機兼導遊的小張介紹，邊欣賞窗外風景，此地綠化得相當好，有馬場，但人不多；此地人大都以汽車代步，喜好戶外活動，氣氛和諧，故歡迎外來民族移民到此，再加上社會福利的完善，縮短了貧富差距。中午在一家名爲「茗趣居」的中餐廳用餐，餐廳爲早期華僑所開，算是老字號的店。飯後參觀小人國，放眼望去全是世界各國的知名建築，在迷你版的模型中各自展現出不同風貌；幸好用的是數位相機，讓喜愛拍照的我拍個過癮。見到許多活潑可愛的孩子，快樂愉悅地穿梭在這童話般的奇幻夢境中。

離開小人國後，來到國會大廈，此建築是一九八八年五月於國會山丘落成；外牆白色，可和美國白宮媲美，鄰近處有仿瑞士人工噴泉湖水，水柱高達一四〇公尺，係紀念船長登陸二百週年而建。湖對岸有羅馬式建築圖書館，四周圍繞著義大利的大理石，甚爲壯觀。

國會大廈的廣場上有馬賽克拼圖，象徵澳大利亞土著文化的悠久歷史。進門要安檢，採自然光的宴會大廳，中間懸掛著巨幅壁毯和刺繡的手工藝，好似在訴說這片土地開拓和耕耘時的精神。大廈的設計將藝術與建築巧妙地融爲一體，相當氣派，堪稱世上一大傑作。澳大利亞聯邦包括南斯威爾士、維多利亞、昆士蘭、南澳、西澳、塔斯曼尼亞等州。聯邦國會由參議院和眾議院所組成。

西國會大廈的亞拉倫拉區西側，是使館區，其中以美國大使館最大，佔地有一個山頭，門禁森嚴；其次是中國大使館，古色古香、小橋流水，呈現著中國風，導遊指著其中一幢房子說：「這就是胡錦濤來訪時住的地方」。其他使館如日本、韓國、義大利、英國均各具特色。此區環境優雅，路上行人寥寥無幾，低矮的建築更顯清幽。

最後一站來到位於北側市中心的戰爭紀念館，高七十九公尺，是紀念二次大戰美軍和澳軍合作保衛澳洲所建，旨在紀念爲國陣亡戰士，爲表敬意，進門時需脫帽。

十月三十日，結束了世紀之旅「澳洲行」後，一早承蒙張會長來接送機，臨行時，與她殷切道別並致意，多日來，我被澳洲的人、事、景、物留下美好的深刻印象。

九十九年三月　展望雜誌

內蒙草原行

所謂行萬里路，勝讀萬卷書！自從兩岸開放以來，廿多年，我利用寒暑假、教書之餘跑遍了大江南北，甚至絲路之行……而位於正北方，地形如駿馬騰飛、草原廣大的內蒙始終無緣前往；今夏，在專欄作家的組團下，一償圓了「內蒙草原行」的美夢。從北京到張家口、到錫林浩特、到呼赫浩特，長途跋涉、大開眼界；難能可貴的是最後一天，脫隊拜訪了居住在准格爾薛家灣近半世紀之久的表哥——張慶功全家，時間雖短，卻留下難忘的回憶。茲將此行所見所聞，略記於後，以為紀念。

北京到居庸關

七月三日清晨，內蒙訪問團一行在理事長蔡文甫的帶領下，由台北飛香港轉北京，北京全國記協台港澳辦公室處長黃炎光特來接機，登上由李舒師傅（往後數日團員們皆稱他為小李）駕駛的「天鵝國際旅行社」的遊覽巴士，開始了我們此次的行程。

北京，我曾來過多次，二○○八奧運後再來，整個城市又增加許多建築物，綠化得很美，偶有一些提昇文化的標語，如「知識是通往人類進步的橋樑」……車程一小時後，抵達五星級的「聖世溫泉大酒店」；整座建築十分藝術，建材以大理石為主，氣派非凡！令人驚喜的是「聖世」的「聖」非簡體字「圣」。酒店內設有多項健身的設施，如：泳池、沖浪、桑拿、水療等，可惜無時間享受。晚上參加在中國記協大樓舉行的歡迎晚宴，賓主盡歡！

次日在藝術氣氛濃厚的餐廳享用了一頓豐盛早餐後，登車前往參觀「鳥巢」、「水立方」以及奧運「火炬型」辦公大樓。天空灰濛濛的，氣溫卻高到三十六度，停留片刻，各自拍照留念後匆匆離去。

巴士上了京昌高速公路，兩小時車程抵八達嶺（四通八達之意），四周多峽谷，「一夫當道，萬夫莫敵」，遠望氣勢如虹的萬里長城，一如蛟龍般蜿蜒盤旋在高低交錯的峻嶺上。據說在月球

2009年7月於北京鳥巢

即可俯視此一偉大建築。

長城，是中國傲視全球的歷史遺址，這是我第三次拜訪，據說二〇〇八奧運前曾重修，此次時間緊迫，無暇一一參觀；長城東起山海關，北起居庸關，地理位置相當重要。此處附近有燕山山脈，清朝時居庸關爲重要的軍事據點，樓層下有「天下第一關」橫匾，字體渾厚、蒼勁有力。古代北京稱燕京。在此稍事休息後即向北京市延慶縣前進；沿途見到不少標語如：「建設生态（態）延慶，服務首都發展」。

張家口到正藍旗（縣）

不久，車子上了京、張高速公路，但見兩側均是綠草平原，天空浮雲飄浮，偶有山丘起伏，車繼續向西北方向行駛，我不禁哼起「瀟灑走一回」那首歌。中午用餐大廳，一樓有許多的大圓桌，舉行大型宴會用的，二樓則有許多包廂，是以各國地名爲包廂名稱，如莫斯科、悉尼（雪梨）……等；我們此次在柏林包廂用餐，菜色可口相當國際化。

黃昏抵達張家口，下榻金鳳大廈，晚餐在位於鄉間的「映山紅」食府用餐；「映山紅」即「杜鵑花」之意，門口有「弘鄉土情，農家味，盡在錢家老院」，以及「弘揚張垣飲食文化，打造地方經典土菜」等標語。

內蒙自治區

七月五日清晨，繼續向內蒙中部正藍旗自治區方向前進，放眼望去，盡是起伏丘陵、荒無人煙，十點多進入內蒙，無邊無際大草原映入眼簾，好似一張綠色地毯，天多大，綠毯就多大；映著天上的浮雲，以及地上稀稀落落的牛羊，如詩如畫！惜漫長國道上因無休息站的設立，只能在路邊雜草自行「方便」，令人莞爾，這檔事兒在這算是見怪不怪的了。此時氣溫已降至十七度，甚是涼爽；隔著玻璃窗向外望去，可隱約見到遠處一點一點的白色蒙古包，遙想當年王昭君抱著琵琶，騎在馬上前來和番的情景是多麼艱苦啊！

據說內蒙有三十三個台灣大，遠溯戰國屬趙、燕及匈奴、東胡，以游牧爲主，後屬北魏，十三世紀初成吉思汗統一大漠南北各部，建立政權，於今已成爲中國最早成立的民族自治區，東起大興安嶺，爲高原草原，是中國重要畜牧業基地；西至河西走廊，屬乾草原。

元上都遺址，荒無人煙

中午抵達正藍旗，清康熙十四年，這裡被編入八旗，因號爲純藍色而得名。正藍旗，歷史悠久，早在一、二十萬年前就有人類在此繁衍；從戰國至元朝，是北方少數民族割據活動的地方，此處有「元上都遺址，有忽必烈石雕像。元世祖忽必烈的祖父即元太祖成吉思汗，在蒙古帝國的歷史中，是第五位大汗，在元史中，他是最早建國號的，他調和了多種不同文化間的衝突，這座曾讓馬可波羅大爲驚嘆的夏都，目前正在進行考古挖掘工作。夏都遺址四周荒草雜生，我隨手拔了根已發黃的草做紀念，據說這種草非牛馬所吃，是用來做掃帚的。離開夏都遺址繼續前行，於夕陽西下之際，抵達錫林浩特的白馬大酒店。

貢格爾河度假村

七月六日，藍天白雲，氣溫二十九度，一早往赤峯縣參觀，除了草原仍是草原，遙想當年成吉思汗鐵木真馳騁草原、叱吒風雲，真是歷史上的壯舉。如今，做夢也沒想到我居然也來到此處，不同的是我們乘坐在有冷氣的車廂內，聽著蒙古牧歌，真是太幸福了!中午在「貢格爾河度假村」的大型蒙古包內用餐，享受當地各種蕨類、蘑菇類，以及傳統奶茶；蒙古包呈圓形饅頭狀，以木材、

專欄作家合影於元上都遺址

白毛氈爲主要建材。服務員均著蒙服，他們說第一次接待我們這批來自台灣的賓客；一位蒙族帥哥隨後高歌蒙古情歌助興，一旁有馬頭琴伴奏，我也回以「小城故事」助興。在座五位作家也上台高歌「高山青」，氣氛熱鬧、賓主盡歡。值得一提的是「馬頭琴」，這樂器音色柔和圓潤，宜演奏遼濶的長調；琴桿上端雕了馬頭，琴弦則是用馬尾所做，琴桿細長，琴身則是用松木製成。

人間仙境——達里湖

下午前往海拔一千二百多米的高山湖——達里湖，湖水映著藍天白雲，遊客稀少。我們坐在湖邊的亭子，享受這人間仙境，湖邊有幾家個體燒烤攤，一位年輕小姐幫母親照顧生意；相談之下，方知這位妙齡小姐（蒙族稱姑娘）剛考完聯考，正等分發，「我希望分發到天津大學的醫學院」，我睜大眼睛說：「志氣真大」！

之後我向她買一條十元的燒烤華子魚，爲了鼓勵她付上一百元說：「不用找了」。漫步到草原正巧遇到開車的李師傅，邊走邊聊；他的女兒留學日本，還拿獎學金，「我們這一代都沒受什麼教育，只能傾全力賺錢培植下一代」。小李從早到晚開車已十多年，之前在工廠幹活；這似乎是大陸一般父母望子成龍、望女成鳳的最佳寫照！小李是鄧麗君迷，據說大陸有研究生寫鄧麗君的論文，我答應回台收集有關鄧麗君的光碟及資料給他，至於時下的年輕人，只知周杰倫、王力宏、五月天……「鄧麗君」對他們而言反倒陌生。

錫林浩特到集寧

七月七日，抗戰紀念日，一早前往大貝廟。此廟始建於清乾隆時期，經七代活佛六次大規模擴建而成，是內蒙四大喇嘛廟之一；附近有紀念品商場，琳瑯滿目。在廣場內遇到一對穿著時髦、講著蒙語的母女，心想應是個體戶，才能有如此的打扮吧。其實，一路走來我注意到蒙族人無論男女老少大都擁有一口潔白整齊的牙齒，不知是否和喝羊奶有關。

逗留一會兒後登車繼續向西南方向集寧而去。車行中，小李播放大陸今年初錄製的大型連續劇「北風那個吹」，內容敍述文革後期知青下放以及後來改革開放的故事；情節感人，惜無暇仔細觀看。乘車時有機會和同行魏萼教授聊天，他是專欄作家，也是經濟學家，及美聖路易大學經濟博士，是堂弟鄭治明的台大學弟，「我常拜讀你在展望雜誌連載的『中國國富論』，受益不少呢」我說。我們聊得很投緣，都相當認同當年陳立夫先生所主張的「中華文化統一中國」。

問到馬英九的兩岸政策時，「大方向是正確，惜晚了一步」。他送了一本「中國文化與西方文明」給我，書內第一張照片即是與立公和他的合影，下面註明「立公主張禮義廉恥取代四個堅持」。魏萼教授出道很早，早年當過文工會副主任，主任爲周應龍；周應龍和外子殿魁是要好的同學，惜周應龍英年早逝，當時他曾對統一中國提出「自由、民主、均富」的主張，且十分推崇孔子以「和」爲貴的思想。

晚上抵達集寧，其街道、店面燈光昏暗，殊不知一進到大飯店內燈火通明，生意興隆；我們一行二十多人在二樓的大圓桌用餐，大啖羊肉、大口喝馬奶酒，好不快活，又有蒙族男女獻唱，我又跟著大方起來，付了一百元點了首草原情歌，他們爲我獻上一大碗奶酒及一條藍色絲質的長布巾，是藏傳佛教用來表示祝福之意的「哈達」。

內蒙首府呼赫浩特

七月八日一早登車向首府「呼赫浩特」駛去，在車上大夥向今天的壽星——莊桂香老師獻唱生日快樂歌，氣氛熱絡，壽星也當場許願祝團員們旅途愉快，爲行經茫茫草原上增添歡樂插曲。行行重行行，四小時車程於中午時分抵達目的地——呼赫浩特市，但見高樓大廈林立，市區繁榮、樹木茂盛，眼前出現許多廣告招牌，如「可口可樂」、「肯德基」、「唱歌聚會就去錢櫃」等，同時還有「弘揚草原文化」、「同一個世界，同一個夢想」等標語。途經內蒙大學藝術學院，中午在鄉間的「半畝地莜面（麵）村」餐廳享用道地的蒙族佳餚，門口有座木雕招牌，上面刻著「過了這個村，沒有這個店」，令人玩味；內部寬敞，樹上還掛了許多五顏六色的小燈，本土菜色中又以油飯爲主。

下午，穿過市區，前往內蒙博物館參觀。市區，車行如織，馬路兩旁各有三排自行車道，大都是學生在使用。博物館建築新穎，斜傾的屋頂鋪有一層象徵內蒙的草坪，館內大廳氣派，還有手扶梯可達二、三樓，展覽以元朝歷史文物爲主，達十萬餘件，兼具草原風土人情，包括：匈奴、東胡、鮮卑、突厥、契丹、女真、蒙古等文化；除了圖片、蠟像外，還有發射成功的神舟一號、五號、六號及太空人放大的照片。

在紀念品店買了一張名爲「萬馬奔騰」由齊寶力高演奏的馬頭琴 CD 一張，齊寶力高係當今蒙古族馬頭琴大師，爲國家一級演奏員，現任中國馬頭琴學會會長，先後出訪非洲、中東以及香港、日本、印度等地。

博物館左側是新款造型的國際文化交流中心，目前正打出「朝鮮國寶級少年藝術團」來演出的大型電子字幕，而電影院正和台北同步播放「變形金剛」，廣場上是「第十屆昭君文化節」的廣告！

晚上，在昭君大酒店參加內蒙記協的歡迎晚宴，包括各報社及電視台負責人，十分熱絡。餐後回到下榻的內蒙國際大酒店時，住在薛家灣的慶功表哥及表嫂帶兒女及一歲多的小外孫來訪，表哥表嫂及女兒維曦，我們曾於三年前在上海過年時在珊姑媽家見過，獨有大兒子維昭是第一次晤面。今晚則由維昭駕 BMW 車經一小時半車程到此。維昭和我的雙胞胎女兒同齡，長得英俊瀟灑，我們相見甚歡。維曦的小兒子直呼我：「姑奶奶、姑奶奶……」，惹得我緊抱他、親他；夜已深，匆匆話別，約好次日維昭開車接我和他們一起回薛家灣的表哥家拜訪。

准格爾薛家灣探親記

次晨，和在此留宿一晚的慶功表哥一家碰面後隨即上路，一個半小時後先抵達位於內蒙鄂爾多斯高原的准格爾煤田區，一千三百五十六平方公里的黃土地，下面埋藏了二千六百二十億噸的優質煤，這些煤礦適宜露天開採，因此除了擁有潛在的天然優勢外，此處也正努力推動各項建設。

因爲在此任職的維昭有通行證，我們便直接駛入「神華准格爾能源公司」的黑岱溝露天媒礦場；站在煤田上，放眼望去不見人影，煤田上全是所謂的電動輪自卸卡車，一輪卡車可裝一百五十噸煤，卡車之大令人驚嘆，光是輪胎就有三米多高，真是不看不知道，看了嚇一跳！此地煤礦產量是亞洲第一大，還有延伸到陝西的地下煤田，一百年也挖不完。對煤礦一無所知的我，光是看看就可體會這處煤田的偉大與重要了。

參觀過煤田接著拜訪慶功表哥及維昭的住家。不踏進門不知，他們的住所皆十分摩登與現代化，跟我原先想像中的完全不同；慶功表哥住的是二層樓的花園洋房，還有葡萄園，屋內液晶電視、音響、電腦、系統化的廚具、高級皮沙發……舒適得令人忘了這裡是內蒙。維昭一家三口住的是公寓樓房，同樣很現代化，餐廳櫥櫃還陳列著各國的紀念品，特別的是陽台還擺放著一座大型的望遠鏡，隨時可欣賞美麗的草原與天上星星，真是愜意啊！

一九五九年，慶功表哥畢業於上海交通大學土木工程系（時二十一），年紀輕輕就分配到內蒙修鐵路，並結識了學醫的河北姑娘張芸，不久即成家、立業；苦幹實幹多年，最後升到「神華准格爾能源公司」（包括煤礦、發電）副總經理之職，公司員工一萬多名，我真以他的成就爲傲！他於六十歲退休，如今七十一歲；雖出身自十里洋場的上海，但早已習慣居住在落地生根半世紀的內蒙。就如同我小時候隨父母來台灣，一晃就是一甲子，如今我已是祖母級的人了，只是各人際遇不同，我則是渡過教書生涯四十年。親人中多是優秀的人才，旅居美國大姑媽的兒子，大表哥張慶衍，才貌雙全，從事外交工作半輩子，任勞任怨，奉公守法，卸任駐洪都拉斯大使不久，在洛杉磯逝世，時年七十；礙於公職身份，始終未與大陸親友晤面，時代的悲劇令人遺憾。

在慶功表哥家欣賞了一張光碟片，內容是他去年在上海，從已過世的珊姑媽處，整理出許多二、三十年代的黑白家族照，燒錄至光碟裡，這裡有我爺爺、四位姑媽們年輕時的留影，實爲珍貴！晚上在連鎖店「海底撈」吃火鍋；店內裝潢、餐桌椅都很典雅，標語有「撈財氣、撈福氣、撈運氣」等字樣，煞是有趣。維昭女兒和伊聰明伶俐、相貌清秀，剛考完聯考等分發，她想讀法律系，真了不起。餐畢後，維昭一家三口送我回飯店，途中維昭邊開車邊唱牧歌，他有著一副好嗓子，他目前也在煤礦場工作，平時喜歡上網看台灣新聞，我順便向他們扼要的介紹台灣教育概況，特別是早在三十多年前，蔣公時代就已實行的九年國民義務教育，這是兩岸最大不同，教育真是百年大計，更是國力的基礎；目前台灣的大學生很多，希望彼此互相多交流。「很想看看台灣的墾丁、阿里山」「歡迎、歡迎」……

晚十一點，抵達旅館，揮別維昭一家，那「天蒼蒼、野茫茫，風吹草低見牛羊」的情景，令人回味的蒙古長調，以及難能可貴的親情，一直久久迴繞在腦海……。

九十八年九月　展望雜誌

三遊桂林

——桂林山水甲天下，陽朔山水甲桂林

因廣植桂樹成林而取名桂林的山水城，在大自然的擁抱下，如詩如畫！早在兩岸開放初期本人就先後去了兩次，一次參加詩詞研討會，一次和素未謀面的弟妹溫雁相約遊灕江；當時她從貴陽來，我則從上海出發，她高舉著名牌在機楊接我，而妯娌二人結伴暢遊灕江時的情景如今歷歷在目，恍如昨日。我曾書寫「灕江情懷」一文並收錄在「鄭向恆遊記」中，那已是十幾二十年前的往事了……

今夏，在「團結自強協會」的組團下，由常務理事嚴長庚先生帶團，我又三度前往桂林。環山繞水的景緻依舊，不同的是人和事；以往常常獨自一人遊山玩水的我，此次難得有外子殿魁結伴同遊，甚是愉悅！至於事物的不同，是放眼望去平地高樓起，市區街道上突增許多大型建築物，也有縮小的美國舊金山橋、法國的凱旋門，似乎太人工化了。

無論如何，此行還是增長不少新的見聞。除了遊灕江，先後還去了世界第一高梯田「龍勝梯田」、瑤族聚居的荔江灣、柯林頓走過的漁村水道、精彩的夢幻灕江雜技、桂林市區的日月塔……當然，還少不了欣賞由張藝謀執導以桂林山水爲背景的著名大型舞台劇「印象劉三姐」等……茲略記於後，以爲紀念。

龍勝梯田有個平安村

九月八日，我們一行二十四人登車前往桂林以西的龍勝縣，一路行行重行行，終於抵達目的地龍勝梯田的山腳，駕駛駱師傅技術高超，以十五分鐘七彎八拐地拐了七十六個彎，總算到達了山腰的停車場。我們轉搭接駁車到另一個定點，再以徒步方式登山。一路石徑崎嶇，像我們有些平日不大運動的老人家，只有花錢坐滑竿（花轎）請人抬著走；走走停停、停停走走，就這麼一搖一晃地來到八百多米高的山上平台。

往下望去盡是綠油油的梯田，一圈圈由山腳往上纏繞至山頂，環山梯田如青龍般盤旋在山中層層迭迭、高低錯落，真是壯觀！向上望去梯田依舊往雲處盤旋，據說梯田最高處爲海拔一千多米。

此處有個「平安村」，坐落著許多廖姓的瑤族山寨，村裡還有個平安酒店民宿；這地方令我感到特別親切，因爲我有對雙胞胎女兒叫平平、安安，而家母又姓廖。

印象劉三姐 座無虛席

晚餐後，前往欣賞由張藝謀策劃執導的舞台劇「劉三姐」。現場座無虛席，放眼望去全是來自大陸各地的遊客，也許是受到金融風暴的影響，歐美遊客大減，反倒是受經濟活絡的內地人，成為最大宗的遊客來源。

這齣全世界第一部以山水實景舞台劇，光是修改方案就達一百零九次，歷經三年半製作而成；集合中外六十七位藝術家的精彩創意，以灕江的水，桂林的山為天然背景，再搭配上美麗的燈光及獨特的煙霧效果，六百名身穿紅、藍、綠、銀等少數民族服裝的演員，穿梭在如詩如畫的山水煙雨中，如夢似幻的氣氛不時感染整座劇場。

劇場以方圓兩公里的漓江水域為舞台，十二座遠近交錯的山峰為背景，如此構成迄今世界上最大的山水劇場。除了聲光視覺的令人讚嘆外，印象最深的是由台灣姐弟歌手齊豫、齊秦所唱的「藤纏樹」"山中祇有藤纏樹，世上哪見樹纏藤，青藤若是不纏樹，枉過一春又一春"……"連就連，我倆結交定百年，哪個九十七歲死，奈何橋上等三年"；以及最後由劉金唱的中、英文「天地頌」，其中有詞：「多謝四方眾鄉親，我家沒有好茶飯，祇有山歌敬親人……多謝了」這句詞，最令我感動，歌聲嘹亮、縈迴腦際。

荔江灣遊總統水道

九月九日上午暢遊位荔浦縣的荔江灣，此處盛產浦草蓆子、芋頭、鮑魚菇、冬筍等，還有外銷到日本的木製衣架。荔江灣山明水秀，以瑤族爲主，他們熱情地拉著我們的手載歌載舞，賓主盡歡；我們乘坐竹筏遊江，但見漁父邊划槳邊唱山歌，美聲穿透雲霄，期間還親眼見到漁鷹抓魚。

荔江景色美不勝收，兩岸到處是無以數計拔地而起的尖峰，真所謂「江作青羅帶，山如碧玉簪」。二十元人民幣背面的山水，正是此地景色。此處有興坪於村，美國前總統柯林頓曾來此一遊，有「總統水道」之稱。

一路行來，看不盡的百里畫廊，可謂水中水、山中山、山水第一灣；美麗的水、神奇的山、壯觀的岩洞，構成一幅幅天然的山水畫卷。在竹筏上，我低哼著鄭板橋的道情：「老漁翁，一釣竿，靠山崖，傍水灣，扁舟來往無牽掛……」

遊了銀子岩　一世不缺銀

桂林，由於海底地殼變動而造成今日許多巧奪天工的奇岩怪石。前兩次來，只去了七星岩、蘆笛岩，這次來有幸參觀了最新開發的世界溶洞「銀子岩」，真是不看不知道，看了嚇一跳！其洞穴長4.3公里，於一九九六年開發，銀子岩的整片岩壁，經過長年雨水的洗禮而成銀色扇形狀，在燈光照射下亮如銀子而得其名。岩內層層叉叠叠的鍾乳石，包括4.8米高的廣深宮，中央有一水池，池水清澈平靜，池中有一接連洞頂的石柱群，池水如鏡子倒影著四周石柱；這些雕樑畫棟般的石柱，再經過燈光的照耀，令人如置身仙境，另有大型銀色瀑布直下三千尺的壯觀景象。一步一景，其中包括佛祖在佛壇誦經的模樣，以及萬里長城、敦煌石窟等景觀；目不暇給的我，穿梭在洞內上上下下數不清的石階上，手中的數位相機拍了又拍，深怕有遺珠之憾！

夢幻灕江

九月十日上午暢遊桂林日月雙塔文化公園。如果說象鼻山是桂林的城徽，日月雙塔是桂林的新文化地標；它屬水中塔，彼此有地下道可互通。日塔爲九層八角寶塔，高41米，由純黃銅建造，耗銅三五〇噸，內有電梯直達最高處，可俯瞰桂林山水；月塔則爲七層八角寶塔，高35米，外表用琉璃裝飾，內部雕樑畫棟。日月塔又稱「風水塔」，它們分別對應著日光菩薩和月光菩薩，作爲藥師佛的右左脇侍菩薩，在這裡陪伴守護著全國室外最大的藥師佛。內有十二生肖等護神，有孔子像、釋迦牟尼年像、老子像等，展現了中華文化中”和“的內涵。

午餐用畢，來到某碼頭，大家魚貫登上遊輪，終於實現我三遊「灕江」的美夢……尤其是象鼻山，令人印象深刻；此次另有新發現，站在二層的舢舨遙望，只有從偏東或偏西的角度才能體會出大象伸長鼻子吸著江水模樣。「象」和「相」諧音，皆具福相之意，我和殿魁爲沾點福氣，以此爲背景合影留念。

灕江的水如水晶、山似碧玉

美麗灕江，如同青絲玉帶，飄繞於群峰之間，挺拔山峰凌空而起，左顧右盼，山水如夢如幻，難怪有人說：「寧做桂林人，不願做神仙」！除象鼻山外，老人山、寶塔山、鯉魚躍龍門、九馬畫山……等都令人印象深刻；其中九馬山尤爲獨特，是一塊絕壁上的九匹馬，田岩石紋彩錯綜舖成，或仰、或卧、或奮起直追，但憑各人想像，甚至有人說是十一匹。一路行來，其他如叠彩山上，佈滿密密痲痲古往今來有名無名的題字，令人發思古之幽情。

桂林到陽朔全長八十公里的水道，其中還會經過曲曲折折、迂迴繚繞的灕江，詮釋出「水繞青山山繞水，山浮綠水水浮山」的迷人景緻。難怪吾師陳立夫先生曾引用廣西某詩人的詩作形容桂林山水之美，其詩曰：「五岳歸來成一笑，名山依舊故鄉多」，這幅筆墨曾刊登於一九九七年十二月的廣東詩詞報，無意間替桂林山水做了一次免費宣傳。

晚上欣賞「夢幻灕江雜技芭蕾表演」，無論聲光、服飾、演技皆堪稱一流。所謂台上一分鐘、台下十年功，許多來自河南的孩子，六歲開始訓練演到二十五歲即強迫退休，另謀出路。

九月十一日上午參觀明晉江王陵及博物館，之後遊堯山公園，同行大書畫家章然兄在公園的書桌上大筆一揮寫了個「美」字，贈送辛苦的導遊小何，掀起一陣掌聲；隨後乘坐纜車登上海拔九百多米的堯山；一片片翠綠山林皆在腳下，惜天候不作美，越往高處爬升，越是白霧茫茫，儘管如此，千姿百態的山峰依舊若隱若現的佇立在雲霧中，此時頗有「只在此山中，雲深不知處」的虛無意境！

九十八年十一月　展望雜誌

2009 年 9 月 9 日於漓江

鯉魚跳龍門　結婚 45 週年

2009 年 9 月 10 日桂林象鼻山

江陰到上海

江陰位于中國江蘇省東南部，是上海逆江而上第一座濱江港口城市，城不在大，而在於山有勢、水有靈；江陰佔盡天時地利人和的優勢，是江南著名的「魚米之鄉」。它還具有獨特的旅遊資源，包括江陰大橋、千古奇人徐霞客故居、劉氏故居……是令人嚮往的好地方。

徐霞客國際研討會

多年前我和外子殿魁曾受邀出席江陰徐霞客研究會，由於當時分身乏術，錯過機會，適逢今年舉辦第二屆國際學術研究會，我們終於一償宿願，前往徐霞客出生地~江陰，參與此深具意義的盛會。二〇〇九年十月十九日在台灣徐霞客研究會會長陳應琮的偕同下直飛上海再轉江陰，爲期二天的「徐霞客研討會」在國土資源局大禮堂隆重舉行，有來自五湖四海的學者專家出席，議題圍繞在徐霞客對生態文明的諸多影響；包括「徐霞客與生態文明的真知灼見」、「仰慕徐霞客許身山水的高尚品性」、「徐霞客中的明代雲南經濟地理滇遊日記」、「徐霞客人格品質」等，以及有著當代徐霞客之稱的李存修，他慷慨激昂報告他走遍世界各國的經驗。最令人感動的是來自華中師範大學動畫學院院長的房曉溪（與張藝謀同學），提出中日徐霞客大型動畫的合作計劃，主要是爲青少年而做的片子，片長九十分鐘，他說現在是動畫時代，預計二〇一一年上映，真是令人耳目一新；會中共有六十篇相關論文供與會者欣賞討論。台灣代表團分別致贈研究會「千古奇人徐霞客」書法及鶯歌的陶藝壽桃。

　外子殿魁應邀發言提到「旅遊也會汙染環境，過多的人潮與無知的破壞，都會讓天然美景蒙上陰影，如長江三峽……」我則在會中呼籲「發揚中華傳統文化並效法徐霞客刻苦耐勞精神」。會議期間也抽空參觀徐霞客故居以及碑刻文化園。

江陰徐霞客研究會上，台灣代表送台灣書法家楊濟賢書法。

徐霞客故居

徐霞客故居位江陰市馬鎮，係明代建築，門口有「徐霞客故居」扁額。二〇〇七年十一月於北京舉行的「徐霞客研討會」時，已評定徐霞客爲我國四十位最偉大的歷史人物之一；當時本人也應邀參加天壇徐霞客銅像的揭幕典禮。

在徐霞客故居內最吸引人的是他當年親手栽植的羅漢松，已有四百年歷史，枝葉繁茂；另有一口不起眼的小井，我在井邊凝視良久，不忍離開，這真是明代集地理學家、旅行家、地質學家於一身的傑出偉人曾用過的古井嗎？故居內展出徐霞客畢生的旅行路線圖以及岩溶標本。「晴山堂」內有徐母教子的塑像，同時還蒐集明洪武三年至崇禎五年，共九十位名人爲他所撰寫的誌銘、傳記。徐霞客墓位於「晴山堂」後院，墓前一座簡陋的墓碑，前塑有徐霞客雕像。「仰聖園」是類似江南園林的新建築物，林內有石碑廊、小橋流水、人工湖及一葉扁舟，如詩如畫……

第二屆劉天華民族音樂晚會

二十日晚上參加在體育中心舉行的「第二屆劉天華民族音樂晚會」，以紀念五四時期著名的民族音樂一代宗師劉天華；體育中心可容納三萬人，台上表演者來自兩岸三地的演藝人員，包括內蒙、陝西等地，名爲「日出江花」的紀念晚會，節目精彩、五光十色，台下觀眾揮舞螢光棒。整個晚會主題以劉天華的二胡曲「良宵」、「光明行」爲主軸，再伴以其他古箏、琵琶等民族樂器；場面華麗盛大。半世紀前我和外子殿魁參加的幼獅國樂社，當時的指揮周岐峯即爲劉天華的學生，我特地送上由轉盤式唱片轉爲數位檔的CD給徐霞客研究會祕書長唐漢章先生（他也是劉天華研究會的主要負責人），以資紀念。晚會中特別吸引人的是劉天華的「光明行」，曲中表達了知識份子對光明充滿希望和信心，劉天華吸收了西方音樂的技巧並運用到中國的樂器上。

天下第一村——華西村

廿一日下午參觀天下第一村——「華西村」。這座圍著「農」字特色的村莊，除了一幢幢的花園洋房、公園外，自一九七四年以來投資在建築方面的經費真是天文數字，包括金塔群、大型金龍以及正在興建名列世界第十五名的商業大樓……等；書記吳仁寶爲我們報告了華西村的歷史，由於他的鄉音太重，由一位年輕貌美的女子口譯成普通話。他特別強調華西村的六變：「行」，過去是走路雙腳光，現在是方向盤上雙手檔；「衣」，過去穿的是老補丁裝，現在是一年四季穿時裝；「用」，過去是口袋兩面光，現在是家有餘錢存銀行；「食」，過去吃的是糙米糠，現在是魚翅燕窩都有嚐；「村」，過去是零散小村莊，現在是人間天堂賽蘇杭；「住」，過去住是茅草房，現在住的是別墅小洋房；這一切在我聽來實在是太神奇，也太樣板了！

劉氏故居徘徊良久

二十二日，在下榻的朋生大酒店蕭經理的安排下，親自驅車載我和殿魁去江陰名勝古蹟轉了一圈，小蕭祖藉湖南長沙，我也半個長沙人，真是他鄉遇故知，倍感親切。一個上午從徐霞客銅像到江陰大橋到劉氏故居，處處留下深刻印象。想想兩岸相隔一甲子後，我們居然能在江陰大橋下坐遊艇這般地逍遙自在，真是別有一番滋味在心頭！令人徘徊憑弔的是岸上「子胥過江口」（子胥當年過江向北，後來又有軍隊渡江南下，驚天動地景況不同！）的紀念亭，我們曾在亭內小憩，不捨離去。

劉氏故居位於西横街四十九號，係一五〇年前清末建築，進門的大廳內掛有劉天華、劉半農、劉北茂三兄弟的照片，室內傢俱老舊不堪，僅一位老太太看管，室內冷清清，不見半個遊客。

劉天華在三兄弟中最傑出，有「中國二胡之父」的美名；其次是劉半農，他亦是我國五四新文化運動先驅之一，是著名的文學家、語言家、詩人、民俗學家，最爲人知的是由趙元任譜曲，由他作詞的「教我如何不想她」的這首歌，並創造了代表女性的「她」這個字。爲了感懷劉半農在創作上的影響，在劉氏的庭園石碑上刻了這首歌詞。我們佇足良久，邊欣賞邊哼唱了起來……「天上飄著些微雲，地上吹著些微風……西天還有些兒殘霞啊，教我如何不想她？」好似回到四十多年前大學時代，那是首每個人都會哼唱的藝術歌曲。

留學法國的劉半農，曾在里昂的中法大學任教，黨國元老吳稚輝、鄭彥芬等都曾留學該校，劉半農後來也任教於北京大學，著有「半農雜文」，惜英年早逝。

離開劉氏故居後，中午，在美食一條街用餐。此地的招牌一律從右到左，且均爲正體字，沒了簡體字，讓人有身在古代的錯覺。江陰是美食之都，長江三鮮：刀魚、河豚、鯽魚，是遊客必嚐的美味。從路邊「十二月四日華裔郎朗演奏」的廣告來看，此的的水平是很高的。

當晚在下榻飯店參加由唐祕書長作東的餞別晚宴，會中話題圍繞在「教我如何不想她」的「她」字上，這個「她」究竟是誰？眾說紛紜……。在座的包括林則徐的後代林國志，大家說說笑笑，無拘無束。

常州市東坡公園

二十三日一早，國土局派車送我們前往位於太湖北側的常州，公路寬敞、人煙稀少，兩旁樹木成蔭，一小時車程後抵達常州東坡公園。表妹金維已在門口等候，她哥哥是大陸著名翻譯家金隄，不幸於上半年病逝天津，他們曾來台省親，這次有機會和金維在常州相聚難能可貴。卸下行李後，金維陪著我們參觀「東坡公園」，這對研究東坡的我而言，何嘗不是件不可多得的機緣！園內清幽，遊客三三兩兩，到處種了東坡所喜愛的竹子，我們穿行在修長的竹林小徑裡，不由得緬懷起這一位宋代大文豪。

園內正在修築一座仿宋的建築，一樓鐫有「坡仙遺範」的橫匾，正對面的照壁上鐫刻出自東坡手跡的念奴嬌詞：「大江東去浪淘盡……」筆跡蒼勁有力，使我想到林語堂英文本的「蘇東坡傳中」所提東坡是個不可救藥的樂天派！一個行動勇敢，從來不因自已的利益或言論潮流而改變方向的人……。

東坡一生宦遊大江南北，自己說：「自行萬里半天下」的他，不是一個趨炎附勢的人，他的政治生涯受到許多波折。他晚年被貶海南島。最後赦回京城，途經常州時逝於此，正所謂「生於憂患，死於安樂」。民國八十一年夏，我曾應邀參加四川大學舉辦的宋代文化國際研討會時，遇到一位美籍唐凱琳博士，她是東坡的崇拜者，早年留學四川大學，也曾走過東坡所走過的地，甚至來到常州，在東坡墓前落淚憑弔一番；她對東坡的敬仰程度超過中國人。

離開東坡公園前往有名的天寧寺參觀。天寧寺建於唐代，寺院寬廣整齊地羅列著大雄寶殿、金剛殿、普賢殿、羅漢殿等，是東南第一大寺院。院內五百羅漢石雕栩栩如生，一股肅然而起的氣氛充滿著四周。

中午在錦江飯店用餐，由金維女兒作東，大啖常州家常菜；金維說明年要買新居，歡迎我們有機會再來常州多住些時日。此行在上海尚有些學術交流行程，因此下午告別後隨即搭高鐵經無錫、昆山直達上海。上海圖書館的資深館員蕭斌如女士特地安排我們入住淮海中路的華甸園大酒店，由殿魁弟殿臣在上海車站接我們至飯店；想想大陸這幾年進步神速，快捷的大眾交通工具，拉進了城與城之間的距離，才沉醉於濃濃的文學氣息中，不一會兒又來到十里洋場的上海。

上海探親訪友

二十四日上午，上海檔案館的賀飛先生陪同我們拜訪「西廂記」專家蔣星煜教授，我們於一九九〇年二月參加大陸舉行「海峽兩岸元曲研究會」上結識的，一九九三年他應邀來台灣參加「海峽兩岸戲曲座談會」；次年我們又赴上海拜訪他，一來一往奠定出彼此的學術友誼；老人家係常州人，風趣爽朗、親切熱情，曾是陳果夫的學生，我們將在江陰開會所贈的宜興茶壺（壺上刻有“霞行天下”字）轉送給他，可謂借花獻佛！過午，蔣教授女兒宴請我們，席間賓主盡歡。

餐畢驅車前往賀飛家小坐。賀君斯文、有書卷味兒，住家是五樓公寓，屋內陳設典雅，喜愛品茗的他，在客廳擺有一套茶具；住家環境四周樹木扶疏，空氣清新，正是「結廬在人境，而無車馬喧」！邊喝他泡的普洱茶邊和賀君夫婦聊天，臨走賀太太特送我一個她親手編織的「福」字中國結，雖是個小玩意，但卻十分窩心。

下午，長居於上海的親家友龍特接我們去他位於長寧區的新家歡聚；這段時間恰巧親家夫婦也於此探親小住，大夥齊聚一堂，真是他鄉遇親家，備感親切。女婿弟弟友龍在上海工作近二十年，是位資深台商；從單身赴任到成家立業，已算是半個上海人。回想起千禧年的春節，我們和親家在他的安排下暢遊杭州、西湖，談笑風生於湖光山色中，九年前的往事，歷歷在目，恍如昨日，如今能再次於上海相聚真是人生何幸。

贈無名氏手稿予上海圖書館

二十五日上午賀飛再度來訪，並代表上海圖書館贈送我們一套珍貴的高級毛筆及筆架，盛情可感。中午參加在圖安大酒店，由上海圖書館副館長周德明先生所設午宴，在座包括蕭斌如女士、歷史文獻中心主任黃顯功、名人手稿部孫秀娣等人，席間互贈書藉；黃副館長贈以「上海圖書館館藏特殊文獻」一本，我則贈送名作家無名氏卜寧（卜乃夫）的手稿、書法、無名氏的文學作品探索與紀懷、方祖燊畫冊及公雞畫作等……

蕭斌如女士，我稱她爲蕭大姐，彼此結識於兩岸開放之初，由尹雪曼先生牽線，相知互動二十年；她爲人熱忱，在上圖工作四十年退而不休，仍不時地盡一己之力，爲收集名人手稿工作而努力。她對早年居位上海的名作家無名氏頗有研究，畢竟落葉歸根，將

2009 年 10 月贈無名氏傳記於中華文化名人手稿館館長周德明

他的手稿收藏至上海圖書館可謂意義非凡、美事一樁。蕭大姐不久前出了本「中國文化名人與上海」深受上海圖書館器重，該書採用大量珍貴的名人照片、圖片資料、手稿；名人手稿部，由蕭大姐二十多年前策劃成立，迄今已珍藏四百多位名人手稿，包括蔡元培、郭沫若、巴金、冰心……等。上圖目前已是世界十大圖書館之一，是上海的重要的信息、樞紐和精神的文明基地；三百六十五天，天天對外開放，一九八八年柯林頓曾於此演講。

晚上，和外子的弟妹姪兒們歡聚於寶山，寶山有個寶山鋼鐵，屬國營大企業，高樓密佈、燈火煇煌，年收入居上海之冠。晚宴由小姑長華作東，親人久久相聚一次，閒話家常，酒酣耳熱，最終難免依依不捨……如今一別，不知下回何時再見？

九十九年一、二月　展望雜誌

春節貴州行

二〇一〇年二月十二日，除夕前一天我和外子殿魁偕同小女安安，小兒阿鴻、媳婦、孫女一家六口從台北直飛貴陽，圓了多年來「貴州」行的美夢，除了遊山玩水外，還尋找了家族的一段歷史，自小我就從長輩口中聽說了抗戰期間的一段血淚史。民國二十八年爲了逃日本鬼子，才二十出頭的父親投筆從戎，攜帶爺爺奶奶以及年僅十歲的小姑，從浙江嘉興逃到湖南長沙，借住我的外公（地主）家，與母親一見鍾情結爲夫婦，之後又倉皇逃至貴陽，不幸的是奶奶在湖南易家灣被日軍炸死，媽媽在貴陽生下了我，爲了紀念奶奶取我乳名爲湘念。奶奶死得很冤枉，日本軍機在上空掠過，大家伏趴在地上，奶奶不等飛機走就抬頭看四周人們的安危，不幸胸口中彈死於非命，父親在兵荒亂中把奶奶埋葬，抗戰勝利後，父親又去當時埋葬奶奶的地方，已是荒草一片，民國二十九年在貴陽的一年中，生活非常艱苦，小姑和母親睡一張床，父親和爺爺住在工作單位的宿舍，我剛出生睡在搖籃，牛奶沒得喝只有母奶和米漿，之後繼續轉進昆明。

一九四九年秋，大陸淪陷，我隨雙親來到台灣，上小學二年級，雙親不忘帶了我民國二十九年在貴陽七個月大的黑白照，迄今仍珍藏在我的相簿中。春去秋來，歲月如梭，七十年過去了，當年呱呱落地的嬰兒，彈指之間，如今已是兩鬢斑白的老人了，兩岸開放以來一直想計畫去出生地看看，但又是期待又怕受傷害。二十多年來我曾跑遍大江南北，卻無緣前往貴陽，印象中的貴州，是個地無三里平，人無三兩銀的蠻荒之地，據說當年逃難的車，行在盤山的道路上，就有車輛翻落……。二〇〇六年我們在上海和殿魁的弟弟殿臣一家歡聚時，在貴陽廣播電台工作的侄女就邀請我們去貴陽，去年春節已經訂了機票，因逢罕見的華南大風雪而取消，今年總算成行。，在除夕夜的焰火中，一改過去對貴陽錯誤的印象，尤其是高樓大廈林立，馬路車輛穿梭的貴陽市，到處是國酒茅台酒、買賣房屋、各類商品的巨大廣告，以及新年快樂、虎虎生風、張燈結彩的標語。

在穎穎侄女的精心安排下，我們吃得好、住得好、玩得開心，最難能可貴的是和上海飛來的殿臣弟弟及弟媳溫雁，過了一個焰火四射，璀燦奪目的除夕夜。真是「人生如夢，夢如人生」。殿臣在七十年代，從上海分配到貴陽營造廠工作了二十四年，成家立業於一九九三年才回到上海，另謀出路。女兒卻一直和外婆家人住在貴陽讀書、就業，目前是電台的名主持人，在她精心安排下，春假期間我們先後遊覽了甲秀樓、花溪、青岩古鎭、龍宮、黃果樹大瀑布、天星橋、紅楓湖、侗寨、天龍屯堡以及西江苗寨等，真是大開眼界，收穫甚大，謹就記憶所及，茲略記一鱗半爪於下，以爲紀念。

好一個璀璨奪目的除夕夜

二月十三日，年除夕，白天參觀了位於貴陽南面建於明朝的甲秀樓以及黔靈公園後，晚上在市區的一家海鮮樓享受豐盛的年夜飯後，親友都來到我們下榻的都市怡景大酒店十七樓一七〇六套房中的大客廳喝茶聊天守歲，並隔著落地玻璃欣賞迷人的夜景，高樓大廈亮麗的燈飾以及火樹銀花倒映在南明河，加上空中五光十色的焰火及鞭炮聲，真是令人眼花撩亂，媳婦心怡禁不住用手機錄了下來。據說貴陽正在實施一項所謂的「亮麗工程」，大量使用LED燈，使整個城市亮麗起來。我們住的這家酒店視野非常好，附近的電視台、廣播電台、民族文化宮以及市區的大型百貨公司盡收眼底，可惜有著小西湖八景之稱的甲秀樓、涵碧亭、水月台等夜景無法看到，否則更美了。多年沒來貴陽的殿臣也驚訝貴陽發展之快，可謂一日千里，近年來我跑了許多大城市，的確大廈林立很豪華，但是總覺得少了些「文化」，這恐怕得從基本教育紮根才行。

龍宮、黃果樹大瀑布一日遊

二月十五，大年初二，在穎穎的安排下，我們一大早，登上了一輛中巴，驅車前往位於西南方的龍宮、黃果樹大瀑布一日遊，隨行的導遊小姐「小楊」，一路爲我們介紹貴州的風土人情，自然景觀。貴州省是世界上「喀斯特」地貌分布最廣的地方，它以險峻雄偉的自然景觀聞名於世，素有「喀斯特王國」之稱，由此產生了無數的奇山秀水，而龍宮更是展現了神奇的喀斯特地質地貌。貴州有五個台灣大，人口卻只有三千萬，百分之六十是高低起伏的山丘，公路相當平坦，車輛稀少，沿途飽覽貴州的山丘梯田，農舍、油菜花田，車程兩小時，途中下車休息時，我隨地撿了個石頭做爲紀念，畢竟這是生我、育我的地方，雖然不知出生在哪個角落。不知不覺車子抵達位於安順市山上的溶洞龍宮景區，區內離不開「龍」字，包括龍宮、龍瀑、龍潭等，我們是直接進入溶洞，不知是否年初二回娘家的日子，整個溶洞內只有我們這一艘船。據說溶洞穿過二十七座山，是全國第一長溶洞，我們只遊了一部分。那千姿百態、五顏六色的鐘乳石，以及飛瀑的水花，幽情的隧道，令人如夢如幻，走馬看花之後，中午驅車到黃果樹賓館用餐，賓館的題字出於名畫家劉海粟手筆，蒼勁有力，連筷子的包裝紙上都有著他的墨寶，我特地收起來做紀念。午餐後乘車前往黃果樹風景區，門票一張一百六十元，當天爲回饋本地居民，特別開放持居民證者，可免費入園。我們穿過廣大的花壇盆景區，再又踏上山中所開鑿的電動手扶梯，來到山腳下，隨著人群沿著狹窄彎曲的石階，來到了峽谷河床，面前懸崖倒掛，絕壁陡峭，那從天而降的

作者夫婦影於黃果樹大瀑布

黃果樹大瀑布，立即呈現眼前，白花花的瀑布高77.8米，寬101米，是世界名瀑布之一，雖不如尼加拉瓜瀑布雄偉澎湃，卻如行雲流水般的飛瀉直下，無論晝夜陰晴，日復一日，月復一月，奏著朗朗悅耳的音樂，它又像寬廣的白鍊掛在天空，據說夏、秋河水暴漲時，每秒水流量達一千多立方米，可以說震動雲貴高原以及神州大地，它的源頭係白水河，當然也要有這陡峭深陷的大峽谷，才有這大瀑布，除此之外，四周仍有許多大小不同的瀑布，瀑布像是大山的靈魂，有了它，大山才有生命，從二〇〇四年開始，每年在此舉辦布衣族節慶。黃果樹瀑布還虛構了西遊記中的水濂洞，它深藏在瀑布裡面的高懸岩壁中，兒子一家自告奮勇沿著山路攀登前往領略，我則望簾興嘆，守候在徐霞客的塑像前，在塑像前遙想明朝徐霞客是如何抵達黃果樹瀑布的，在那個時代，安順是少數民族居住的地方，是「夜郎國的屬地」，那時候交通不方便，仍是羊腸小道，必須步行數十里才能抵達此地，這種吃苦耐勞的精神令人欽佩，難怪大陸封他爲「游聖」，據說黃果樹瀑布爲了向聯合國申請世界遺產，正著手將少數民族遷移，重新整理規劃，尤其是環保方面，徐霞客地下有知一定舉雙手贊成，因爲徐霞客是位注重環保的人，他在岩溶地貌方面做了深入的研究。

離開黃果樹瀑布來到天星橋石林風景區，淺淺的水面上鋪了一年三百六十五塊上面刻有月日的石頭，我們都踏在屬於自己的生日石上許願（聽說這樣會實現），並穿梭在這個千姿百態的石林、石筍間，有「人在石中行、天從縫中出」之感。這些石林都是億萬年前所留下的，我情不自禁摸著這些經過長時間風吹雨打，被流水侵蝕而成的奇特石峰，真想搬一塊回去，在此高原空氣沒有汙染，精神也爲之一振，真是不忍離去。

紅楓湖到天龍屯堡

二月十六日，大年初三，在零下一、二度的寒風中，我們一早乘車前往紅楓湖，侗寨、天台山五龍寺、天龍屯堡遊覽。一小時車程抵達紅楓湖，遊客稀少，由於氣溫低，湖面漂浮一陣陣薄霧，我們一家大小乘坐遊艇，暢遊這有著十倍西湖大的紅楓湖，最不可思議的是竟然有人在湖中游泳，勇氣可嘉。紅楓湖分北湖、中湖、南湖，湖內分布了大大小小一百七十多個島嶼，由於山中有湖，湖中有島，島中有洞，洞中有湖，景觀奇特，已列爲國家級風景名勝區，在山清水明幽靜靜的湖上遊湖，令人有置身山水畫中一般。離開紅楓湖，繼續參觀築在山區的侗寨，布衣寨、苗寨等，在侗寨的鼓樓拍照逗留之後，又繼續前往位於平霸縣的天龍鎭遊覽。貴州是個多元民族的地方，除了苗族、侗族外也有六百年前所遺留下的大明王朝的後裔，明太祖朱元璋爲加強其在西南的統治，在此駐軍築堡。中午在一家百年老店大啖農村菜餚，菜色別具風味，惜廁所不敢領教。經濟發展中「吃」固然重要，但也必須注重基本的設施，連門都省掉的廁所，有誰敢上？其實廁所不在豪華，但基本條件要有，水要乾淨，要有門，當然還要有衛生紙，這是題外話。下午在漢族地陪鄭孃孃（小姐之稱）的帶領下，前往天台山一遊，山雖不高，卻要陡步沿著石階而上，殿臣弟扶著大他十四歲的大哥走走停停又停停走走，終於抵達山上的「五龍寺」，我這個做大嫂的只有尾隨在後，欣賞兄弟倆的背影。一九四九年殿魁隻身隨父親的朋友來台和大陸家人隔絕近半世紀，直到兩岸開放探親，殿魁已是五十多歲的人了，才見到這位在上海出生，卻從未晤面的小弟，而小弟長大後也常面對這從未謀面的大哥照片，相見如在作夢，詎料，這次又相聚卻在貴陽，光陰似箭，大哥已是七十七歲的老人，需要人扶著才能登山，尤其由弟弟攙扶著走，更洋溢「親情之可貴」。天台山內的五龍寺，歷史悠久，建於明朝，由木石架構而成，由於春節期間，來此上香拜佛者甚多，寺內有明吳三桂的遺物展覽，包括寶劍一把，朝服、朝匾等。登上天台山頂，可俯覽四周如蓮花般的山群，以前有著軍事防禦性的「天台山」，如今已成爲佛、儒、道三教合一的聖地。下山後又繼續前往古鎮參觀，穿梭在石街古巷中，彷彿時光倒流到六百年前，原來「天龍屯堡」人，大都從南京及內地遷來的屯軍後代，是道地的漢族人，鎮上仍保留明代的生活習俗，這裡的人大都著大襟寬袖，藍色長袍，屯堡中的村寨，大都沿襲了具有江南水鄉風格的石頭村落建築形式，天龍古鎮都是石頭建築，有句順口溜「石頭的瓦蓋石頭的房，石頭的街面石頭牆，石頭的碾子石頭的磨……」道盡了屯堡古鎮石頭魅力，因爲石頭具有軍事防禦的作用。這些石頭歷經風吹雨打，仍保存完好，古城堡上依稀可見戰亂留下的痕跡，古鎮上還遇到一位奉茶的老太太，著漢服，談話中仍有南京腔。地陪又帶我們去欣賞了一齣所謂的安順「地戲」，帶著面具上場三戰呂布的戲，有振奮軍威，恐嚇敵人的作用，地戲古代叫「軍儺」，有驅邪之意，源自於春秋時代，這種戲已絕種了，沒想到在這裡仍在上演，它是以平地爲舞台圍場演出的戲劇。在古鎮買了隻銀戒指，當地人說婦女戴銀飾會帶來福氣。

西江千戶苗寨散記

如果來到貴州，不去苗寨探訪就虛此一行了，二月十七日我們清晨登車，直奔西江苗寨參訪，車子行駛在二〇〇七年始通車的西江高速公路，一路通暢無阻，兩旁群山環抱，山不高，除了山還是山，公路中間植有綠樹或松樹，綠化得不錯，車程三小時半，九彎十八拐，上到雷山縣東北的苗族村，古典小說常出現的西江苗寨，此地建築和天龍屯堡完全不同，放眼望去全是依山而築的木質吊腳樓，層層相疊，堪稱中國歷史文化古鎮。此地婦女們均著長裙帶銀帽、銀飾。我們欣賞了一場精彩的歌舞表演，主持人自稱文化大使，不但介紹節目內容，還邀請遊客上前同樂，除了敬酒歌、情歌外，還有板凳舞、蘆笙舞、苗族古歌，豪邁又明快，其中的板凳舞顛顛噸噸的，節奏生動，連我這老天真，都情不自禁手舞足蹈動了起來，屈原楚辭天問：「楚聲冠中

作者全家影於西江千戶苗寨

國」，大概就指的苗族樂器吧？此地有木材所建的苗族博物館，包括歷史、生活習俗、服飾、銀飾等廳，展示了苗族人民的智慧，特別是在服飾廳中欣賞了苗族的刺繡藝術，包括了花、鳥、魚、蟲，色彩鮮艷，栩栩如生，原來苗族姑娘十多歲就開始學刺繡，刺繡的技術已被聯合國列為非物質文化遺產。從博物館出來後發現孫女兒芳芳，笑咪咪地已穿上由媳婦租來的苗服，並戴上銀飾，有模有樣的讓家人爭相和她拍照，留下美麗的珍貴鏡頭。暮色蒼茫中，乘車返回貴陽，晚上八點在一家「美林閣」用餐，為此次黔西與黔東南之三日行，畫下完美句點。次日自由行，我在溫雁陪同下，逛了貴陽市區的人民廣場、民族文化宮、美國連鎖的大型賣場 Walmart，由於過年期間人潮洶湧。惜無緣參觀製造茅台酒的酒廠，因為它在貴州北面，據說由於水好、氣候好、土壤好，加上優質的高粱小米為原料，釀製五年才出售，故價格昂貴一瓶七年以上的茅台酒，索價七百多人民幣，據說早在一九一五年茅台就已評為國際第三大名酒，因為當時瓶子打翻酒香味溢出，才被老外發現。我們在師大國研所的華仲麐教授，便是貴州茅台酒老闆，常聽他用貴州腔談茅台。後來尼克森訪美時也盛讚茅台酒，茅台酒因而揚名國際。晚間在繁華的一家「俏江南」用餐，在座包括殿臣親家等人，這是家連鎖店，總店於二〇〇〇年在北京成立，是中國最具潛力的國際餐飲服務管理集團所開設，目前在上海、成都、南京等已有五十家，貴陽這家於二〇〇九年十月開張，有三十三個包廂，五百個餐位，相當氣派豪華，每道菜都有名堂，連「文房四寶」也可變成名菜上桌，菜色的創意發揮真是令人大開眼界，一桌吃下來五千多人民幣，是一般老百姓兩個月的薪水，大陸貧富差距懸殊由此可知。此次「貴陽行」我實在很想努力來了解這個奇特的地方，但在這來去匆匆之間也只能捕捉一鱗半爪而已，希望以後能再來。

九十九年四月　展望雜誌

山西深度遊

前　言

山西，在我腦海中曾一片空白，數年前看過連續劇「喬家大院」才知原來晉商起源於山西，所謂「票號」是清代重要的信用機構，多由山西人開票和經營，喬家大院也列爲清代民居建築的一顆明珠，所謂「皇家看故宮，民宅看喬家」但是此次來到山西，方知山西才是我華夏民族的發祥地，山西因地處華北太行山以西而得名。女媧、伏羲發跡於此，燧人氏鑽木取火於此，堯、舜、禹曾建都於此，大禹治水於此，春秋時期此地屬晉國，所謂（五千年中國看山西）實非虛傳。

今年五月十一日本人有幸在戴瑞明大使推薦下參加了旅美華人方桑慧娟的組團，前往山西做爲期半個月的山西深度旅遊，團員共三十八名，大都是早期留美的台大外文系校友，從台北出發與他們在西安會面的僅戴大使夫婦及台大教授何佑森夫人李大平女士及本人。

來自美國各地的華人，大都是已退休的夫婦檔，他鄉遇故知，大家相見甚歡，我雖不是台大校友，但我的表弟張慶勝、堂弟鄭治明都是早年台大農化系與經濟系畢業的，分別榮獲芝加哥大學生化博士及耶魯大學經濟學博士，我也算台大之友了，有緣千里來相會，爲期十三天的行程從晉南到晉中到晉北，都留下我們的足跡，所謂行萬里路，讀萬卷書。收穫良多，受益非淺。

壺口瀑布，聆聽黃河交響樂

五月十二日我們從西安出發，分乘兩部遊覽車，浩浩蕩蕩前往晉南（山西吉縣）駛去。車子奔馳在寬闊的公路上，兩旁是一望無際的農作物，中午在司馬遷故居韓城午餐，下午經過芝川大橋後繼續前行，終於來到山西境內。山西位於黃土高原，大都是山丘。平原、沼澤只佔四分之一，土地肥沃、卻缺水，農作物大都以小麥、玉黍爲主，卻盛產煤。地面上保存了許多古老建築遺跡寺廟、壁畫、雕塑、所謂〔地上看山西，地下看陝西。〕午後抵達山西臨汾市，行行重行行經過龍門大川橋，河津等地，以及薛仁貴故里等處，之後繼續前往吉縣，車子緊貼著黃河危岩峭壁。在環山的碎石路上搖搖晃晃行駛，晚間抵達壺口瀑布風景區，下榻於壺口飯店，一進門就看到巨幅的壺口大瀑布的放大圖片。這不就是早期五十元人民幣上的瀑布嗎？但是人們只知道紙幣的價值、誰去注意這座位於秦、晉峽谷、黃河中游的〔世界第一座黃色瀑布〕？春節期間，我們全家去了貴陽的黃菓樹大瀑布，以爲那就是中國第一大瀑布。殊不知壺口瀑布雖不如黃菓樹瀑布有名、它卻是中華文明史的搖籃，它孕育了我生生不息的炎黃子孫，只是地處偏遠、交通不便〔養在深閩人未識」無人理會、無人報導而已。據傳五月十九日，將在上海世博會演出「黃河情韻」一定很精采。

次晨乘車前往位於吉縣西面的黃河河床，我終於目睹了中華民族的母親河、黃河壺口瀑布真面目、河水如一條黃色巨龍、從北向南飛奔而來。由數百米的黃河水陡然墜入數十米深石槽，濁浪排空、驚濤澎湃，如巨壺沸騰，形勢如一個口小腹大的壺。但是你必須花二十元人民幣的門票下到龍洞（又名觀瀑洞）才真正體會到瀑布的偉大！那瀑布來自天上、如交響樂般。龍洞、傳說是大禹治水時所開鑿，洞深十三米多、洞下平台面積一百一十八平方米、順旋轉階梯下到壺口底層、仰望瀑布的雄姿，正是「黃河之水天上來、奔流到海不復回」的寫照。壺口底部，爲兩壁對峙的大石縫，當地人稱「十里龍槽」、龍槽左右兩側危石凌空、巨流由東西兩側跌撞在怪異的危石峭壁上、如群龍掀浪、不知「黃河交響樂」靈感是否來自於此，我彷彿感受到黃河的心跳，不忍離去。

離開吉縣時、書記毛益民知悉車上有著名大使及哈佛大學資深教授（北京社科院院士何毓琦），爲了安全、特派開導車在我們的遊覽車前直到平地後才離去。在壺口飯店，我曾贈送「鄭向恒隨筆」一本給毛書記，他回以壺口粗布布料以及紀念郵票、盛情可感。

壁畫藝術之宮——永樂宮

五月十四日清晨出發前往位於芮城的永樂宮，車子盤山而行、九彎十八拐、山勢險峻、路邊出現冬暖夏涼的窯洞，長途跋涉，後抵達列爲世界文化遺產的〔永樂宮〕。此宮原建在永樂鎮、黃河邊，後因建水壩，由周恩來下令將整座建築移到芮城。修建始於一九五九年，完成於一九六四年。芮城位於晉、秦、豫三省交界處，是山西省南大門，在我國商朝時代，是芮侯所在地，史稱〔古魏〕，使我想到旅居澳洲，年已九旬的芮正皋大使。這個地方應該是他原始祖先的發源地。目前的芮城街道寬敞、濃蔭密佈，到處可看到〔生態芮城、文明和諧〕的標語。永樂宮是我國道教三大祖庭之一，是爲紀念唐代八仙之一呂洞賓而建，曾毀於火，元代重修，是現存最大的元代道教宮殿的建築、相當雄偉。宮內包括三清殿、純陽殿、重陽殿，復建後並增「無極門」。殿與殿之間有甬道可通，其中以三清殿壁畫藝術馳名中外，宮內最有名的是「朝元圖」，已列爲世界傳世名畫，內容敘述各方神仙雲集朝拜「元始天尊」「靈寶道君」「太上老君」之群仙圖，惜內部不可拍照，也無燈光，只能在黑暗中摸索壁畫上的一些皇天后土，青龍白虎星君、西王母以及威風凜凜的力士，以及立於主神兩側的數十名端麗的仙女，顏容頭飾，美侖美奐，有交頭接耳者，有回顧側目者，各天神之性格，無論用筆、構圖、細微中求變化，線條色彩，流暢明快，尤其衣帶的表現更如龍飛鳳舞般，搖曳生姿，無論市井人物、天上神仙，無不栩栩如生，尤其是溫雅美麗的西王母，令人印象深刻。

道教是中國土生土長的宗教，「純陽殿」奉祀的正是道教神仙呂洞賓，純陽是呂洞賓之號，純陽殿內講述呂洞賓許多傳奇的事蹟，主要有呂洞賓和道教神仙漢鍾離二人論道的情景，四周環繞以青松、山石、花木組成之仙境，也有呂洞賓誕生時，家中瑞光四射、白鶴飛舞的氣氛，成長後的虎體龍鰓以及舉進士不第，後受漢鍾離點化得道成仙，到處普渡眾生、為民治病、施行善事等故事，其中還包括狗咬呂洞賓、八仙過海、黃梁一夢等情節。據說呂洞賓是文武雙全的人，並有一段與荷花仙子的動人愛情故事。在永樂宮的呂洞賓百字拓碑中，我買了一幅呂洞賓所書寫的「壽」字以為紀念。

中午在芮城大酒店（魏都御膳苑）用餐，據說二〇〇八年九月二十八日開始每年在此舉行國際書畫藝術節。

康熙帝師的故里——皇城相府

五月十五日一早前往晉城市陽城參觀「皇城相府」，「皇」與「黃」同音，是一代名相文淵閣大學士，康熙帝老師，康熙字典總閱官——陳廷敬的府邸，早期編印的「康熙字典」，打開序文即可看到總閱官——陳廷敬的名字。殊不知他就是山西晉城人，明、清兩代陳氏家族有經商的，有做官的。「故居」由內城、外城，山西院紫云碑林等景點組成，相當巍峨壯觀，佈局井然，佔地十萬餘方米。陳廷敬號午亭，此間有康熙題的「午亭山村」匾額，他一生崇奉儒家修、齊、治、平的思想，民為邦本，本固邦寧，有助於康熙的治國理念。他除了編康熙字典外還編纂大型「佩文韻府」，是文人學士寫詩作詞的辭典，康熙曾兩度來此，相府內掛有至聖先師孔子像的「私塾」。及中華字典博物館，我們在相府城門前，欣賞了一場身著清朝服飾的陳廷敬相府主僕等人打著彩旗和喜慶宮燈，列隊恭迎康熙前來接收「康熙字典」的儀式表演，來自四面八方遊客相爭拍照。「康熙王朝」連續劇某些場景即在此拍攝。陳世家族中出現四十位貢士、十九位舉人，九人中進士，六人入翰林，是中國北方第一文化巨族之宅。

午餐後，繼續參觀有著「堯都」之稱的臨汾市，市內道路寬敞，綠化很美，路邊不時出現「平安和諧」標語，這不正是孔子思想嗎？晚間下榻晉南最大的五星金都花園大酒店，建築相當氣派宏偉，惜西式早餐無咖啡，大概外國人很少來此，這是題外話。

文化古城——平遙

五月十六日一早，從晉城出發，長途跋涉經過洪洞縣，參觀廣勝寺、王家大院等地後，直驅祁縣「平遙古城」，車程五、六小時，晚間下榻平遙明清古鎮，古色古香、青磚灰瓦的四合院「云錦成」客棧，房間內有明清土炕，餐廳內八仙桌椅。在此連住兩夜，先後參觀了平遙古城、雙林寺和喬家大院。平遙縣位於中國北方黃河中游、黃土高原東部的太原盆地，平遙古城春秋時代爲晉國屬地，戰國時爲趙國，北魏時設平遙縣，迄今有一千五百年歷史。明清時期，平遙商業發達，商賈雲集，清中葉中國第一票號在平遙問世，構築了四通八達金融匯兌的網路，「誠信、利人」正是晉商的作風。平遙又有「龜城」之稱（吉祥之意）明清以來曾多次修復，城牆有防禦風沙的作用，古城有六座城樓，我們曾登到城牆俯覽古城，並遊覽明清老街。一九九七年被聯合國評爲世界遺產名錄。我們參觀了中國票號博物館，中國第一家「日昇昌」票號舊址，佔地一千四百平方米，由三進式穿堂樓院及二十一座建築組成，日昇昌前身是西裕成顏料莊，清道光三年（西元一八二三）年改爲專營匯兌業務的票號，鼎盛時全國設有三十五處分號，十九世紀業務擴展到日本、新加坡等地，問鼎商業界一百年，在金融史上佔有重要地位，正如同今日之美國華爾街。館內有「日昇昌記」橫匾，院內有「匯通天下」以及「日麗中天萬寶京華同耀彩，昇臨福地八方輻輳獨居奇」聯以及橫匾「麗日凝輝」，館內也有帳房、信房、大堂、二堂、內宅……等。明清老街古色古香，有傳統小吃以及土產、紀念品等，惜遊客不多。之後參觀有二百年歷史的雙林寺，在平遙古城西南，雙林寺佔地一萬平方米、包括天王殿、釋迦殿、羅漢殿、武聖殿、大雄寶殿、千佛殿、菩薩殿等，保存了二千多尊神采飛揚、栩栩如生的明代彩塑。其中十八羅漢、千手觀音甚爲壯觀，尤其千手觀音，塑有二十六隻手臂，象徵”千手“。許多大學藝術系學生在此臨摹，寺內還有露天舞台。次日一早驅車前往太原方向祁縣，參

觀聞名於世的「喬家大院」。

華北第一博物館　喬家大院

凡是看過張藝謀的〈大紅燈籠高高掛〉以及紅極一時的〈喬家大院〉，沒有不知道喬家大院的。〈先信義而後利、吃小虧贏得客戶信任〉是喬家經商格言。喬家是晉中著名商號，喬家第三代喬致庸的宅第，一磚一瓦展現了中華文化的精髓，院內有〈在中堂〉故宅，可謂〈不偏不移〉的儒商，東北院主樓懸有〈爲善最樂〉匾，此外還有許多與儒家有關的對聯。「百壽園」兩旁有左宗棠聯：「損人欲以厚天理，蓄道德而能文章」及橫額「履和」，可見左宗棠與喬家關係了。其他尚有〈靜怡〉〈敦品第〉〈大夫第〉〈愼儉德〉等匾，懸於各大院門樓。六院有庚子十年，左宗棠接見喬致庸的蠟像。因爲山西太窮，山西人都抱著「致富在數萬里外」的夢想，喬致庸的爺爺喬貴發最早到蒙古包頭創業三十年，後來另起爐灶經營豆腐等生意，由於待人接物好，生意日益興隆，加蓋喬家大院，喬貴發兒子喬玄美生下了喬致庸，年輕中秀才，後來經商，家中金銀無以數計，爲了光大門庭，繼續大興土木。喬家大院最早建於清乾隆年間，房間三百多間，六個大院，二十個小院，佈局宏大，座樓疊院，錯落有致，包括匠心獨運的磚雕、木雕以及吉祥物，花卉等精美工藝，最珍貴的是慈禧送喬家的「烏木九籠燈」。

山西博物館

五月十九參觀晉祠及山西博物館，建築宏偉的博物館，大廳是自然採光，很現代化，館內珍藏了四千件文物，包括文明搖籃的夏商蹤跡，晉國霸業，佛風遺韻，明清晉商，山川精英，翰林墨丹，青瓷等以及戰國時期出土的文物，北齊的壁畫，日昇昌票印章及貽笑後世的春秋盟誓——侯馬盟書等。特別吸引人的是館外環繞著十多個歷史文化浮雕石柱。

佛教勝地——五台山

五月二十日清晨出發前往太原五台山，車子奔馳在寬敞的高速公路，兩旁是一望無際的田園，穿過數個隧道後盤山而行，爲了打發旅途寂寞，我們這群做爺爺奶奶的老天真們，在車上有說有笑，也有唱早期老歌：「綠島小夜曲」、「在那遙遠的地方」、「康定情歌」甚至「反攻、反攻、反攻大陸去」等歌，年輕的司機小王最愛聽的就是「當我們同在一起」，因爲大陸不曾聽過，導遊小麗則不斷介紹山西風土人情，不知不覺到了太原，先參觀煤炭博物館，晚上在「山西人會客廳」邊用餐，邊欣賞表演節目；包括皮影戲、晉劇、山西拉麵舞特技表演，精采無比。來到山西幾乎每頓都有山西刀削麵，但「麵」簡寫成「面」實在太可怕了，有些字可簡，有些字不可簡，

「麵」字絕不可簡寫成「面」，大大破壞了文字的意義。提到吃，還有一種別具風味的小窩窩頭包鵝肝碎牛肉，美味之至。

次日一早前往有著佛教名山之魁的五台山，此山與四川峨嵋山、浙江普陀山、安徽九華山合稱佛教四大名山。五台山有五峰聳立成平台。此處樹木不多，有「華北屋脊」之稱，五峰之內稱台內，五峰之外稱台外，其中以「顯通寺」最大，多為清朝修建，裡面的神像均以銅所製，並有重達萬斤的鐘樓一座，台外大小寺廟星羅棋布，所謂「此景只應天上有，豈知身在妙高峰」，顯通寺前後有七座大殿，佔地一百二十畝大小，殿堂四百餘間，院裡包括觀音殿、地藏王菩薩、大文殊殿、大雄寶殿、無量殿等，無量殿因為無樑又名無樑殿，香火鼎盛的是「觀音菩薩」，可以說是善男信女最崇拜的對象，至於文殊菩薩則是五台山創始者，一臉慈悲，吸引不少蒙藏喇嘛信徒來此修行，據說康熙怕大清江山被別人奪去，曾來此參拜。由於此地寺廟太多，設有電動車接送遊客。在下榻的飯店內除了有賣紀念品、服飾外，居然還有書店，同時也有書畫展，我買了幅布袋和尚的畫，上書有隨心、隨意、隨緣的書法，是五台山居士真如的作品，另購仿製的清明上河圖一卷以為紀念。

應縣木塔、懸空寺

五月二十一日清晨從五台山經過恆山前往大同，行駛山路中遇到許多運煤的貨車，交通大受影響，走走停停中午抵達應縣、參觀有著九百年歷史的〈木塔〉，塔高六十七點三米，建於遼代。木塔內有佛宮寺、釋迦塔、無論狂風暴雨、強烈地震都屹立不動，它全靠斗拱、柱樑鑲嵌，穿插吻合而不用釘，吸引不少遊客，包括歐美人士。

此塔可以與法國艾菲爾鐵塔、義大利比薩斜塔並稱「世界三大奇塔」。其中塔內有明成祖朱棣和明武宗朱厚照二位皇帝御題「峻極神功」及「天下奇觀」以及飛天壁畫，絹帛彩印「釋迦說法相」等，木塔位於五台山和大同之雲岡石窟半途中，接著參觀位於北岳恆山十八景之一的「懸空寺」，該建築始於北魏（一千五百多年前）經唐、明、清不斷重修，凌空飛建於懸崖峭壁之上，上載危岩，下臨深谷，大有凌空欲飛之勢。難怪李白曾在此懸崖壁上題有〈壯觀〉二字，在登上懸空寺前必須經過一段十米左右長，搖搖晃晃的〈外婆吊橋〉，從橋這頭仰望遠處的「懸空寺」正如某詩人讚嘆「飛閣丹崖上，白雲幾度封」，明崇禎六年，旅行家徐霞客曾游懸空寺，並在《徐

作者（左二）與前駐梵蒂岡大使戴瑞明（左）及夫人（右）暨好友李大平（右二）等，於懸空寺留影。

霞客遊記》中有生動的描寫：「西崖之半，層樓高懸，曲榭斜倚，望之如蜃吐重台者，懸空寺也。五台北壑，亦有懸空寺，擬此未能具體。仰之神飛，鼓勇獨登、入則樓閣高下，檻路屈曲，崖既矗削，爲天下巨觀。而寺之點綴，兼能盡勝，依岩結構，而不爲岩石累者僅此」。我們沿著溪水旁的山坡以及小石階，向懸空寺走去。

寺內大小殿閣四十餘間，充分利用力學原理，半插飛樑爲基，巧借岩石暗托，樑柱上下一體，廊欄左右相連，曲折出奇，曾在電視上看過這崖壁絕作，但親臨此地感受完全不同。懸空寺的六座主殿閣之間都用木製樓梯相連。寺內塑像很多，但這些塑像的特殊之處，在懸空寺的三教殿內，儒、道、釋的三位代表人物：孔子、老子、釋迦牟尼的塑像共居一室，中國像這樣三教始祖同居一室，同享人間香火的情況，非常罕見。印象深刻的是笑臉迎人、明代鐵鑄的大肚彌勒佛像。

佛教藝術寶庫——雲岡石窟

五月二十二日在下榻的雲岡國際大酒店出發，約一個半小時的車程，抵達有著一千五百多年歷史的「雲岡石窟」，它與甘肅敦煌莫高窟、河南洛陽龍門石窟、甘肅天水麥積山石窟，並稱爲中國四大石窟。而雲崗石窟與莫高窟、龍門石窟和重慶大足石刻則是中國境內被列入聯合國教科文組織世界文化遺產名錄的四座石窟。石窟依山而鑿，東西綿亙約一公里，氣勢恢弘，內容豐富。最早由一代高僧曇曜主持開鑿，被譽爲「東亞佛教藝術的母胎」，現存主要洞窟五十三個，石雕像一千多龕，大小造像約五萬多，最大者達十七米，最小者僅幾厘米。窟中菩薩、力士、飛天形象生動活潑，塔柱上的雕刻精致細膩，第二十窟靠山雕鑿的大佛，高達十三點七米，造型雄偉，是雲岡石窟的代表作。因爲是露天，可以拍照，至於窟內是不准拍照也無燈光，真是霧裡看花。此地因離北京不遠，遊客如織。離開石窟繼續前往參觀建於明代洪武年間的「九龍壁」。九龍壁是一種裝飾有九條大龍全是用五彩琉璃鑲砌而成的琉璃影壁（九龍倒影池中，栩栩如生），多爲皇家所用。現存的琉璃九龍壁有四處，大同是其一。

次日一早，從大同飛北京，在北京舊地重遊一天。晚上與旅美同行者一一話別後，從北京直飛台北，此次山西深度旅遊，團員中有專門全程拍攝，希望不久可收到光碟，再度臥遊一番。

作者（右二）與旅美華人合影於雲岡石窟

人物篇

外交老兵　陳雄飛

外交才子仰陳公
九十生涯一瞬中
四海乘槎獲榮寵
悠悠歲月野鶴同

這首詩，是作者於民八十九年三月份獻給壽星陳雄飛大使的九十高壽的祝賀詩。當時在壽宴上都祝賀外交老前輩陳大使長壽，活到一百零二歲，詎料四年之隔，今年的元月七日，大使不幸腦溢血病逝仁愛醫院。雖享年九十四高壽，但遽然永逝仍難抑悲痛之情。

元月二日上午，我曾電話向老人家請安，話筒傳：「我好累……」，沒料到這竟是最後的一句話。當晚老人家卻在家摔一跤，由管家秀香送至仁愛醫院急診。不久，我也聞訊趕至探望，但已不能言語。本以爲假以時日善加調養，定可康復，詎料，大使始終昏迷不醒，終究回天乏術，於七日下午三時飄然逝去……人生無常，死生有命。不過大使一定不甘心就這麼「糊里糊塗」地走了，因爲老人家正準備春節後，移居上海落葉歸根，完成其告老還鄉，並舉辦畫展的心願。如今卻落空了……

大使的一生德業事功，眾所皆知，無需再多贅一詞，此文謹以一介晚輩身份，就平日親近他所得知的一二事略記於後：

由於大使係上海人氏，我和外子均尊稱他爲鄉長，不過，習慣上仍以大使稱呼；在大使諸多朋友中，我只是一個小朋友而已。最早結識大使是四十年前，那時我剛大學畢業，即應召參加中華民國赴非文化友好訪問團，這是外交部負責組織的文化大使團，主其事者爲非洲先生楊西崑，團長芮正皋、副團長白萬祥。影帝郎雄以及歌星倪賓均爲團員之一。當時的陳大使不過五十歲出頭，正值意氣風發的英年，他長期駐節法國以及比利時，並不時周旋非洲各國的外交，六十年代，大使曾先後參加非洲紛紛獨立的慶典；許多非洲的政要，均大使在巴黎大學的同學，當大使知悉我團在象牙海岸演出時，曾兼程趕來阿比尙（象國首都）觀賞我們的節目。當時我是擔任琵琶、古箏等演出。酒會時，大使亦一一和團員寒暄，並訓勉我們要加強和非洲的友好關係；因當時正值中共和法國建交，我外交正處於困境，有些本來中立的國家，因我團的適時到訪，而靠向了我國。

往事歷歷如昨，直到民國七十年，大使自烏拉圭退休後，我們又有許多機會在台北晤面，第一次是在中法比瑞同學會，大使還記得我在象國演奏的事，爾後便常有機會向大使請益。

民國七十七年，大使夫人心臟病發作去世，大使若有所失，生活似乎沒了重心，同時不斷自我調適。他常說：「家有老伴」的家改成「心」有老伴，並以「無欲則剛」自勉後來大使雲遊四方，。某次赴東歐，出發前每天苦練俄文，真是活到老、學到老。由於大使的三位公子均長期定居國外，所以近二十幾年來，在台北的許多活動，皆有我有幸陪同參與。

大使豐富的外交經驗，以及深厚學養，足以做晚輩的楷模。民七十九年大使八十大壽時，有八十多位友好同仁，在仁愛路「紅屋」西餐廳爲大使祝壽。席間大使曾自撰八十自述詩：

外交義勇半世紀，盡其在我
明月清風，無尤無悔
文化傳承八十年，順乎天命
布衣蔬食，亦飽亦溫

因爲大使鄉音很重，由我代爲朗讀，餐會由濮德玠大使主持，大家一致肯定陳大使在外交上的貢獻；本人亦推崇大使不但是外交家，而且是藝術家、美食家……切蛋糕時，大家請壽星許願，壽星用上海腔說了「健康」兩個字。餐後是娛興節目，先後由周書楷大使、薛毓麒大使、蔣恩鎧大使、程建人次長等高唱平劇及西洋歌曲，會場洋溢一片歡樂。壽星以西班牙文祝賀大家「有健康、有快樂，最重要的是有時間」。當時情景，我曾撰寫「童神大使　陳雄飛」一文刊登青年日報，傳爲美談。

然事隔十多年後，物換星移，人事滄桑，老成凋謝，前述數位大使，均已先後作古。民八十九年三月，在九位好友的聯合邀請下，在法式餐廳「樹磨坊」爲陳大使歡度了他的九秩嵩壽，在這小型的慶生會上，大使有感而發，作自述詩：

九十行年一轉瞬　拓交奉節寄微生
立身守正惟仁恕　處世修緣葆義誠
大地烽煙猶未熄　全民福祉賴休爭
且希兩岸開和局　薄海騰歡慶太平

壽宴中，芮正皋大使贈壽星四樂：「知足常樂、自得其樂、與眾同樂、及時行樂」。後來大使又有新體悟自創五小：「吃吃小籠包、上上小館子、搓搓小麻將、抱抱小小孩、寫寫小文章」。大使也有幽默的時候，某一次中法比瑞同學會開會，會長李鍾桂女士請大使上座，他玩笑說：「上座就上座，總不能坐桌下」。

大使居家生活相當簡樸，有時中午一套燒餅油條配豆漿就解決了。大使住家附近的一家永和豆漿店，凡是拜訪大使的客人，大都有被請去吃過。大使家中廚具杯盤都有幾十年歷史。我在一九八八年應邀在韓國客座教書時，正是八八年奧運在韓國舉行，我買了把印有奧運標誌的韓國團扇送給大使，迄今仍放在茶几下，四周的邊都磨損了，仍不捨丟棄，令人感動。大使也會廢物利用，常邊看電視，邊把一些廣告紙，疊成紙盒，以便用餐時丟棄雜物。

大使對時間很看重，有時登門向他請安時，他總說何必大老遠跑來，太浪費時間，打個電話就好了。有時也會在電話中問：「妳今天做了些什麼？」當我回說什麼也沒做時，他會開玩笑說：「妳又浪費了一天」。和他老人家相處受益良多，當提到「比上不足、比下有餘」時，他會自嘲：

「比下大大有餘……」二○○一年登府拜年時，老人家自我解嘲地說：「一年就這麼糊塗過去……就這麼糊里糊塗過下去吧」，在當時改朝換代之際，這席話令人玩味。

大使忠黨愛國、光明磊落，不僅憂心國事，也十分關心年輕人，他常感嘆年輕人開計程車太浪費生命。在國外，司機大都是年長者，因爲年輕人應開創事業。除此外他也十分注意身邊的瑣事，譬如邊走路邊拾起路旁盆景中的煙蒂，由許多小地方就可看出他是位身教重於言教的長者。大使對晚輩的愛護，也是令人感動的，當年赴韓講學時，大使特贈我一隻烏拉圭的牛皮包，並附一小卡片，上寫「應邀赴韓講學祝生活愉快」！這隻皮包跟著我飄洋過海十六年，如今雖佈滿歲月的痕跡，仍不忍丟棄。

大使很注重自己的形象，無論參觀畫展或觀賞平劇或文物展，一定西裝革履，不知老之將至。他是標準戲迷，常用濃厚的上海腔說：「飯可不吃，戲不可不看」。

去年十一月我偕同大使參加在史博館舉行「前進非洲文物展」開幕酒會時，他興致勃勃和非洲邦交國之駐華大使們寒喧，不遺餘力爲外交鞠躬盡瘁。

最近兩年大使接受中研院口述歷史，每周五接受訪談半天，常常爲了一個小問題，親赴外交部調檔案，其精益求精、孜孜不倦的精神令人欽佩。

本以爲結束校稿後於開春前往上海，與姪輩們共聚，安享晚年，然天不假人，徒感遺憾。去年大使自上海返台時曾作一詩：

謝公蠟屐未曾疲

足遍環瀛忽老期
身健當歌堪舉鬱
目明對月好尋詩
流光過隙滄桑換
世局無常事勢移
廉頗加餐誰服老
雄飛誇海不為奇。
堪稱絕響。

綜觀大使一生治事的嚴謹以及對藝術的執著，均可做後人楷模。大使，您該休息，您永遠是我們心目中可敬的大使，請安息吧！

九十三年二月　展望雜誌

外婆，你眞幽默！

這個週末，大女兒及女婿帶一雙可愛的兒女，回娘家例行家庭團聚，令我這做外婆的樂不可支。一早，就忙著做蛋餃，把鮮蝦先燙熟，火鍋料如魚丸、豆腐、青菜、肉片等，擺滿一桌子；好闔家享受一頓豐盛的火鍋大餐。

讀小學二年級的外孫可可（可愛的暱稱），對蝦子情有獨鍾，一隻接著一隻地燙了吃，吃的津津有味，真是個小吃客。

我指著牆上的水墨畫「蝦圖」對小可可說：「桌上的蝦不夠，牆上還有！」

這幅來自湖南的畫，據云作者係齊白石學生。五、六隻蝦，畫得唯妙唯肖，活龍活現，外殼的皮滑溜溜的，彷彿隨時可以從畫中蹦了出來。

小可可睜大眼睛，望望畫中的蝦，又望望我說：「外婆，你好幽默呀！蝦到了火鍋，不都變成了墨水啦！」逗的我們哈哈大笑。在旁讀幼稚園的外孫女也莫名其妙地咧著嘴傻笑，露出一排雪白的牙齒。

同時我也告訴他們白石老人，除了蝦外，其他如螃蟹，蜻蜓，花卉，果蟲等，也畫得非常傳神。前陣子在國父紀念館舉行的齊白石畫展，很多小朋友也去參觀了，因爲齊白石的畫充滿稚子之心及幽默感。

我的小外孫似乎也有些繪畫天份。我立即把我收集的齊白石畫冊拿出來給他欣賞，並當場揮毫畫了幾朵花卉，給他帶回去，詩人陸放翁詩：「花前自笑童心在，更伴群兒竹馬戲。」正是返老還童的最佳心境，該學學！

九十一年九月七日　青年日報副刊

「平安」值千金

我家客廳有幅對聯：「和順一門有百福，平安兩字值千金」係外子殿魁書寫的，另一橫幅「平安如意」係名書法家史紫忱的墨寶，每天出現在眼前。尤其是「平安」二字，是我一生中最密切的方塊字，因爲我有對雙胞胎女兒，乳名平平、安安，是我母親取的，旨在大小平安之意：平平安安的外婆、平平安安的媽媽、平平安安的爸爸、平平安安的舅舅……大家的稱呼上都冠以平平安安四個字，大吉又大利；我的父親不幸於平平安安出世前半年辭世，自雙胞胎誕生後，母親才恢復了笑容，做了外婆，母親的生活也跟著忙碌與充實，重要的是平平安安撫慰了失去至親的愁苦……。

歲月如流，一眨眼，平平安安已由嬰兒而少年而中年，皆立業成家了！回想當初她們出生後，我喊得最多、寫得最多的就是平平安安了，尤其在倆小學走路時，一個往東、一個往西，我只好扯著嗓子「平平……」、「安安……」的喊，喊著喊著乾脆「平平安安」一起喊，久了，她們也習慣了。當時我還在婦友月刊開闢了：「平平安安的周記」記載她倆有趣的成長過程，篇篇都有平平安安四個字。爾後她們二十歲時我還寫了一篇「平平安安二十年」以爲紀念！平平安安四個字對我而言不僅情感濃厚，在我的寫作創作中，也佔了很大的份量！

我愛這四個字，雖是我女的名字，但它卻是一句受人歡迎的祝福話，平時喊喊，小則一家大小平安，大則天下太平！

九十三年十月二十二日　中華日報

2007年5月攝於長女平平家
後面書法出於作者夫婿李殿魁之手

快樂的大姑媽

每當在捷運或公車上，有人讓座時，一則以喜一則以悲，悲的是年華已逝，青春不在。直到今夏去了洛杉磯，看到了年屆九十二歲的大姑媽時，才發現已做祖母的我，並未老去，在老人家的眼中，仍是小孩一般。她會教我如何乘公車、如何做醉雞、如何做健身操！每次和大姑媽相聚，都讓我學到許多課本上學不到的東西。

天生樂觀，又懂得吃的大姑媽，在我從台北上飛機前，曾打電話叮囑買南門市場的湖州粽子、純正的芝麻糊、以及帶土的皮蛋。老人家喜歡吃堅果類，我自做主張買了油炸的蠶豆，到了大姑媽住所，看她迫不急待的咀嚼了幾顆蠶豆。興致一來，竟自酌自飲，喝起小酒來。這就是我快樂的大姑媽，看她滿足的把蠶豆送進口中慢慢品味的神情，真慚愧自己平時的亂咬胡吞。在這短暫、沉默的相對，已勝過一年的晤談。與大姑媽同輩的人，近幾年均陸續作古，更令我珍惜與大姑媽相聚的機會。上回寒假來此，四個月之隔，大姑媽依然身體健旺，談笑風生。

大姑媽長我父親九歲，她一直暱稱父親爲「小弟」，自從父親去世後，我這姪女，一直受到大姑媽的呵護，即使大姑媽退休，移居美國，亦是如此。數年前，大姑父不幸辭世，自食其力的大姑媽仍不願意搬去與子女同住。堅持住在老人公寓，公寓位在風景優雅、空氣清新的地方。有警衛常駐辦公室，隨處有叫人用的拉鈴，有交誼聽、公園。她很會安排她的生活起居，她是虔誠基督教徒，除了忙教會的事，還常參加親友們的聚餐、老人活動中心的活動、或是和以前的老同事打個麻將，我就看到她胡了牌哈哈大笑的樣子。她的行止笑語，純任自然流露，這就是長壽的原因之一。

她最大興趣在做菜。「施比受更有福」她喜歡做些自己愛吃的家鄉菜，如醉雞、糖醋排骨，同時還分送給親友們。夏天時會請清潔工（南美洲來的）買了西瓜，回來分了好幾塊，自己享受，同時也分送鄰居。印象中她自己做的醉雞真是門學問，先把雞洗淨晾乾，再敷上炒好的花椒鹽，再又放入冰箱冷凍二日，再放在鍋內蒸熟，再以紹興酒醃泡，就

2007 年 2 月與好友胡青雲拜訪旅居洛杉磯 94 歲大姑媽

是一道令人垂涎的醉雞。大姑媽吃肉，喜歡帶骨的，如雞翅、雞腿，每看她吃的滋滋有味，我問她：「吃的方面，是不是像爺爺或奶奶？」「誰也不像，像我自己」她幽默以對，其實，我早已聽說爺爺雖是浙江人，但奶奶的母親是廣東人，能幹得不得了。會做一手好菜！心想，大姑媽是自小耳濡目染的。

最難忘的是大姑媽自創的養生餐，把牛奶、雞蛋、麥片、芝麻粉、薏仁粉、小米粉、黑豆粉等攪拌在一起，用小火煮成糊狀，大姑媽邊攪拌時，邊唱著聖詩，令人感到老人家心地的平和、善良。

大姑媽家居生活很有情趣，壁上掛了名人字畫外，還有張岳公的不老歌。自得其樂的她，一點也不像是已過了九十歲的老人家，她居然在樓下的園子一角，種上她自己愛吃的蔬菜，包括空心菜、同時她也會把最嫩的菜心吹乾、醃製，想到就令人吞口水。

大姑媽最喜歡的運動是「坐著甩腿」，晚飯後，她常常拖著我到樓下園中的長桌（用來野餐的）上做甩腿運動。我活到這麼大，從不知甩腿這麼舒服。她老人家邊甩邊訴說陳年往事給我聽，我也邊甩邊聽，完全忘了彼此年齡。大姑媽記憶好，不知和甩腿有關嗎？半世紀以前的事都可以如數家珍、滔滔不絕敘說，真恨沒帶錄音機錄下。

最喜歡她講敘爺爺奶奶的故事，好多是我以前不知道的。譬如爺爺的哥哥和弘一法師（李叔同）有交往，弘一法師是很懂生活藝術的人，他說真的藝術，不一定限於詩書之中，生活上隨時可以咀嚼玩味，奶奶曾當過浙江南潯小學校長，是革命先烈秋瑾的學生，和以前一女中校長江學珠是同學。

故事中，最感動的是父親的勇敢。抗戰時，祖母在長沙被日本人炸死，父親在兵荒馬亂中，把奶奶埋葬後，再攜家帶眷往大後方逃。爲了紀念祖母，特取我乳名爲湘念。奶奶死得很冤枉，日本軍機掠過時，大家伏趴在地上，奶奶不等飛機走，就抬頭看四周人們的安危，不幸胸口中彈死於非命。

講到這段往事，我們姑姪都哽咽得說不出話了。

大姑媽一直服務於公家機關，是標準的公務員，民三十八年我們隨雙親從大陸來台時，由於父親是一介軍人，三個幼兒，均嗷嗷待哺，大姑媽常利用公餘時燉些紅燒牛肉給我們進補。父親總是騎著腳踏車到大姑媽家去取，當時生活相當艱苦，有盤蔥花爆蛋就很不錯啦，至於紅燒牛肉麵，那就很奢侈了。至今我只要嗅到紅燒牛肉的味道，就想到當時情景。

悠悠歲月、如夢如幻，我也由兒童到了做祖母的年紀了。而大姑媽數十年如一日，仍然是那麼的樂觀。祝福她老人家：永遠健康快樂！下次寒假時，我還要去她那兒挖寶。

九十三年八月二十五日　中華日報

同一個世界 同一個夢想

全球矚目的北京奧運終於炫耀登場了！奧運主題曲「你和我」中英文響徹雲霄。使我想到二○○八年前夕，應邀到北京參加「徐霞客誕辰四百二十週年紀念及中華文化研討會」時，一下飛機，進入市區，觸目皆是大型「同一個世界、同一個夢想」的大型奧運主軸廣告詞。心想，這不正是咱們孔老夫子的「大同思想」嗎？一九八八年，本人在韓國任教時，一首象徵「世界大同」的奧運指定曲——手牽手（Hand in Hand），一時間傳遍世界各角落，不分種族，不分黨派，來自五湖四海的選手舉旗進場的盛況，歷歷在目，大大提升了韓國人的國際地位。北京二○○八奧運，可以說世人矚目，由其是華人世界，這是全球中國人的榮耀，甚至是亞洲人的榮耀。兩岸同胞，應攜手合作，集思廣益、團結一致辦好奧運。

中華文化，上下五千年博大精深，尤其孔子儒家思想，已成爲所有中國人共同的精神財富，也是兩岸人民結合在一起的基礎。「同聲相應、同氣相求」，在此奧運舉行時，正是兩岸共同建立一個新的禮義之邦「文化中國」的大好時機。

一九八八年世界各國諾貝爾獎得主，集會法國巴黎，曾發表一項共同宣言，其中有云：「人類要在二十一世紀求生存，必須回到二千五百四十多年前孔夫子那裡，去尋求智慧」。

孔子「己所不欲，勿施於人」、「己欲立而立人，己欲達而達人」的人道主義，可以化干戈爲玉帛，使人遠離戰爭，達到「同一個世界、同一個夢想」，以「和」爲貴的理想世界。正如「你和我」（原名「永遠一家人」）主題歌詞裡：「我和你，心連心同住地球村」！

九十七年八月二十八日　中華日報

燕雙飛與大姑媽二三事

二〇〇四年八月二十五日承中華副刊不棄刊登本人拙作「快樂的大姑媽」並於二〇〇八年收錄在紐約柯捷出版社出版的「鄭向恆隨筆」中，迄今又過了五年，四月份我利用春假，又前往洛杉磯，探訪久違的九十七歲高齡的大姑媽，姑姪相處十天，甚爲珍惜。大姑媽一言一顰，不時浮現眼前，對她老人家又有新的體認；令我印象深刻的有下列數事：

歲月不饒人，大姑媽目前已手拄枴杖，不過仍保持樂觀開朗的人生觀。在我要到達的那天，一早就梳扮好，坐在客廳等候，見面擁抱後，即以浙江鄉音告之今年她將多了一對雙胞胎曾孫，真是好開心。大概是遺傳吧，雙胞胎的爺爺，我的表弟就是對雙胞胎，「恭喜大姑媽，因爲您也生過雙胞胎」「我居然要當雙胞胎的表姑婆了！」接著她對我說：「妳不也生了雙胞胎平平、安安嗎？」「是啊！鄭家的遺傳！」大姑媽爽朗地笑了起來。堅強的她自從大姑父去世後，不願打擾兒孫輩，始終獨居在維多利亞老人公寓，有來自上海的管家照顧她的生活起居。公寓是獨棟二層洋房，一棟住四戶，放眼望去約有十多棟，四周環境清幽、空氣新鮮、花木扶疏；社區內有交誼廳、活動中心、辦公室，附近還有一座中學生足球場。

大姑媽是我一生中見過最有活力、最堅強的女性長輩，她永遠保持精神上的健康，在生活中尋求動力、尋求樂趣，譬如她可以坐在樹蔭下的椅子上隔著鐵絲網觀看足球賽；或在院裡餵食小鳥、澆澆花；或和老友聊聊小天、打打小麻將……當然還不忘國家大事，一早即用放大鏡翻閱世界日報。

茶餘飯後，她常和我聊祖母事……祖母是浙江南潯人，是秋瑾的學生，曾在浙江南潯小學當過校長兼教音樂，難怪大姑媽會參加了社區老人合唱團，而我也在教書之餘彈彈琵琶、古箏，除了雙胞胎這又是另一個遺傳吧！

有次，我問大姑媽年輕時唱過「燕雙飛」這首歌嗎？「當然，這是三十年代流行的歌，周璇唱的。」接著大姑媽用浙江鄉音唱出「燕雙飛，畫欄人靜晚風微……」我也跟著一起哼著……13565.3561.532……的調子，可惜曲中詞已記不清了，她邊唱邊皺眉：「下一句是什麼？」「我媽媽也會唱，那是父母隨政府來台時，常聽媽媽用湖南鄉音唱的歌，那時我才小學二年級，一幌已是一甲子的事了」我說。在我褪色的記憶中，有幾種聲音彷彿和我有不解之緣，其中包括這首曲子。它的旋律伴隨著我的成長。年長時我還曾用琵琶爲媽媽伴奏，直到大學畢業出嫁後就未再彈奏過這曲「燕雙飛」，沒想到這次來訪，有機會聽到大姑媽的哼唱，猶如回到兒時懷舊時光，一股感動油然而生。「杜宇聲聲喚道，不如歸」。我們姑姪反覆唱著最後一句，連一旁的上海管家麗莎也聽得如醉如痴，拍手叫好，美中不足的是唱得尙不完整。

此刻，突想起外子殿魁，應該記得這首老歌，他小時候隨父執輩來台，後來大陸淪陷，同行的父執輩又去世，最後寄宿在服務於港務局的鄉長家，那時他就讀基隆信義國小五年級，班上的音樂老師曾教他唱過，記性頗佳的他應該記得這首詞曲皆美的「燕雙飛」。當下決定，返台後將央求外子寫出完整歌詞再寄給大姑媽留念也不遲。果然，回到家向殿魁提起此曲時，他不假思索、一字不漏地寫了下來（附註）。七十五歲的他會如此記憶猶新，是因為當年寄人籬下，有家歸不得，因此常哼唱這首以解思鄉之情。大姑媽收到我航空寄去的歌詞時，真是喜出望外！懷舊是人之常情，尤其是上了年紀的人。

母親在世時每年五月一日都會參加母校長沙周南女中的旅台校友會，往年常伴她齊聚敍舊，自二〇〇三年母親辭世後，為感念她，身為校友第二代的我，每年依舊赴約；今年的五一我影印了許多張「燕雙飛」的歌詞，送給這些太祖母級的老校友們，由會長，馬英九的母親秦厚修阿姨帶領大家一起唱，我跟著陶醉在歌聲中，也跟著陶醉在思母的情懷中……這是題外話。

大姑媽之所以長壽，最大的原因在於她從不與人計較。某次打了八圈麻將回來，我要她早些休息，她哈哈大笑說：「我興奮都來不及了，怎麼睡得著？」我起先以為她胡牌贏錢了，結果麗莎在旁補充說：「她輸了三十美元，對她來說不算什麼，她只在乎打牌時的樂趣！」她的床頭總是放顆蘋果，問她，她說這樣有助睡眠作用。

「施比受更有福」這回在大姑媽家小住，發現冰箱冷凍了許多粽子，原來是大姑媽教麗莎做的湖州粽子，每當有親朋好友來訪，就送幾顆粽子給對方。

和大姑媽朝夕相處，又發現新的幽默，某天晨起，我向大姑媽說：「Good morning」她居然回我：「Morning good」閒聊時她對我說：「妳和殿魁不但都是國文系，而且都參加國樂社，他吹笛子妳彈古箏，真是志同道合！」接著又提高嗓子：「還心心相印哩」！

提到她年輕時抗戰勝利，在上海帶著我的表哥去看梅蘭芳的戲時，真是得意忘形，「簡直是大派頭，梅蘭芳一上場，所有杯子都要換過！」她拍著手說，那時大姑父的堂弟在銀行工作，特別包場。最令人難忘的是「霸王別姬」中梅蘭芳表演虞姬舞劍的一段，真是終生難忘！那時我的表哥才十歲，跟著大開眼界，長我六歲的他，一表人才、文質彬彬；一生奉獻外交工作，惜天妒英才，五年前去世，享年七十。

大姑媽長我父親八歲，父親小時候都由大姑媽哄著餵飯，炎夏時，父親背上長痱子，也由大姑媽負責打扇子，「我熱得滿頭大汗，誰替我搧扇子？祖母太疼妳爸了！」大姑媽說。「所以我一有空就來看您啊！」我接著笑答。如今和大姑媽同時代人物均已先後辭世，令人唏噓……。父親英年於金門砲戰中積勞成疾，與世永絕，那時他才四十六歲，是所有親友不願提及的傷心事。我和大姑媽相處時，總是充滿歡笑，前塵往事、煙消雲散。大姑媽說：「世事無常如雲煙，人要活在當下」。某天，我穿了件鮮豔的洋裝，她看了半天，脫口而出：「借我穿了照張相吧！」接著哈哈大笑：「那不成了老妖怪了？」她永遠這麼地自得其樂，像似一位天真的老頑童。

四月一日，爲了慶祝復活節，梅妮表姐特別邀請我前往「水晶教堂」欣賞大型舞台劇「復活節的榮耀」，怕看得太晚，並未邀請大姑媽，結果大姑媽得知是在水晶教堂，堅持一同前往欣賞，最後表姐夫雅各牧師總算弄到一張票，一償老人家心願。節目是晚上八點開始，車程來回三小時，回到家時已十二點，她沒有一絲的倦容，而且還興奮地睡不著。一方面是劇情感人，一方面是舞台的燈光、佈景都深深吸引著她，對駱駝、馬匹都能登上舞台更是嘖嘖稱奇；而當演到耶穌基督於釘死前與十二門徒共進最後晚餐那幕時，真賺人眼淚！終了，當飾演耶穌的主角謝幕時，大姑媽還特地起身拍手叫好；放眼望去，觀眾席上就屬她老人家最年長。由於天氣寒冷，她穿了厚厚的大衣及圍巾，真後悔沒帶相機拍下她雍容福泰的模樣！

大姑媽是虔誠的基督教徒，常常邊做飯邊哼著聖詩，正因爲她是如此的虔誠，所以對前往水晶教堂看表演，對她而言有些前去朝聖的涵義。水晶大教堂是南加州的觀光景點之一，建於園林市（City of Grand Grove）。它是用一片片的透明玻璃拼建而成，整座教堂散發出耀眼的光芒，因此稱爲水晶教堂。它的形狀大小是完全依照舊約聖經上所記錄的「方舟」的設計而來，坐在教堂中看見兩側向上呈尖形，如同一艘船，但外觀則像一座玻璃屋。堂內不裝空調，因爲玻璃的厚度能使得室內冬暖夏涼，以達到節能的效果。教堂周圍有著聖經人物的雕像及花圃；每年復活節、聖誕節時皆有對外盛大演出，這是集音樂、戲劇、舞蹈、歌唱、表演之大成。

晚會結束時，大姑媽緊緊牽著我的手，嘴裡還唱著「燕雙飛」；在大姑媽眼中我永遠是以前那個小女孩，豈不知悠悠歲月，我已是位祖母級的老人了！大姑媽從來不提「老」字，每次出門一定梳妝打扮整整齊齊，氣質典雅。她和大姑父畢生都忠黨愛國，夫妻倆皆服務於國際電信局（中華電信的前身）；尤其大姑父一生克勤克儉，即使高昇爲局長，仍淡泊物質享受。在我國未退出聯合國前，大姑父每年出席瑞士日內瓦的國際電信會議，與各國電信會員溝通談判、打交道。後來他主持我國地面衛星電台設立時所穿的西裝，依舊是以前出訪國際會議時所穿的那套，真可謂是「萬年裝」。大姑媽受大姑父影響，也很節省，不敢輕易丟棄，所以迄今此「萬年裝」仍收藏在古老的樟木箱裡，並存放在我家。

端午節時我打國際電話祝大姑媽佳節愉快，話筒那頭傳來：「妳是不是要送粽子給我吃？」接著又是一陣哈哈大笑，我忍不住又唱起「燕雙飛」的歌來給大姑媽助興。

九十八年七月二十三日　中華日報

（附註）「燕雙飛」

燕雙飛，畫欄人靜晚風微。記得去年門巷，風景依稀。綠蕪庭院，細雨濕蒼苔，雕樑塵冷春如夢，且啣得芹泥，重築新巢傍翠幃。棲香穩，軟語呢喃話夕暉。差池雙剪，掠水穿簾去復回。魂縈楊柳弱，夢逗杏花肥。天涯草色正芳菲。樓台靜，簾幕垂。煙似織，月如眉。其奈流光速，鶯花老，雨風催。景物全非。杜宇聲聲喚道，不如歸！

此曲為一九三三年天一影片公司所拍攝有聲電影片”芸蘭姑娘“插曲，蘇怡編劇，邵醉翁導演（見一九六三年程季華編：中國電影發展史）

我對冰心的認知

「模仿寫不出好文章來，
要像勤勞的蜜蜂那樣，
博覽群書，吸收各種各樣的花露，
在你自己的人格中經過一番消化、調和、組織，
釀出你自己的蜜來。」

——冰心語

「文壇祖母」冰心老人，可以說是世紀青少年的一盞明燈，是我最崇拜的女作家之一；另一位是謝冰瑩女士，是我大學時期「新文藝習作」的老師。謝老師於冰心老人去世後，相繼在美國去世。文壇巨星相繼殞落，令人不勝婉惜。

由於兩岸隔絕近半世紀之久，對大陸的近代作家非常生疏，直到經國先生開放大陸探親政策

後，才接觸到大陸文壇泰斗如冰心之類作品。尤其在上海蕭斌如大姐的推薦下，讀到許多珍貴資料，最近因蕭女士出版有關近代作家評介的書，特電邀我寫些有關冰心的文章，實不敢當。茲就本人對冰心的認知，聊贅數語。

冰心，原名謝婉瑩，和吾師謝冰瑩一字之差，猶記上第一堂謝冰瑩老師的課時，她特別向大家聲明她是湖南人，和冰心不是姐妹，冰心是福建人。順便也提到冰心「寄小讀者」等書，那已是四十多年前的往事了。但「寄小讀者」這本書，卻深印在我腦海中，直到一九九五年，我應邀到北京參加世界婦女大會時，才買了一系列有關冰心的書。除了「寄小讀者」，還有詩集「繁星」、「春水」，拜讀之餘對冰心文章之自然、之真誠、感佩不已。當時很想拜訪這位世紀老人，後見報，方知老人家已因肺炎住進北京醫院。除了家人，外人已不認清，也不接見訪客。報上刊登了她臥病在床的照片，是那麼慈祥、溫厚，使我想到她的童心，可以超過任何時間與空間，而任意飛翔。我真喜歡老人家的「寄小讀者」這本書，文如其人，人如其文，文中充滿了童心與母愛。她的思想純潔，文字清新，她永遠用小孩的口吻，向兒童說著天真浪漫的語言，形成了她獨特的風格，如「繁星」、如「愛與同情」，我在課堂上，總是不厭其煩抄在黑板上，規定學生要背，在這功利主義瀰漫的工商業時代，這兩首詩充分發揮潛移默化的作用。

冰心，不只是五四運動先驅之一，同時也是中國現代兒童文學開拓者。她十二歲就隨父母到北京，畢業於燕京大學中文系，之後留學美國。三、四十年代任教燕京大學、北平女子大學校。抗戰勝利後與夫婿吳文藻東渡日本，後來在周恩來的邀請下，才回到大陸。晚年的她，不停的爲

「知識」請命，爲「文化」請命，充分盡到一位知識份子應盡的責任。一九九五年大陸出版了「冰心全集」，約四百萬字。

從過去的報章雜誌也獲得一些像巴金、冰心的消息，印象最深刻的是文學大師巴金九十歲生日時，冰心曾以九十朵玫瑰組成的壽字大花籃，祝賀這位世紀之交的老友。她的心中永遠充滿了愛，台北文史哲出版社曾以「灑向人間皆是愛」爲冰心作傳。

二十世紀末的某年，我的表兄廖熙選，從湖南寄了賀年卡給家母，其中記了一段冰心女士的養生之道：

「一個人頂要緊的是保持精神上的健康，力求讓自己永遠在樂觀、豁達的狀態中，在生活中尋求動力，尋求樂趣，也是多麼有益。」

真是太感動了！後來家母把卡片帶去了紐約寓所，母親於二〇〇三年去世。但冰心老人的養生格言，仍常留在我的筆記本中。

我曾在台北聯合報讀到一篇由傅光明所寫的「吹不散我心頭的人影」。那時冰心在病榻上，平靜的迎接二十一世紀的到來，文中有一段感人肺腑的話：「老人知道在和死神挽手，她高興要去尋找母親，眼神便有超然飄逸、寧靜淡薄的神韻……」。

這位與二十世紀同齡的文壇祖母，熬不到二十一世紀。於一九九九年春天，繼錢鍾書、蕭乾之後，撒手人寰，享年九十九歲。海峽兩岸均有追悼詩文。茲將廣州詩詞報三首追悼詩附錄於後，藉以表達本人對冰心老人的追念之意。

悼冰心老人

謝志蜂

世紀老人　文壇巨匠，
德高一代　愛滿神州。
不擇細流　終歸大海，
文章千古　冰心長留。

悼冰心老人

王曙東

鶴壽期年去，玉壺千古留。
文章珠寶綴，聲譽海天謳。
淡淡蘭花潔，涓涓滌水柔。
童心遺愛在，乳汁潤芳洲。

文壇祖母冰心仙逝

何　文

文學殿堂一美人，百年風雨淨無塵。
鴻篇巨著留塵世，清水源頭可問津。
開宗明義為兒童，磊落情懷口吐金。
壇育幼苗千百萬，後人永遠念冰心。

九十六年　詩詞地十一期　六月十五日出版

往事不如煙

——悼念沈謙博士

當我聽到沈謙兄逝世的消息，內心對這位專欄作家名學者，由於心肌梗塞奪去他五十九歲生命，至深悼念。翻出舊照，民國七十九年冬，我和外子殿魁，空大教授沈謙、許應華在長城的合照，不禁熱淚盈眶，他的笑貌，他的妙語，歷歷如昨，雖然已是十六年前的事，猶記那年，大陸才開放不久，我們應邀參加出席在南京舉行的「唐代文學國際研討會」之前，四人結伴先赴北京達成登上長城心願。北京的初冬仍是萬里晴空的大好天氣，我們合租了一輛計程車，經過長安街、天安門後直驅位於西北方向的長城，距天安門事件不久的緣故行人不多。

道路旁都是自行車修理舖，沒有私家車，到處顯得落後台北三十年。車行一小時後好心的司機突然在路邊停下來，原來是有名的「沙河鎮」，是北京到長城的必經之地，司機指著窗外說：「這兒有烤羊肉串、賣糖葫蘆、柿餅的」，由於我們第一次踏上夢寐牽縈的大陸，好奇停下來品嚐，那時才真正認識沈謙兄不但是文學博士而且是美食家，他大快朵頤一口氣吃了兩串烤羊肉，還買了幾串給我們分享，後來我們回北京時，爲了去吃「東來順」涮羊肉，夜間坐了兩輛三輪車冷風中繞過天安門去吃有名的涮羊肉，第一次客滿沒吃到，第二次因未訂位也跑個空，沈謙不死心跑了第三次，由於事先沒向掌堂的師傅知會過又是閉門羹，不死心的到一間私營的飲食店，終於吃到了。由此，可知他的執著一如他鑽研學問，也體會民國七十九年，大陸在「吃」的方面，大大不同於台北的方便，後來我們坐上海到南京的火車上經過無錫車站，沈謙堅持跳下車到月台買了無錫肉包子請我們吃，其熱情豪爽由此可見。他是江蘇東台人，行事仍保存濱海樸素文化，在南京特地去了揚州，吃了「三頭肉、獅子頭、魚頭、豬頭」，讚不絕口。後來也在上海我的姑媽家吃過熱呼呼的芝麻大湯圓，又參觀了魯迅故居，這些都是十多年前的事了，一晃眼，我們都邁入老年而退休，他則轉入私校，真是「世事宛如春夢，人生幾度炎涼」，最近幾年，在中副方塊上常拜讀他的文章，他的方塊文章溫柔敦厚，有著潛移默化的作用。由於國學根底深，常引經據典，所謂「言之不文，行之不遠」，某次，在方塊中引用王安石詩：「不畏浮雲遮望眼，自緣身在最高層」耐人尋味。

元月二日，我們全家出遊，目的地宜蘭的傳統藝術中心，由小兒驅車，臨上車前，買了份中央日報，翻開中副我向外子殿魁說：「今天有沈謙的方塊，寫語言學者王力，他的標題是「王力的大師風範」，車在山中盤旋時，我在後座還大聲讀著他文中所說「無論研究語言學那方面，應具備的修養,是正確的方法論以及普通語言學、古代漢語、外語、文學、邏輯、音樂、自然科學……」，詎料，這成了他遺作。

沈謙，爲人豪爽、誠懇，活的痛快、死的痛快，一直寫作到死，人生不朽，他已做到，但願他在天之靈含笑，因爲他已活在人們心中。

九十五年一月

前進非洲

——追念白萬祥將軍

前國民黨工作會主任，中華民國團結自強協會理事長，白萬祥將軍不幸於六月二十六日心臟病猝逝於美休士頓，噩耗傳來，海內外無不同聲悼念。八月二十八日在三軍軍官俱樂部舉行追思會，會中，團結自強協會理事長高銘輝，國民黨副主席吳伯雄，都表揚讚頌了白先生一生的事功，他的一生可說是可歌可泣的，無論對黨、對國、對民族、對社會，都是全心以赴，其待人接物之謙虛誠懇，足堪世人效法，而其生平對書畫、郵票之收藏，更令人欽羨。

追思會後放映了白先生生前與親友歡聚的照片，同時播放著胡琴名曲「二泉映月」，氣氛哀淒。當一幅民國五十三年「中華民國赴非文化團」的合照，呈現眼前時，我情不自禁，淚流滿面，頓時，令我墜於時光隧道，那是四十年以前的往事，那年我大學畢業應國防部、外交部的徵召參加了「中華民國赴非友好訪問團」，簡稱「訪非團」，追隨團長芮正皋、副團長白萬祥，前往非洲十五個國家一百天，那時的白先生是四十出頭，正值英年，悠悠歲月如今他已經八十七歲，而我也是由少女變成了祖母，真是春去秋來，歲月如流。

四十三年前往事，歷歷如昨，那是一個前進非洲大陸，空前絕後的「文化大使團」，目的是把大漢文化，傳播到非洲的新興國家，並促進與非洲各國的友誼。「訪非團」團員四十名，包括名畫家傅申、章祐，歌唱家倪賓以及前年去世的影帝郎雄等，本人擔任古箏、琵琶的演奏，儘管人事滄桑，但四十年來，在芮團長、白副團長的召集下，團員始終保持聯繫及友誼。

訪非期間，光是飛機起落就有五十多次，飛航總計一百零一小時，節目演出五十五場，文物展七十八場，所到之處無不受到當地人士歡迎。我們一下飛機就開始佈置會場，白天展覽文物，晚上忙演出，可以說馬不停蹄，充分發揮了團隊精神，偶有突發事件譬如遇到中共代表團（當時是漢賊不兩立）或飛機故障等……均賴芮、白二氏當機立斷、臨危不亂化險爲夷，有次因趕上象牙海岸的電視節目，居然坐了尼日總統的專機，印象最深的是在查德的「萬人土風舞團」，那是由十八個土風舞隊組成，在九十度的陽光下，在廣場上奏著不同的樂器，鼓聲雷動、驚天動地、場面偉大，是我一生中最難忘的經歷。

當時在芮、白二氏的率領下，我們全團團員穿著白上衣、黑裙（褲），打著黑領結，下海與當地的黑人共舞，手牽手、心連心，隨著節拍舞動著，如同迪斯可的舞步，迄今我仍喜歡跳迪斯可，可能受那時的影響。爲了增進中非友誼，我們顧不得非洲人身上特別的氣味，我們完全沒有種族歧視，這就是令他們感動的地方，爲了歡迎我們這支來自文明古國的文化大使，他們爭先恐後的要和我們拉手，直到上了巴士要離去時，還不停伸手從車窗拉著我們不放。回到旅館，每個人都在叫手酸、手痛，那時我們團員都是二十歲左右的小伙子，晚上的歡迎酒會在廣場上，他們烤了十多隻全羊歡迎我們，我們入境隨俗，用手去抓來吃，羊肚內塞滿了洋芋之類的玩意。

教育部長特代表總統以一枚金色紅十字勳章頒贈白副團長，據說之前外交部沈昌煥部長、芮正皋大使訪問該國時曾榮獲此勳章，足見查德對我國友誼之重視，後來由於情勢所迫與我斷交，如今又復交。查德的王子，目前留學我國。文化外交之重要，由此可知。

某年，教宗召見非洲先生楊西崑時就曾說過：「中華文化中互助互愛、已立立人、已達達仁」對世界和平的重要，因爲楊西崑曾推動農耕外交，幫忙非洲人耕植，比任何金錢援助都有用。

訪非期間，我門曾接受賴比瑞亞總統夫人杜伯曼夫人的茶會招待，報紙大幅報導了我們這支文化大使團，帶來世界最古老，最優雅的文化，足供非洲人觀摩。許多當時中立的國家，因我們的造訪而靠向我國。離開賴國時，飛機起飛不久，機身搖動，始發現左翼的一個螺旋槳停止轉動，大家捏把冷汗，但卻保持冷靜，後來折返起飛基地，這是訪非期中最驚險的一幕。

當時穿梭非洲各國的楊西崑大使，亦一再訓勉大家共體時艱，排除萬難，在芮團長駐在地上伏塔，我們曾渡過一個感人的雙十國慶，在演出的場地，懸掛了中、上兩國的國旗，在大使館內，亦舉行了隆重的酒會，我們著五彩繽紛的戲服與貴賓握手舉杯，互道國運昌隆，直到凌晨四點，是出國以來最長的一夜。如今上伏塔已正名布吉拉法索訪非的最後一站爲模里西斯，許多華僑感動流淚，當時向我獻花的女孩，十五年後，民國六十八年申請回國求學，並找到我說當地華僑要我再組團赴非宣慰僑胞，當年正值中、美斷交，為了響應「處變不驚、風雨生信心」，我毅然排除萬難，自費率領文化大學十六位娘子軍赴模里西斯．留尼旺宣慰僑胞，民國七十二年三度率團訪南非，在當時的環境下，鼓舞士氣不少，海工會曾頒獎嘉勉，這都是緣於第一次訪非受到芮、白二氏的感召。

今年三二〇大選後，因歡迎移居澳洲的芮團長返國投票，白先生特邀集訪非團十餘人，在銀翼餐廳餐敘，當時白先生分析了槍擊事件，之後出示他的傳記畫冊「青山綠水春長在」送給在座由四十人中僅餘的十多人，臨走時我趨前請白先生簽名，豈料是最後一次的相聚。時隔數月，他老人家在美仙逝，怎不令人唏噓，人生如夢，往事如煙。

追思會上仍在播放著「二泉映月」，參加追思會的人們已漸散去，我因喜歡這首曲子，久久不忍離開，此曲原是無錫瞎子阿炳成名曲，借無錫的「二泉」月色，抒發對大自然的熱愛，旋律優美，把人引到飄邈恬靜的空間，達到天人合一的境界，我曾在阿炳百年冥誕時，撰文介紹此曲，想不到今天在白先生的追思會上聆聽此曲，感觸尤深。

筆者為「訪非團」一員，謹此執筆記訪非團一、二事，以示對白先生懷念之忱。

九十三年九月　青年日報副刊

健身之道養生哲理

——總統府陳資政立夫先生談

養生在動　養心在靜　多食果菜　少食肉類
飲食有節　起居有時　頭部宜冷　足部宜熱
物熟始食　水沸始飲　知足常樂　無求常安

已屆八十九高齡的立公，除了一頭皤皤銀髮外，一點也看不出老態龍鐘的樣子，步履依然矯健，雙目炯然有神，爲「鶴髮童顏」作了最好的註腳。令人在羨慕之餘，不禁對他的「健身之道及養生哲理」感到無比的好奇。

不知老之將至的立公，一年到頭，都在爲復興中華文化運動而努力；爲社會慈善醫療事業而奔波。那天，我去拜訪他老人家時，他剛演講回來，臉上毫無倦容，並欣然大筆一揮書下以上十二句格言。

立公特別強調「養身在動，養心在靜。運動不在多而在有恆。頭部宜冷，足部宜熱」的道理——也許這就是他「老當益壯」的原因。

平易近人的立公，話匣子一開，就娓娓到出了他養身在「動」的現身說法。原來這位曾經是採礦工程師出身而後從政的黨國元老，在年輕時還是位運動健將哩。

養身在「動」，成了立公終身所奉行的原則。

「從小，我就喜歡運動。」

「真看不出哩。」

提到運動，立公最爲津津樂道的是他在天津北洋大學唸書的日子。

「凡是運動，我都喜歡，網球、籃球、足球、溜冰、游泳、長跑、短跑、跳高、鐵餅，樣樣來。」

「那不是成了十項全能了？」我笑著說。

「我樣樣會，但不好，我還打拳，民國七年到十二年時，在大學時代，跟當時的同學後任民意代表的陳峻峰兄學行意拳，後來民國二十三、四年在南京跟鄭曼青先生學太極拳。」

說完，立公就地擺了一個太極拳架式。

「真想不到您還會打網球。」

「我的網球打得不錯呢，直到我做教育部長時（卅九歲）仍然沒有停止，我的網球老師是當時的遠東運動會中，我國網球代表時昌黎兄。所以打球姿勢很正確。這已經是六十多年的往事了。」

「您現在還打網球嗎？」

「在中、美斷交前，曾在台北和駐美大使安克志打過一次。」

「您也經常游泳嗎？」

「已好久不游泳了！在美國匹次堡大學攻讀碩士時（民十三年），該規定除了學科外，必須通過一項運動，方可取得學位。沒想到我靠著跳水和游泳過了此關。」

「您年輕的時候，身體一定很棒！」

「不一定」

「爲什麼？」

「好，我講個故事給你聽；也是違反養身在『動』的例子。」

「民國十四年底我從美國留學返國，準備去中興煤礦公司做工程師，同時接奉　蔣公的電報，去了廣州做了　蔣公的軍校校長辦公廳機要秘書，在其公館服務，　蔣公每天六點起床，辦公，我當然也跟著早起，同時須將待批文書先晚準備好。終日譯覆機密電文、書信等。那時另一位幫忙的是邵力子先生，後來他被派到北方馮玉祥那裏去了，兩個人的工作都落在我一人身上，每天工作量達十五小時之多，後來身體感到不適，照X光，右肺尖有點模糊。當時正準備北伐，大家都勸我不要隨軍出發，需要休息，我說：『大家都去拼命，我怎麼可以不去？』於是我們白天行軍走路，晚上辦公，行軍是從廣州到湖南耒陽，由於郊外行軍空氣新鮮，我肺部的毛病比較好了些。所以一個人要運動。後來打到南京上海，工作更加繁重，身體又感不適，虧得我想到一個好辦法，就是乘有空時，赴各處學校演講，演講就是使肺部運動。那時，我做了無數次的演講，到處宣揚中華文化以及反共的言論。每次聽講的人數加起來，真有好幾萬人，因此而使得肺部的功能加強。後來再回上海檢查時肺尖已全部好了。」

立公接著又說：

「總之，我認爲養身在一『動』字，我曾問了許多七八十歲的老年人，以養身之道，十個有九個都是講要『動』，要『走路』。」

「出門走路，空氣又好，是最自然的運動。常常步行，必減少病痛，游泳也是最好的運動。中國有句話：『戶樞（門紐）不蠹，流水不腐，以其常動故也。』」這亦是證明動的好處。

「您現在都做些什麼運動？」

「自已按摩運動。」立公啜口白開水，接著又說：

「我在美國居住時，曾看到報載一位秦姓太太寫的一篇內八段錦的養生文章，覺得很有意思，於是特別登門拜訪請教。學會了以後我就不曾間斷這種按摩的保健運動。做了四年後，離美返台時，美國醫生替我檢查身體，說我攝護腺腫大，非得開刀不可，又有位朋友勸我用按摩治療法，我每天照他話去做，八段加上一段，持之以恆，沒想到返國定居了十六年，攝護腺就不曾再發生過痲煩。後來回到美國，原來的醫生發現我攝腺完全正常，他問我是否開過刀，我告訴他按摩之法，他驚奇地說：『你們中國人真有辦法。』」

「我只聽過八段錦，是武術的一種，卻沒聽說過內八段錦，請您介紹一下，好嗎？」我問。

「錦，就是用不同顏色的絲線所織成的美麗物品，認為五顏六色配合得宜，很美，所以叫錦。古時候，老祖先創造了保健動作有不少種。一種稱之為八段錦，就是八個動作姿勢，很美，所以以此稱之；實際上我每天做的不只八段，可能有十段。主要從頭部開始，兩眼及太陽穴、鼻子、耳鼓、兩顎、牙床、頭頸、胸部和腹部、腰部、攝護腺、膝和腳心等。每個部份按摩一百次，約一分半至兩分鐘，總共約廿五分鐘至卅分鐘，一個人為自己健康，花半小時，並不算多。」

「是不是無論按摩那部份之前，都先把雙手手心搓熱，方可生效？」我又問。

「當然。」

「整個做完，還做什麼？」

「擦肥皂，洗乾淨全身。」

「這種按摩法，是不是古時候就有呢？」我好奇問。

「我沒有考證過，猜測約二千年前已有，可能出於道家，因為我看到一部道家的『長生術』，與此大同小異。」

「回國十六年來，我一直用內八段錦方法來保健，近五年來，我自己把淋浴與按摩法，合併起來，感到效果更好，值得推廣。」

「您的視力良好，是不是靠了按摩之功？」

「我每天早晨淋浴，把眼睛閉起來，用熱水沖眼皮，並用手心輕揉眼皮一百次(約一分半鐘)。利用水的溫熱力量，使眼部附近的血液循環通暢，使眼皮不至下垂，眼力不至退化，肌肉保持平衡。然後順序以拇指分別旋轉揉動兩側太陽穴。」

「有什麼作用？」我問。

「太陽穴附近毛細管似乎很多，揉動此處，有通筋活血的作用，並防止頭痛、眼花，但必須持之以恆。」立公一再強調要有恆心才行。

「耳朵如何按摩？」我笑著問。

立公把雙手掌搓熱後蓋著耳朵，然後又打開，繼續一開一合下去示範給我看。

「這是什麼意思呢？」我問：「難道耳朵也要動嗎？」

「當然，兩耳內有前庭等神經構造，通到大腦。運用兩手一開一關，可使兩耳鼓膜震盪，有加強聽覺、預防耳疾作用。」立公說完，又順手再揪兩眼中間鼻樑一上一下百次，他說這個動作可防止傷風，同時使眼珠細孔通達，眼水滋潤，又可預防眼力退化，「我早起常常可以不戴眼鏡看報紙。」

「你的腰幹很直，是不是與按摩有關？」

「對，這也是在淋浴時同時做的運動，雙手搓揉後腰（腰眼）百次。另一個動作是雙手向前伸直，慢慢下蹲，像騎馬姿勢，起身前再雙手搓揉小腿肌肉，接著循大腿向上揉後腰兩下，我每天做此動作十五次至二十次可以加強腎臟機能的作用。」

他接著又講胸部和腹部按摩：

「腸管的蠕動方向是由上向下的，腹部的按摩方向，是用左手由右下方開始向上旋轉起，同時以右手撫摩左胸，但依反方向轉動，然後交換兩手，再做同樣動作，如此有助消化，且對肺部肝部都有好處，不必太用力。」

還有一項重要的按摩，就是腳心和膝蓋的同時搓揉，有助血液循環。

「腳心和膝蓋每回同時按摩多少次？」

「亦是一百次。」

「洗澡之後搓腳心，效果更大，可以達到舒肝明目的作用。這亦合乎使足部宜熱的道理，可使血液循環通暢，這是生理的，至於心理的，人應頭腦冷靜；腳要常常跑動，才熱，譬如說平日常常走訪長輩、師友，一旦有事，可請人幫助，不要平時偷懶從不跑動，到了要求人幫助時才去，就令人討厭了。」

「先生是否亦常走路作運動？」

「每日早起走四百至五百步。」

講到養心方面，立公一語道破：

「清心寡欲，少發脾氣，知足常樂，無求常安。」

他說：「發脾氣是最損身體的，一個人發脾氣不外兩個原因，一是希望得到的未得到，一是用人時，對對方要求太高，但對方未能做到。於是他發脾氣。

我對任何事物於已無所求，惟對於職務上的要求我自己是儘最大的努力，然後求諸於人，我依人家的能力而授諸事，不奢求，人家亦會自愛而盡責，我做完了就不去想它，至於有沒有成效，讓人家批評，我不求人知，不知亦不必放之於心。所以，我睡覺，不超過五分鐘，一定安然入睡。」

他開玩笑說：

「連我太太都妒嫉我，這麼快就睡著了；有時我一個午睡睡醒，她還沒闔眼，也許她在想明晚請客的菜單。但是，我不管，天大的事，睡了起來再想。」

「做到這步，可真是不容易，有何秘訣？」我說。

「修養！人的煩惱，都是自找的，要拿得起，放得下，一個人不要太嚴肅，有時可以幽默一下，說個笑話，都是有助於養心的。」

立公的修養，非一朝一日之功，而是日積月累所歷練出來的。極少人看到他發過脾氣，他的部下都這樣說，他說了個故事：

「某次一位神經病者跑來家中找我，嘮嘮叨叨地，大發牢騷，我太太說，敷衍他一下，打發他走算了，但是我還是耐心聽他講，我覺得他可憐，沒有人理會他，我不必要跟他計較，他很寂寞，一個人心要放寬，要信任別人，尤其對你的部下，不要存懷疑之心，這樣可以保持心靜而無痛苦，我們要以待人之道理對人，這就是『仁』，常存『推己及人』，這就是『恕』，能實踐『己所不欲，勿施於人』的道理，就會過得心安理得，我覺得忠、恕兩字就是做人的基本原則。能恕就會得到寬大爲懷的效果，而不會斤斤計較了，看到人家好，不要嫉妒，看到人家不好，也不要瞧不起，而要導之以善，這就是『忠』。」

「常看到有些人做官時好神氣，官架十足，一旦官沒有了，或棄了官，則滿臉不痛快，其實，這都是患想不開的毛病，很無聊！」

「做官，是公僕，只是有替大家服務的機會，有什麼了不起呢？無官做，不正好一身輕，可做自己的事情，不是更好嗎？如此一想，就不會把得失看得太重，心也自然寬了。要知道，有官做，是有機會爲人民服務，無官做，也不必勉強，同時要公；私分明，才會減少煩惱，我用人總不歡喜用自己的親戚，這才不會給自己找麻煩，多年來，國人中不免有公、私不分，而使社會的改革與進步，受到嚴重的影響。」立公感慨地說。

提到「快樂」、「興趣」，都是有助於身心的健康。

立公說快樂是靠自己去追求的，譬如助人也是快樂的事，你對別人好，別人也對你好，你就得到快樂。不要孤立自己，要去接近別人；三人行必有我師，從別人的談話中，也可得到一些啓示，或是己所不知。

至於興趣，也是要培養的。

講到此，立公想起一個故事：

多少年前他曾替某人介紹工作，但某人他總是不滿意，無興趣，介紹了好幾次工作，都做不久就辭去。

後來，他又要來信請託了，立公回了封信給他說：

「興字的本意是向上，趣字的本意向前進取，你老兄既不向上又不向前進取，如何會有興趣把事情做得好呢？」

立公是位肯學習、肯用功的長者，他說他如果一人賦閒在家時，他就在書架上隨便取本書下來翻翻，甚至有不懂的字，也會查查字典，而得到一種樂趣。

因爲立公是中國醫藥學院的董事長，所以常接到人們請求解答病患者有關醫療方面的問題的信件，他都不厭其煩的親筆回覆人家。

「您信中醫，還是西醫？」我好奇問。

「二者各有好處，有些病應找西醫，有些病應找中醫，要看情形，不過急性的病宜找西醫，慢性的病宜找中醫。」立公說。

「您每天早餐是些什麼？」我的話題轉到飲食方面。

「半杯葡萄汁，麥片加燕窩，另加個水煮蛋，不吃蛋黃。」

「您喝酒嗎？」

「年輕時，很會喝酒，有喝一瓶白蘭地的記錄。」立公自豪地說。

「真的？！」

「受我母親遺傳，我的父親終年在外經商，母親一人獨守時，睡覺前，常喝些酒。所以我也會喝，現在有糖尿病，已滴酒不沾了。」

同時立公終身有個信仰，就是不吃未經煮熟的食物、未經煮沸的水。他認爲癌症的起因，由於非肉眼所能看到的極微小的生物進入體內而殖民所造成的，這種生物是在幾萬倍的顯微鏡下，未必都可看到，當它進入人體時是無毒性的，所以不被排拒，但是他潛伏在體內吸收人體的營養之後，慢慢長大，自成王國終致反客爲主，將人弄死，如共產黨一樣滲透發展，終至奪取政權，可怕極了。」

原來立公對「癌的產生」有特別研究，他有一篇專門講「癌症成因的新構想」的論文，他說他的這種理論如果成立的話，西方人的飲食起居都要徹底改善。去年十一月在日本召開的國際醫學會議，他將此文發表。

講到少吃肉類時，我說會營養不夠，立公哈哈大笑說：

「牛吃草，但是牠的體力極強壯，不是個證明嗎？人的體內是工業社會，會製造出你所需要的種種營養品，和牛一樣。」

立公的起居是定時的，他每天五點至五點半起床，下午午睡一小時，晚上九點半入睡，睡眠保持每日八小時。

「早起的好處很多，一、清靜、無人打擾，可以做自己要做的事。（譬如淋浴按摩、走路等）二、頭腦清醒，有助寫作，平均我一天回答人家八至十封信，都是這個時候寫的。」

「冬天，我很少戴帽子。」立公說。

「什麼道理？」

「凡物熱則昇，冷則降，是自然的道理，頭部冷，則血液下降，足部熱，則血液上昇可助血液循環得更好些。」

講到此，立公又想到一個故事：

在美國有一個人活到一百二十歲，有位書商問這位人瑞的兒子有沒有他父親長壽的秘訣的書？

「有。」

「可不可以看一看？」

「不可以看，但可以賣稿，需要一萬美金代價。」

這位書商心想，此書一定暢銷，立即答應以一萬美金交易。

結果，打一看，只有兩句話：「Keep your head cold, keep your feet warm」

「這的確是有道理的，不是嗎?中國許多老先生，在睡覺前，都喜歡用熱水泡腳，就是使血液流暢，全身舒適。」他說。

這使我想到，天下的真理，無論中外古今，常有不謀合的，健康必須動靜咸宜、身心乃健。

八十二年二月 中華易學雜誌

陳雄飛大使的「六小」與「五樂」

走過外交生涯逾半世紀之久，譽有「神童大使」的當代人物陳雄飛先生，是外交尖兵。曾駐節法國、比利時、烏拉圭等國，一路走來，不曾懈怠，即使退休已二十年了，做事有板有眼、一絲不苟。大使八十大壽時，我曾就平日親炙見到的一些軼事，曾撰文「神童大使陳雄飛」一文，以示祝壽之忱。如今已是十年之隔，十年來，人世滄桑，老成凋謝，大使養生有術，今年已是九十二嵩壽的國寶級人物，在許多的畫展，或國家劇院，仍會看到他老人家的身影。此外，每逢假日或佳節，我也會趨訪大使，向他請安聆教。我和大使結緣於民國五十三年，我參加中華民國非洲文化訪問團時。那時，因爲非洲許多新興國家紛紛獨立，而許多總統曾和大使均爲留法同學，陳大使銜命常穿梭於非洲大陸，因爲那些國家，先後成爲聯合國會員。在聯合國中，爲維護「代表權」案，均有舉足輕重的地位。我文化訪問團亦風塵僕僕訪問了非洲十六個邦交國，已故影帝——郎雄即爲團員之一。團長爲芮正皋大使，副團長爲白萬祥先生，我們先後兩次訪問象牙海岸，其中一次，就躬逢陳大使飛抵象國，與我團會晤並予以精神訓示，要把中華文化播種到非洲土地上。

那已是三十八年前的往事了，一切恍如昨日。前年大使於九十華誕時，親友爲大使做壽，他曾自作詩一首抒懷：

「九十行年一轉晴，拓交奉命記微生。
立身守正惟仁恕，處世修緣盡義誠。
大地烽煙猶未熄，全民福祉待休爭。
且希兩岸開和局，薄海驕歡慶太平。」

隨後，我亦作詩獻壽：

「外交才子仰陳公，九十生涯一瞬中。
四海乘槎獲榮寵，悠悠歲月野鷗同。」

一向主張養身在動的陳大使，常說人的生活不要太古板，尤其年紀大的人，要能返老還童，保持赤子之心；要學學陸游：「花前自笑童心在，更伴群兒竹馬戲」，人活了就要動，活動、活動，想活就要動，所謂「石子滾動不生苔」。

大使在二十年前，剛卸下公職時，當時的立委吳延環先生曾贈以高雄壽山宮的「六笑」聯給大使，意謂人生苦短，逆來順受，無妨時常笑笑，可延年益壽。後來，造訪大使時，大使就出示了此「六笑」：

「一笑煩惱跑，二笑怨憎消，
三笑憾事了，四笑病魔逃，

五笑永不老，六笑樂逍遙，
笑口時常開，壽比老彭高。」

的確，笑，是快樂泉源，可以怯病消悶。

接著，大使又出示他所回應的「六小」，

「太好了，我要把它抄下來，以廣流傳」我說。

這「六小」正吻合大使的樂天知命，無欲則康的哲學：

「兜兜小圈子，吃吃小籠包，
寫寫小詩詞，看看小說書，
打打小麻將，抱抱小孫子」。

不過現在已無小孫子抱了，當時的小孫子如今都以長大成人，旅居國外了。

除了「六小」外，近來又提倡五樂哲學：「自得其樂，知足常樂，及時行樂，與眾同樂，行善最樂」。可以說是老人家的座右銘。

大使的晚年，可以說是獨處一室，只有忠心耿耿的管家秀香早晚服伺著，不過生活比起以前更是簡單了。向來講究美食的他，有時一套燒餅油條，亦甘之如飴，有陣子牙齒不太好，要秀香把菜打成泥，烹飪如法式濃湯，齒頰留香。

生活多采多姿的大使，閒暇時亦澆花草養鳥自娛，偶以繪畫消遣，於民國八十九年，曾榮獲「長青」畫獎，鮮為人知。

除了養身在動之外，大使亦奉行「養心在靜」的哲學，他說人生在世，如白駒過隙，稍縱即逝，爭虛名不如謀康健，難怪去年年底向老人家辭歲時，曾表示歲月如流，不知不覺又糊里糊塗過了一年。大使卻以幽默口氣說：「在景氣低迷中，糊里糊塗過下去也好」。

「這叫比上不足，比下有餘！」我說。

詎料大使卻自我解嘲說：

「比上不足，比下大大有餘哩！」。

真是的，去年他老人家告老還鄉回上海時，在侄輩的熱忱歡迎下，被簇擁著，推著輪椅，穿梭大街小巷，好不威風。人生夫復何求？但願兩岸統和共凱歌！

九十二年　外交通訊

揮揮手，不帶走一片雲彩

——紀念馬鶴凌伯伯

甲申七七北京行吟

馬鶴凌

新紀四年七七，陪同第九屆世界華人和平建設大會海外代表，晉京建議：「化獨漸統，全面振興中國，睦強扶弱，一起邁向大同」。備承禮遇肯定，綴此分陳四大洲僑領共賞。

四海龍傳會玉京，瓊樓慷慨說開平，推恩化獨謀融合，事小弘仁息霸爭，

十載奔號終叩闕，全僑蹈厲自成城，神州放眼驚非夢，快意浮生是此行。

（刊於廣州詩詞報　二〇〇四年九月）

上述這首詩，可以說是馬伯伯的絕響，作於去年七七北京行，同時也成了臨終的遺言。揮揮手，馬伯伯不帶走一片雲，悄悄地離開了這個紛紛擾擾的人世。他生前忠黨愛國，臨終坦然微笑而去，美好的仗已經打過，雖然遺體化成灰燼，卻典範永垂。

十一月五日當電視上出現馬市長英九尊翁馬鶴凌伯伯家祭的畫面，馬以南用湖南鄉音讀祭文時，句句真摯感人，不禁熱淚盈眶，但是看到馬伯伯微笑的遺像，又不得不以微笑代替眼淚，因爲老人家知道兒子將繼承他的遺志，帶領國民黨，戰勝邪惡，振興中華民族，邁向世界大同。

由於家母和馬伯母秦厚修阿姨係湖南名校周南女中的同學，每年五月一日，由旅台校友會會長秦阿姨，召集校友聚餐，五十多年未曾間斷。

期間，我偶隨母親前往參加，認識了許多阿姨、伯伯，後來結婚生子忙教書，便很少參加，母親也旅居美國，前年母親不幸在紐約去世。

去年我應邀至周南校友會前往報告母親在紐約舉行安息彌撒情況，並分送我所撰記念文。席間，有幸和馬伯伯用湖南話交談、請益，深覺老人家的言詞懇切真摯、和藹可親，雖爲市長之尊翁，但無半點架子，性格爽朗幽默，是位令人敬

2006 年 5 月 1 日作者代表已故母親廖達德，參加湖南周南女中校友會時與馬英九母親秦厚修合影。

仰的長者。當時，並向老人家索取墨寶，老人家慨允說七月要到北京，開世界華人和平會，回來一定給我寫，後來在八月下旬果然獲得墨寶，內容即前揭廣州詩詞所刊登「四海龍傳會玉京」詩句，令人如獲至寶，詩中充分流露一位愛國主義者的心聲，他那「言所當言，爲所當爲」的道德勇氣更加令人敬佩。

十月份曾接到第十屆世界華人和平建設大會邀請函，以爲十一月十二日在台北由馬伯伯所主持的會上，會再度親聆教誨，詎料大會主席馬伯伯不幸於十一月一日與世長辭，哲人其萎，曷勝哀悼，他那爲國家富強和民族的振興以及文化的傳承上所做的努力，將永爲人們所敬仰和懷念。

作者贈書予秦阿姨厚修

願我國人繼承先賢之理念，共同爲世界華人和平建設而努力。

九十五年十二月 展望雜誌

隨筆

三有和三去

德國長壽哲學家康德認爲「一個生活毫無規律的人，絕不能獲得健康的體魄和充沛的精力」，咱們老祖先也告訴我們，生活雜亂、飲食無節的人，絕不可能有良好的健康。以喝酒來說，喜慶歡樂、逢年過節、親朋相聚、借酒助興，適當地點喝酒，不但可舒筋活血，也可增加氣氛，但是如果乾杯狂飲，喝得酩酊大醉，則弄得身體受損，樂極生悲，違背養身之道。

黃帝內經一書就指出一個人應該做到三有：「飲食有節、起居有常、勞作有序」，如是方能做到形與神俱而盡其天年。

健康就是財富，人到中年，正是事業有成之時，亦正是身體由盛轉衰之時期，某些老化的症狀開始顯露，特別要注重身體的保健，所謂「養身在動、養心在靜」。

至於三去，就是老子道德經所說：「去甚、去奢、去泰」，意思是說去掉極端的、過份的、奢侈的慾望，也就是「無欲則康」的養心之道。一個人如果少存私念，心純質樸，就沒有非份之想，知足常樂，無求則安，方可延年益壽。

總之：「三有」和「三去」，即古人保健之道也。

八十五年五月十三日　榮光周刊

不怕死，只怕事不成

——我的二叔陳英士先生（陳立夫口述　鄭向恆筆錄）

最近中副長河版刊登了「陳英士的童年」後，很多人問我對於英士先生的印象。

二叔英士先生和我相差二十三歲。少年時期在當舖做過小伙計。但他不滿意這項工作，二十歲時以經商爲名，到上海求發展。民國前七年，曾邀集同志創立「學社」，以研究科學爲名，暗中結交革命志士，奠定了革命的基礎。

二叔在這時期，經常往來各地，運動革命，但常憾己學力不足，缺乏新知識，希望出外留學，由於日本爲中國革命黨員總部，因此，在三叔藹士的贊助下，民前六年夏天，東渡日本留學警監學校及陸軍學校。由於二叔講信用，重義氣，校內外才智之士，都喜歡和他交往，後來結識孫中山先生并加入同盟會，不久蔣公介石到日本軍校留學，二人一見如故，由二叔荐引見中山先生。

二叔留日兩年後，返國繼續追隨中山先生奔走革命；二叔常對同志說：「機會，不能從期待中得來，應該從創造而來，即使我們本身不能成功，亦得造成一股大潮流，把中國引上進化之路。」二叔年輕的時候，常鼓吹學習西洋科技，反對固步自封，他常對人說：「我之所以服從中山先生，由於他對中國的建設計劃，有著堅毅不拔的精神。」我學習採鑛工程，亦是經過他的同意而進行的。

民前一年響應武昌起義，宣告上海獨立，是二叔畢生最大貢獻。當時他單槍匹馬，赤手空拳衝到江南製造局〈清軍械廠〉的第一道門口，大聲疾呼駐軍起義，打倒滿清，守衛的漢人只得把門打開讓他進去，進到第二道門口亦然，第三道門又發表演說，最後被反對革命的駐軍逮捕。大家都知道這是一項自置死地的冒險舉動，但二叔勇毅果敢地做了，當時製造局的頭兒打聽二叔這個人敢做敢爲，深得民心，不敢妄加殺害，下令用鐵索把他鎖在椅子上，準備等到天亮再說，結果在外面的革命志士知道領袖被逮，命在旦夕，早已層層圍住製造局，其中有許多立即翻牆而入，把二叔救出來，取得不少槍炮，遂即佔領製造局，到天亮時，守軍投降，上海全部光復。

上海光復後，二叔被推爲滬軍都督，隨即聯絡海軍，使其宣佈脫離滿清政府，贊助革命，同時收復郵電機關。并令蔣公介石派選敢死隊到杭州，不久浙江光復，長江以南各省相繼響應，江南大勢遂定。

民國元年元旦，中山先生就任臨時大總統於南京，北方軍事實力掌握在袁世凱手中。

二叔生性不怕死，平時外出，沒有隨從保鏢。所謂：「丈夫不怕死，怕死非丈夫」，上海幫會的人，沒有不佩服他的。只要他說一句話，大家都競相幫他。他也是拳術館〈精武門前身〉的創辦者，挑選同志中志向堅定，體格強健的人約五十人，學習拳術，以六個月畢業，再由畢業的五十人到各處組織同性質的學校，以此繁衍，可以練成數十萬，以至百餘萬體力強健並有軍事學識的青年，「拳術館」遂成為訓練革命幹部的機構之一。

當時的革命志士都很清苦，印象中，一件長衫，由大家輪流共穿。不過，革命志士中，也有些有錢的人，如張靜江、孫淡如等，如果沒有他們的支持，也不可能有革命的成功。

二叔後來參加二次革命，討伐稱帝的袁世凱，袁氏知二叔是個極精明能幹的人，特地請他做工商部長。二叔與袁氏相晤後，知其為人狡詐，野心甚大，終必背叛民國，沒有答應，當時袁氏對二叔說：「你很聰明，很能幹。」二叔反駁：「你知道我聰明、能幹，可見你也是很聰明、能幹。」

袁氏稱帝之前，心目中認為二叔是革命黨中最勇敢的，設法勸其出國考察，并以五十萬元作為旅費。但二叔不予接受，袁氏大怒，謂將以同額鉅款買刺客殺害二叔。當時黨中財務十分困難，二叔竟願以身殉，使本黨得此鉅款，以從事反袁工作。當時的革命志士，對二叔為黨國捐軀的烈志，無不感激流淚，但是最後還是接受大家的勸阻。

後來袁氏為了順利稱帝，不擇手段消滅異己，對於敢作敢為，不為威力所屈的二叔尤視同大敵。袁氏知道二叔正為革命黨籌款，故意設下陷阱，引誘二叔向鴻豐煤礦公司貸款。民國五年五月十八日下午，煤礦公司的辦事員，前往上海法租界薩坡塞路十四號二叔寓所簽約時，詎料，袁氏早已僱了兩名刺客，衝進屋內，對著二叔腦部開槍，當場氣絕，享年四十歲。

二叔遇難後，中山先生聞訊趕到，撫屍痛哭不已。蔣公則將遺體移至其家辦理喪事；在他身上找到二叔親撰之自輓聯：「扶顛持危，事業爭光日月；成仁取義，俯仰無愧人天。」這正是二叔不怕死的寫照。此聯後來亦鐫刻在湖州墓地之石柱上。墓道入口處，則鐫有「成仁取義」四個大字，是中山先生所親題。

二叔協助中山先生成立中華革命黨後，即為中山先生之左右手，惟自知本有隨時為黨國犧牲之可能，故特推薦蔣公做他的接班人。二叔贈蔣公的集句聯：「安危他日終須仗，甘苦來時要共嘗。」是請中山先生親筆書寫的此可見。

我雖無二叔這樣的機會，但是我跟隨蔣公在最前線作戰時，自覺也很勇敢。文人在槍林彈雨中，沒有什麼好害怕的！在濟南被日軍包圍中我領導機要科同仁，將所有電報拍出，最後才把電台搶出城。在敵人機關槍掃射之下，離開濟南地，深受蔣公之讚許，這亦是與庭訓有關的啊！

七十八年五月二十七日　中央日報

文言文　老外也欣賞

前不久，中央日報和孔孟學會聯合主辦了一項「孔孟思想與現代人生系列」座談會，一致認爲多讀古典文學，可以提高學生閱讀與寫作能力，重要的是落實孔孟思想，深入民間，啓迪固有文化意識，培養倫理道德觀念，賦予現代生活新意義，使我回憶一九八八年，本人在韓國任客座教授時的情形。發現韓國學生對文言文比白話文有興趣。韓國人很重視儒家思想，他們也背誦論語、孟子，可了解儒家思想，也產生見賢思齊的效果。譬如「四海之內皆兄弟」、「老吾老以及人之老，幼吾幼以及人之幼」、「歲寒然後知松柏之後凋也」、「老有所終，壯有所用」，文句辭藻都非常精確，含意深厚。

中秋節，在韓國是很重要的節日，不但賞月，還要掃墓、祭拜祖先，因此高速公路交通特別擁擠。學生就會脫口而出：「每逢佳節倍思親」。其他如通俗小說中的「古今多少事，都付笑談中。」「色即是空，空即是色」等用字，都耐人尋味，又富哲理。同時也發現韓語有些發音如：釜山驛（車站）的「驛」，「所謂伊人」的「伊」，和閩南語發音相同，都保存了古音，更加深學文言文的興趣。

三十年前，本人有幸前往法國做研究，也驚訝發現法國的漢學家學中文，也是從文言文開始，他們都可以背誦「有朋自遠方來，不亦悅乎」、「春眠不覺曉，處處聞啼鳥」，甚至老子中的「道可道，非常道」之類的美文。他們覺得讀古文較有趣味，就如同歐美小學生讀莎士比亞一般。一國必有一國健全且具特色的國語。法國人、西班牙人及英國人均以他們的「國語」自豪。我國也有幾千年的文化，有著豐富的文學語言的遺產，取之不盡，用之不竭，如同詩人余光中所說「不識廬山真面目」已變成民族語言之一部分，其他如「一日不見，如隔三秋」、「可遇而不可求」、「一見鍾情」、「但願人長久，千里共嬋娟」…真是不勝枚舉。早期讀外文系如：梁實秋、林語堂等，不但外文好，中文底子也好，方可達到「學貫中西」的境地，才可以有資格編字典。但是後來的人讀外文系，越來越只注重外文，而在中文方面的工夫下的越來越少，難怪發生曾經有外文系留學生在美國讀圖書館學，拿到學位後在某個美國圖書館中的東亞圖書館工作，居然把「石頭記」（後稱紅樓夢），編到地質學的笑話。

現在二十一世紀，中國大陸崛起，驚訝地發現世界正興起一股中文熱潮。為了瞭解中國人、中國事、中國語言、文化……美國目前已有二千四百個高中，擬繼法文、英文 AP（Advanced Placement）大學先修課，由於師資的缺乏，延到二〇〇七年才能實施。美國是個功利主義的國家，學中文，當然是看中了大陸廣大的消費市場，知己知彼，除了一般會話，還要深入瞭解中國歷史文化、民情風俗，屆時，中文補習班將如雨後春筍般崛起。

既然老外都在學中文，中國人的子弟更應不能落人後。我的小表妹，她的子女都是生在美國，讀的都是與美國有關的課程，但週末仍請了大陸來美的人士當家教，在家中惡補中文，四、五位同學一起上課，學費由各家分攤，家教老師不但教會話，也教唐詩、論語等文言文，真是十年風水輪流轉。

二十一世紀，將是中國人的，爲了確保我們傳統的語文寶藏，國語文的教育實在無理由不予加強。提昇國語文的程度，真是刻不容緩的事！。

刊登於中央日報「中央副刊」
民國九十四年六月二十一日

他是青年的導師

當大華晚報副刊主編吳娟瑜女士，電邀我寫一篇有關經國先生和青年的文章時。這首救國團團歌「時代在考驗著我們，我們要創造時代」又依稀可聞。

找出一本塵封多年的相簿及剪報，當一幀泛黃的照片，呈現眼前時，彷彿已墜入時光隧道——這是遠在民國五十年年底，一項「全國青年代表會議」中，部份優秀青年和經國先生〈當時爲救國團主任〉的合照。照片的年輕人，如今均已步入中年，工作在各行各業，成爲社會中堅。而我們所追隨的領袖人物，却抱著「大慈大悲，救苦救難」的犧牲精神，離開了我們，怎不令人悲痛？但是我們又不得不拭乾淚水，勇敢地站起來，做一個有用的人。

「人生在世，要做一個有用的人，一個有用的人，是要替別人做事，對別人有貢獻……」這是經國先生在那次「青年代表會議」上勗勉青年的話，雖然距今已二十七個年頭，鏗鏘有力的聲音，仍縈迴耳際。

回憶民國五十年十二月二十五日，爲了紀念開國五十年民族復興節〈今改行憲紀念日〉的光輝日子，由中國青年反共救國團舉辦了一次劃時代的「全國青年代表會議」。青年反共救國團，是民國四十一年十月卅一日響應先總統 蔣公反共救國的號召而成立的；目標是「團結愛國青年，完成中興大業」。救國團即朝此方向努力；如反共愛國觀念的培養、學術風氣的提昇、軍訓教育制度的確立、青年育樂活動的開展、青年福利和服務工作的促進、海外青年和國際青年的聯繫、和對大陸青年反共革命行動的支援等，如今均有其顯著的成就。

那次的「青年代表會議」就是救國團成立九週年以來，應全國青年要求而召開的。尤其在十二月二十五日民族復興節揭幕，特別具有深厚的意義。

來自各縣市、各學校、各社團以及邊疆、海外和前線的二百多位青年代表，在先總統 蔣公「革新，動員，戰鬥」的號召下，齊集在復興基地的「陽明山莊」，舉行一連三天的會議，謀求團結救國的行動方案，正是象徵著中國青年又一次的大結合。

三天會期中，我們恭聆了先總統 蔣公的訓示，接受了先進們的指導。亦曾熱烈討論過如何貢獻青年力量，完成復國建國的大業。

救國團主任經國先生在主持會議致詞時說：在民國五十年的民族復興節，中華兒女聚集在陽明山，來商討復國的中興大業，實具有非常遠大的意義。過去，我們中華民族不知道受多少挫折，而仍能屹立於世界，所憑藉的就幾千年來不屈不撓的精神。他並語重心長的告訴與會代表，今天台灣已成爲民族復興的基地；千千萬萬的海內外中華兒女及大陸同胞，無不把復國的希望，寄託在台灣。我們應當怎樣去做，如何去做，才能提早完成復國的任務，是值得我們研究的。

三天的會議中，經國先生輪流和青年們同桌共餐，對與會代表們的生活情形、學業、進修等，垂詢甚詳。他和煦的笑容、親切的談話，令人如沐春風，永生難忘。他常勉勵青年要有努力不懈、奮鬥自強、前仆後繼的精神，他說做任何事要「遠、大、高、深」。

經國先生說：現代的青年，應該接受時代的考驗，時代越動亂越艱難，越是青年人發揮智力、成功立業的時候。他說時代在演變中，青年人應該認識當前的時代，培養現代政治觀念，時時刻刻注意世界產生的新問題。

他又說，改造社會是今日青年的責任，他希望青年們以實際的行動，轉移社會上不良的風氣。

對於青年們所關切的就業問題，經國先生提示說：「救國團計劃發動青年力量，來開發台灣的原始資源和海埔新生地；這是目前國家社會迫切需要的，只要我們有決心，此一計劃不久就會

右一為作者

實現。」

他的講話，充滿熱情與誠摯，數度為青年們熱烈的掌聲所打斷。

記得當時有九位來自大陸的反共青年與會，經國先生均一一予以接見。對於他們不顧艱難地回國參加此項會議，感到振奮。

他鼓勵青年們要多讀書多深造，他說：「學問比財富重要。」他勉勵青年人要把握學習機會。以豐富的學識所產生的力量，來貢獻給國家民族，完成時代所賦予我們的偉大任務。

他一再強調國家需要「有抱負、能負責、肯擔當」的青年。

最後閉幕晚會時，他向全體大會青年代表們道賀，認為這次會議中，氣氛融洽愉快，代表們發言踴躍，一切顯示了中國青年特有的朝氣和民主自由的精神。

最後他以梅花的耐寒精神為例，勉勵青年們要面對時代，要經得起時代的考驗，要為國家民族創造永恆的未來。

經國先生如今已仙逝，但是活著的千千萬萬中華兒女們，將銜淚接棒，前仆後繼，勇往直前，總有一天完成復國建國的神聖使命。希望不久的將來，再一次劃時代的「全國青年代表會議」能在南京、北平、重慶、成都召開。以完成經國先生一生奮鬥、奉獻犧牲的宏願！

七十七年一月三十日　大華晚報

外交與文化

近年來，時局動盪，加之中共在國際間不斷孤立我們；為了拓展我國在國際的生存空間，政府不遺餘力在加強經貿實力，作為外交後盾；殊不知一個國家最偉大的地方，就是「文化」，一個民族、一個國家、一個政府之所以能夠存在，我想，「文化」，是最重要的因素。今天，我們在外交上受到的「挫折」，並不可怕，要緊的是檢討國際局勢，看看我們手裡還有些什麼牌。日本人和我們都是黃種人，但是人家是亞洲第一強國，他們在工業高度發展之外，最要緊的是使文化與之平衡。我們沒有理由嫉妒日本，應該把日本當作借鏡。

別忘了，我們有五千年的歷史文化，可以救中國，可以作為未來世界文化的中流砥柱，如果把它弘揚出去，必可提昇我國國際地位。

國際知名歷史權威學者湯恩比，曾說過：

「從歷史演變結果，將來世界文化，慢慢的發展到最後，它們的文化在交流、衝擊、碰頭、接觸。其後最能適應而最有力量的能存在，其他的都要遭到淘汰的命運，所謂淘汰即是好的被吸收而自身只留下渣滓。」

湯恩比認爲：「未來世界上僅有兩種文化可以存在；在東方就是中華文化。」這就說明，將來世界和平，可能要在中國文化裏去找尋。相信，在中國數千年文化中，定能可以維持，同時促進世界和平的因素在內。

一九八八年，世界各國諾貝爾獎金得主，集合于法國巴黎，曾發布一共同宣言，其中有云「人類要在二十一世紀生存下去，必須要回到二千五百三十餘年前孔子那裡去尋找智慧。」

又有人預言「二十一世紀是中國人的世紀」。同爲對我們有著極大鼓勵。祇要我們中國人不要自餒，努力來宏揚中華文化的原理，一定是成功的。

中華文化是：「公」以顯道，「誠」以律已。「仁」以待人，「中」以處事，「行」以成物五項原則所衍生的四維八德是中華文化的主流。這種「互助互愛」、「共生共存」、「克勤克儉」、「重人兼重德」……的精神，正是我中華文化特色。

如果我們把這些特色，落實到現實生活中，人人能身體力行，則不獨促使國家團結富強，發揚到世界，更可促成人類幸福，世界和平，達到提昇我國國際地位。

由於近年來，時局動盪，工商發達，社會形態變遷，道德沉淪，暴戾橫行；海內外有識之士，均大聲疾呼，發揚中華文化，唯有以「和諧」的中華文化，可以消除「暴戾」；惟有以「仁愛」爲基礎的儒家思想，可以讓我們發揮團結的力量。但這不是口號，我們必須努力想辦法表出來，落實到我們生活之中。具體的做法有以下三點：

一、在吸收歐美科技長處外，我們堅持做到自己文化的優點；即前面所提，把自己文化落實在現代生活中，譬如我國派往非洲的農耕隊，他們那種吃苦耐勞的精神，是受到肯定的。韓國經濟發展比我國起步慢，但是他們憑著硬幹苦幹的精神，大有後來居上之勢。以大宇集團來說，預期今年一九九〇年，將擁有一千名曾出國深造的科技方面的博士來發展，研究他的技術，以達到經濟大國的目標，期成爲亞洲的第一。

但是在固有文化方面，仍然承襲我們儒家思想；所謂「互信互助」，在韓國社會隨時可見。在公車上，常看到有座的人，代拿站立的人手上攜帶的東西。以八八奧運會來說，在全國上下通力合作下，所興建的「綜合體育場」，可以說大部份是民間的投資，他們的信念是：「國家困難時，就團結在國家目標之下」，在他們的電梯內，或公司行號內，經常看到一些孔子、孟子的語錄如：「愼終思遠」、「思無邪」、「凡事豫則立」、「四海之內皆兄弟」等等。可見，他們把儒家精神融合在日常生活之中。

二、速成立「資訊中心」、「翻譯中心」，促進文化交流，並訓練以及培植精通各種語言的人才，把我國優美的文化，宣傳出去，這方面可以鼓勵民間企業家投資，配合政府推動，「有錢出錢」，「有力出力」。近年來，無論在戲曲、舞蹈、繪畫藝術方面的推動，政府或民間都做了不少，但是在我國文學作品的翻譯方面，簡直是鳳毛麟角。

今後應把具有民族風格的文學作品，大量翻譯，介紹出去，甚至可聘請外國高手來台長駐，和國內的學者共同完成翻譯工作，「文化」不只是狹義地在舞台上唱唱跳跳而已，應有長程的計劃。

就以「諾貝爾獎」的爭取，我們應抱著「鍥而不捨」的精神才對！

這方面韓國做得比我們積極；韓國的「文藝振興院」，早在十多年前，就把韓國的文學作品，譯成英、法、德文，介紹到國際文壇，反觀我國，迄今仍無「文學翻譯中心」的機構，令人感到遺憾！

三、利用大眾傳播媒體，介紹中華文化，這方面日本，韓國，亦可借鏡，以八八年在韓國舉行的奧運會來說，不惜巨資提昇他們在國際中的形象；一首名為手牽手（hand in hand）的奧運主題曲，由韓國的四人合唱團所唱，可以說傳播了世界每個角落。其實這首意味著「世界大同」的曲子，是以重金聘請義大利名作曲家喬吉歐·莫洛德所作，經過精心設計充分運用「自己的本質，外來的包裝」，達到宣傳效果。從韓國在奧運上開幕時的節目來看，不外傳承與創新，有現代的活力，也有民族特色。大大提昇了他們在國際上的形象。

大陸正在籌拍「孔子傳」，我們不得不注意其在文化宣傳上的策略。其實，我國的僑委會、文建會，近年來，也製作不少有關文化的錄音帶、錄影帶，應配合駐外單位或圖書公司大力推廣或出售，但是，一定要注意「品質」或包裝。文化是高價值的文化產品，「包裝」，尤其是工商社會中一門大學問，要有創意，方可立足於世界。

總之，我們在加強經貿的實力外，應該積極提昇並弘揚我們的文化，使我們的國家和文化，同時站在國際舞台上。

有施就有愛

早上出門時，在社區遇到正在勤於掃地的清潔工阿芳。她看到我，特別抬頭向我道聲早安。感動之餘，我情不自禁把隨身包的蛋黃酥拿了出來請她吃：她堆滿笑臉的說：「不好意思啦，是不是你捨不得吃，才給我？」

一時，我還真不知如何回答，只好自圓其說地說：「不是，是我要減肥，所以才請你幫忙吃……」果然，她欣然的接了下來，連連道謝。

阿芳，正如其名，人生充滿芬芳。她真不失赤子之心，居然揣摩出是我省了給她的。這樣善良又有愛心的人，難怪掃地掃的如此勤快。所有服務業如果都像她這樣可親可愛，這個社會一定很和諧。

轉到便利商店，我仍然爲自己買了個茶葉蛋、一罐鮮奶，作爲早餐。這天，我過得好快樂，原來做好事，一點不難。

愛，是出自天性，也出自緣分，並無尊卑之分。充滿人性光輝的愛，在日常生活中是隨時可以主動追求的。愛人者人恆愛之，也使我想到美國思想、文學家愛默生說過：「沒有豐富的心靈，擁有財富也是醜陋的赤貧！」

九十一年五月五日　華副

至誠包容　團結互信

本人爲響應政府加強兩岸文化交流，從一九九〇年迄今，曾先後應邀出席在大陸舉行有關文學、文化會議達十餘次之多，所接觸者多屬知識分子、文化人只談文化，咸認爲近年來，世局動盪，暴力充斥。社會型態改變，功利主義瀰漫，道德沉淪。針對時弊，惟有以中國傳統的儒家思想，方可救中國、救人類。兩岸同胞，以至海內外的炎黃子孫，均應共同發揚「仁愛」、「互助」的優良傳統文化。惟有「和諧」的中華思想，是維繫中國社會井然有序，屹立於世界的不二法門。

兩岸的領導人，應有遠大的胸襟，集思廣益，將「傳統與現代」融合銜接，古爲今用，吸取西方科技經驗，定可啓迪建設爲一個「敬老慈功」、「互愛互信」、「求同容異」、「和平共存」、禮義之邦的「文化中國」，中共應盡早放棄馬克斯愚，與所有民主、自由的中華兒女，攜手參與國際、認識世界、隨著世界向前邁進。

物質文明首精神文明，是相輔相成的，文化需要經濟做後盾，但是一味發展經濟，忽略文化道德建設，則亡國的。可預見的未來，「中庸」之道才是中國人生存之道。

孔子思想已成爲所有中國人共同的精神財富，沒有了孔子的思想，就沒有了一切。由堯、舜、禹、湯、文、武、周公、孔子以至於 國父孫中山一貫的文化道統 仁、義、禮、智、信，才是中國人所共同企求的文化，中華文化是使兩岸同胞結合在一起最高明的法子，

「民之所好好之，民之所惡惡之」，所有炎黃子孫沒有不願意中國強盛起來，富裕起來。台灣有資金、有人才、有經驗，大陸有人力、有資源，如果兩岸互補有無，共同發展中國人的文化事業，改進的生活品質，爲中國人的尊嚴而奮鬥，則二十一世紀的文化是屬於中國的。

正如陳立夫先生所言：「中國人文化相同，雙方如果以至誠共信爲原則，團結一致，總有一天走上統一之路的。」

一九八八年世界各國諾貝爾獎得主，集合於法國巴黎，曾發表一項共同宣言，其中有云「人類要在二十一世紀求生存必須回到二千五百四十餘年前孔夫子那裡去尋找智慧。」

孔子「己所不欲，勿施於人」的人道主義，可以化干戈爲玉帛，使人類遠離戰爭、敵爭、仇視、邁向和平共榮。

八十五年四月二十二日 中央日報

忍一時風平浪靜　退一步海闊天空

前兩天在一次畫展的酒會上，偶遇文友玉姐，令人驚訝的是：一向樂觀進取，笑容滿面的她，突然變得消沉起來了，她兩眼無神，烏髮斑白，形容憔悴，彷彿變了另外一個人。追問之下，方知她最近在商場上摔了個大跤，受到了重挫。她茶不思，飯不想已好些天了，每天只望著天花板，腦中一片空白，稿債高築。提起筆，有如千斤重，文思全無……。

啊！好可憐的玉姐，酒會結速後，我請她在附近的咖啡屋喝咖啡，我勸她：「何必把事情看得這麼嚴重呢！把自已想成是這世界上最渺小的沙子，就什麼也不計較了，快把心收回來，寫文章吧？所謂「文章千古事，富貴一陣風」。心情不愉快時，寫文章，就會忘掉一切，不要亂了方寸，壞了身子。」

「唉！世風日下，人心不古，這個社會實在太可怕了，太險惡了，好像處處有陷阱，稍一不慎，就落了下去。我仰不愧天，府不愧地，努力工作，居然還遭人計算，太令人心寒了。過去廿年的黃金歲月都白努力了。到頭來，一切付之東流水，我的心情，可以說已到了谷底，志氣也消磨殆盡」。玉姐帶著顫抖、嘶啞的聲音說。

我很理解玉姐此時此刻的心情，何況對一個有理想、有抱負的人？他內心的不平是正常的反應，我啜一口咖啡繼續勸她：

「忍一時風平浪靜，退一步海闊天空，大不了放棄事業，專門寫作好了，文窮而後工，孰得孰失，很難說的，所謂『年壽有時而盡，榮辱止乎其身。』快把心收起來吧，好好筆耕開朗的心境，不愉快的事，必將隨之煙消雲散」。

我常想，在這社會上，每個人在做事之前，都替對方著想，這必是個祥和的社會。

我完全瞭解她的心情，因爲我在人生的過程中，也曾在荊棘中穿行過，在這世界上，「可爭」、「可求」的事固然很多，但是「可歎」、「可惜」的憾事亦難免。每晚午夜夢迴，就好像血在流、淚在滴，傷透心了。我們是個忌才的社會，尤其在多達二千萬人口的台灣，如想脫穎而出，如在沙漠中求綠洲，殊爲不易，落井下石，勾心鬥角的，隨處可見，這些人好像能活在世上千百年。

八十一年十月五日　榮光周刊

狄斯可，可不可乎？

最近，在報章雜誌上，常看到有關「狄斯可」的文章，毀譽參半，「狄思可」成爲了熱門的話題。

其實，我覺得，跳「狄斯可」，只要不過份激烈，把它當做簡單的韻律活動—就像是原地「慢跑」運動的話，應該是有益於身心健康，且有減輕疲勞之效的。這是由一位華僑醫生給我的啓示。

去夏，我們「梅花訪問團」應邀前往位於南非東側的留尼旺島訪問演出時，曾受到華僑們熱烈的歡迎。有一天。在南部的聖啤市，華僑社團不但以晚宴款待我們，而且，還舉行了盛大的舞會。在華僑的心目中，只要是來自中華民國的人，不論是官員還是民間團體，都視同親人一般，大事慶祝，以表心意。

晚飯後，來自四面八方的華僑，都聚集在廣場，隨著音樂，翩翩起舞。無所拘束，其樂自如。所播放的樂曲，都是輕快的狄斯可，加上簡單的舞步，氣氛極爲融洽。我在一旁觀賞，也不知不覺染上了這種歡樂之情。

忽然，有位年輕的華僑醫生走過來，請我共舞。雖然我不曾跳過狄斯可，入境隨俗，也只好鼓起勇氣，接受邀請。剛開始時，真是手足不知所措，幾隻曲子下來，才摸到竅門。好在，這種舞蹈，大多即興式的舞步，只要能吻合音樂的節拍就可以了。這位華僑醫生，中文不太靈光，我們只好比手畫腳地，以中、法文交談，我問他：

「爲什麼你跳得這麼輕鬆呢？」

他雙肩一聳，回答很妙：

「這一點不難，你看我……」

然後，他在原地做了一個跑步的動作，又說：

「你試試看，像我一樣，放鬆……」

強烈的敲擊節拍，雖然掩蓋了他的說話聲。經過一陣子的揣摸，我不覺恍然大悟，原來狄斯可，主要訣竅在於膝蓋的一彎一伸，前後左右的搖擺，完全是自由發揮身體的自然動感，也有些動作是原地的跑步。或者是健身操；不同的是：配合著節奏明快的音響效果，使得動作比跑步更有彈性，比體操更韻律，而且還可以隨心所欲地創造。這是它之所以引起人們興趣的主要原因吧！

留尼旺的華僑，是很懂得生活情趣的；平時努力工作，一逢到節慶假日，他們就把工作暫時丟開，儘情地享樂，或辦郊遊，或辦舞會，也有所謂的球類俱樂部，一則連絡感情，二則藉此活動筋骨，恢復疲勞，好使明天的繁忙工作，倍增效率。

像這位年輕的醫生，就是剛替一位病人急診完，就趕來參加舞會。他說，這樣可以緩和他那緊張的情緒。他認爲：狄斯可，是一種很簡單的韻律活動，對人體的健康，是很有幫助的。

留尼旺是法國的海外省，一切以巴黎馬首是瞻。但是我在這兒所看到的狄斯可，一舉手，一投足，都是中規中矩的，兩肩適度地隨著左右手腕的搖動而前後擺動，兩腳也是自由的小踺步。不知道是中國人天性保守，抑是場地不夠大，我並沒有看到像螢光幕上所出現又翻又滾又摔又拖的刺激鏡頭。那些穿著奇裝異服，天旋地轉似的跳法，應該是屬於表演，或是比賽性質的甚至有點類似特技表演似的。平常人，想學都學不來的，更不是一般的狄斯可舞蹈了。

當西方一種新的東西，慢慢流行傳入的時候，我們未必全盤接受，也不必拒之千里，可以擇其精華，融和成爲適合我們自已的需要。舉凡音樂、美術、建築、甚至服飾等都是如此，舞蹈也不例外，現在我們所說的民族舞蹈，如新疆舞、西藏舞、蒙古舞等，在早先的時候，都是西域一帶的流行舞蹈，經過不斷的改良吸收，才變成具有特殊風格的民族舞蹈的，自從張騫通使西域以後，西域一帶的舞蹈亦隨之傳來，造成漢唐以來舞蹈興盛的原因，西京雜記中說：于闐樂，在漢代已成爲宮中節日活動的項目，可知當時之盛況。同時，在敦煌的許多壁畫中，也可以證明，唐代的飛天舞，是深受印度舞蹈的影響；唐朝時，維吾爾族的樂舞，一度曾大量傳入中原，頗受漢族人士的喜愛。唐代的藝術，有兼容並蓄的氣魄，尤其是音樂、舞蹈，可以說是到了登峰造極的地步。

狄斯可，有很強烈的節奏感，聞其樂，自然而然會手之舞之，足之蹈之。狄斯可的原意，來自法文 Discothegue 的縮寫。指的是唱片。原來，一般年輕朋友喜歡跳舞，無法去夜總會，享受舞蹈之樂趣，只好買一張唱片回家，配合著唱片的音樂來創造舞蹈動作，它繼承了六十年代搖滾舞的血脈，也富有現代熱門舞蹈的精神。據說去年在美國舉行的世界舞蹈會議中，已決議把狄斯可增列爲國際標準社交舞之一。

也許若干年後，有更好的、更新的名詞來取代狄斯可三個字，但是它那種即興式的動感精神，是不會改變的。跳狄斯可，是不受性別、年齡的限制；可以獨舞，亦可以群舞。如伏案太久，用腦過度時，不妨放一曲狄斯可，就地運動一番，可收全身舒暢之效，就把它當做西式的太極拳吧！

呂氏春拜上，也曾有過一段先民跳健身舞的記載：當洪水氾濫時，人民爲了防範因潮濕空氣而產生的風濕病、關節炎時，往往就以舞蹈來活動四肢筋骨，以保身體健康。

所以，舞蹈的功能，是很好的，就怕變了質，走火入魔。凡事過猶不及，要適可而止，要合乎中庸之道，正如整日的讀死書，也是不對的。

我不是舞蹈家，只是以旁觀者的立場，說一下個人的看法。狄斯可即已流行，我們不妨取其優點，加以發揮，變成對我們生活有利的一種韻律活動，也不是很好嗎？如果再配合我們的功夫，武術的動作，說不定又變成具有中國風格的舞蹈哩。

六十九年十二月十五日　中央日報副刊

哈韓族遊韓散記

也不知從何開始，我這當了祖母的人，竟然也列爲「哈韓」族的一份子。此次應世界和平婦女會台灣總會張博雅會長之邀，去了一趟韓國，期間除了重頭戲——參加八月一日在天安柳寬順體育會場所舉行的兩千對世紀婚禮的祝福大典外，還參觀了韓劇「冬季戀歌」拍攝地—南怡島，「大長今」MBC 拍攝地——清水大長今村以及韓國民俗村……印象深刻，茲記一鱗半爪於後，以饗讀者。

冬季戀歌拍攝地——南怡島

南怡島位於京畿和江原道的交界處的春川，從首爾（漢城）出發，沿漢江上了高速公路約兩小時車程，兩旁景色宜人，由於正值仲夏，樹木均呈深綠色，偶見山丘，農田。韓國屬溫帶氣候，十點左右，抵碼頭，遊客魚貫登上渡輪前往南怡島。值得一提的是，船上一角掛了一個「救命服」

的標示，令我想到一九八八年我在韓國任教時，學生常說的漢字與我國大同小異，如「逃生門」、如「一日不讀書，口生荊棘」、「初志一貫」就是我們說的「太平門」、「一日不讀書，面目可憎」、「貫徹始終」，只是他們比較直接，這大概和他們民族性有關。他們講求「快」，講求「效率」，但也有欲速不達或失誤的地方，如築路、架橋。

南怡島是韓劇「冬季戀歌」拍攝地，儘管悲劇收場，近年來依舊吸引了成千上萬的影迷，以及戀愛中的情人來此觀光。島上面積十四萬坪，形似航空母艦，島上種植了杉樹、栗樹，筆筆直直，秀秀氣氣，此地有水杉林道的愛情小路，有八萬坪的草地，林間有小鹿、鴕鳥、小白兔、小松鼠，有男女主角看板，以及兩小無猜時初吻的野餐桌，堆雪球、打雪仗的地方，令人流連忘返。韓劇大都以悲劇收場，是否和他們長期受壓迫有關？不過最近幾部戲，如「浪漫滿屋」、「愛在哈佛」等，已經不再

2005 年夏於韓國漢城出席『世和會』時攝於景福宮慶會樓

充滿悲情，「冬」片男主角裴勇俊是個大善人，今年一月南亞大海嘯，他捐出九百萬台幣。

南怡島，是個藝術之島，杉林下的小廣場，有一群穿白綢上衣、長褲，掛著五顏六色彩帶的年輕人表演民俗舞、豐年祭等。特別的是，頭上的帽子繫著長長的白線條，隨著舞步，在空中盤旋，其實韓國舞蹈，許多原自我們中國，但他們卻一直保存、改良及發揚。

回程中，車子沿山腳而行，但見色彩豐富的帳棚，點綴在溪邊。原來七、八月正是韓國人的休假期，政府規定暑假期間各公司員工必須陪家人登山、嬉水休假一週，時間由各公司擬定。比起十多年前，我應聘到韓國執教時的日子，目前韓國人的生活水準已大大提昇。以一瓶礦泉水來說，居然合新台幣二、三十元。

「大長今村」——MBC的特別企劃

大長今村位於京畿道的揚州市，爲MBC文化公園。電視台爲了「大長今」連續劇，特別在此搭建佈景。年輕的韓國華僑導遊說，以前他都在看現代劇，自從應遊客要求參觀「大長今村」後，他才驚覺「大長今」有那麼大的魅力，不得不在家觀賞這部古代劇，包括「明成皇后」。

韓流，爲韓國賺了大量外匯，尤其「大長今」一劇。自前年二〇〇三年九月「大長今」開播到二〇〇四年三月，廣受華人以及亞洲地區人們的歡迎，不得不佩服韓國政府在娛樂事業的大力輔導。「大長今」、「明成皇后」大都以朝鮮五百年歷史爲主流，以儒教爲中心。

不可諱言地，韓國文化與中國同源，父慈子孝，兄友弟恭……在他們的劇中都可以感受到他們不斷地發揚這種精神。

大長今，是描寫徐長今，由女性平民變成御醫的真實奮鬥故事。我們先後參觀了「御膳房」、「燒菜廚房」，以及「大殿」、「太妃殿」、「客舍」等建築，但見許多家長帶著孩子來此參觀，寓教於生活。宮廷御膳大致分主食、副食和後食點心。御廚內，展示了各種飲食的材料，以及美食模型。如年糕、餃子、黃瓜、大白菜、菇類、豬肉、魚片、螃蟹……唯妙唯肖，令人垂涎。耐人尋味的是韓國人生日必吃海帶湯；一是象徵長壽，二是不忘母親懷胎之恩。

大殿，主要的用途，是御膳廚的會議室，此處展示了大長今的華麗宮廷服飾，最後在紀念品店購買了大長今海報、T恤等作紀念。

回程時，不斷沉思，爲什麼「人家能，我們不能」？尤其兩岸同文同種，如果齊心發揚中華文化，二十一世紀必屬於中華民族的。

民俗文化村——民間企業家投資

遊覽車離開首爾，上了京釜高速公路後，約一小時多車程，抵達位於京畿道的水原華城，此處的古代城牆，已被聯合國教科文教組織列爲世界文化遺產，拍照留念，中午用過道地韓國烤肉後，即登車續往位於龍仁市的「民俗村」參觀。

民俗村，據說是一九七四年由大企業家鄭永三投資興建，佔地三十萬坪。一下車就看到一個由茅草爲頂的牌樓，用漢字書寫的「民俗村」橫匾，黃底金字，令人感到特別親切。入到村內，首先映入眼簾的是兩柱木雕彩繪的守護神，分別刻有「天下大將軍．天下女將軍」，象徵著人民平安。

據說當初命名此地爲「民俗村」時，還特地請風水先生、地理學家來此勘查，且以五百年前朝鮮時期的古老陰陽五行，擇吉避兇，才予以興工完成。村內林蔭古道，亦有種植各類藥草的田地，我們時而參觀穿著韓服的陶工們，燒陶瓷的的手藝，時而品嚐傳統古味小吃。

經過涼亭時發現一對中年夫婦手執咖啡杯一派悠閒，還問我要不要喝？這場景，在我十多年前來此參觀時，是不曾有過的。令我感到興趣的是，那些冬暖夏涼，用土牆所砌的茅屋以及那些門上用毛筆書寫的：「開門萬福來」「天下太平春」等漢字。因爲目前韓國已不用漢字，據說李氏王朝末期，爲了掃除文盲，大大推行拼音文字，漢字逐漸淘汰。不過，拼音文字也有缺點，譬如「肚子」、「船」的發音相同，就鬧過笑話；某人乘船到彼岸，下船時，船上婦人嘲笑說：「某人從我肚子出去了」。經過一些古老的房舍後，突然遠處傳來誦經以及佛教音樂，原來半山有座朝鮮時代留下的「金蓮寺」，寺內看不到和尙念經，卻是用 CD 透過擴音器傳送到山下的。

「龍駒衙門」的前面，是一個露天的廣場，一位穿著白綢上衣、寶藍背心、綢長褲的人，在表演踩鋼索特技，地上有人吹嗩吶、打鼓以壯聲勢，此外，也有民俗舞、假面舞、豐年祭、鼓舞、羽扇舞、傳統婚禮等表演。心想，我國歷史文化悠久，何不亦仿效，發展觀光事業呢？村內也有出租傳統新郎新娘韓服，供人拍照用。新郎是深藍色的寬袖長袍，新娘是大紅色的繡花長袍，看上去和我國明朝服裝相似。一般出嫁的女子，頭髮則梳髮髻，已出嫁的則紮一條辮子。

過去韓國婦女似乎沒有地位，大都在家主持家務，但一九九七年金融風暴後，韓國男人失業多，女人不得不出外工作，女子終於抬頭，男人也不再大男人主義了。年輕夫婦的生育率，亦逐漸下降，薪資大都投資在孩子們身上，學英文、學電腦、出國留學……總之，時代在變，觀念也在變。

韓國人・韓國事

過去，台灣經濟起飛時，號稱亞洲四小龍之首，如今，來到韓國，發現人家早已超過我們，無論交通、都市建設都呈現現代化的一面。國際機場已由原來的首爾金浦機場遷到仁川，飛航班機大大增加，特別是飛到大陸沿岸一帶，似乎每天都有班機，而大陸的觀光客，也絡繹不絕。難怪無論是觀光地點、大飯店、免稅店的簡介，大都有簡體字，任何國家沒有不爲自己國家利益著想的，由此可證。

聰明的韓國人，爲了語言的溝通方便，請了大批中國大陸外勞，所以，你不會韓語與也行得通。像是紫水晶門市部、人蔘門市部的櫃檯，甚至站在門口歡迎我們的接待人員，都是一口京片子，有的是來此留學打工的，有的是公司聘來的。我就遇到一位北京來的婦女，夫婦倆輪流來此工作，一年簽一次合約，可續約，他們的兒子在北京大學求學。有又一位吉林來的帥哥，是來此學韓語的，順便在泡菜工廠打工。每見到自己同胞總忍不住和他們聊上幾句。在某百貨公司遇到來自山東威海的觀光客，他們乘十二小時輪船來的船票（約兩佰美金），其中有一位威海某小學女校長，笑臉迎人的歡迎我去威海玩。「炎黃子孫一家親」我連說：「真希望現在就隨你們坐船去看看！」據說韓國在山東一帶工業區，大量投資設廠，而留美學生大都轉往大陸。

儒家思想在韓國是深植人心的。就以說話爲例，仍注意長幼有序的禮節，尤其對長者，說話有特別的敬語。老一輩的人大都讀四書五經的，他們是把儒家思想融合在生活中的，包括電視劇。我曾經在一家「蔘雞湯」餐廳，看到櫃檯牆上掛了幅「仁愛」兩字的月曆，白底紅字，令人感動。在尊老方面，使我想到一九八八年，我在漢城參加奧運開幕典禮上，有位高齡七十六歲的老運動健將，把聖火傳給年僅十八歲的年輕選手，充份發揮「薪火相傳」的精神。閉幕時，也由一位老藝人唱「祈願」的歌，歌聲嘹亮，響徹雲霄。

在韓國，設有「傳承教育中心」，負責傳受所謂的無形文化財，包括戲曲、音樂、舞蹈、祭典、武術等，這些都是地方社區的旅遊資源。

韓國也很重視環保。許多餐廳使用過的綠色牙籤，是用冬粉做的，不傷牙肉，又容易折斷，泡水即融化，值得借鏡。據說是一位小學生所發明，有專利。

至於建築物維修，亦做的很好。以漢江兩岸的公寓來說，政府規定每兩、三年，必須粉刷，以保持美好的都市形象。漢江上的二十多座橋，燈火輝煌，夜景迷人。夜間有所謂的模範計程車，黑色的，司機必須有十年以上的駕駛經驗，很受女性的歡迎，不過價錢較普通貴一些。

城市中，現代化高樓大廈，融合了古代建築，如「景福宮」、「德壽宮」、「世宗會館」等建築，呈現了新與舊的城市風格，市容清爽、交通有序、人們守法、有禮節。

韓國和我國同樣是資源缺乏的國家，但是人家團結一致，努力打拼，直追日本，他們的精神，足可以爲鏡。

九十四年十月　中央日報

家和萬事成

——韓劇中的人際關係

近年來，韓劇在政府的大力扶植下，打出一片天，形成強不可擋的「韓流」。不可諱言，韓國文化淵源於中國，然而他們卻以戲劇方式「潛移默化」，深深發揮了社會教育功能，真是令人又羨慕又感慨。爲什麼人家能？我們不能？難道真是「禮失求諸野」嗎？

不知從何開始，我也成了韓劇迷，深深爲演員的漂亮臉蛋、姣好身材而著迷，重要的是，精湛的演技以及劇情的明快、有深度，引起觀眾的情緒反應，從「明成皇后」、「大長今」、……以至現代有著娛樂效果，又有人生啓示的現代劇「冬季戀歌」……等，每齣戲均經過精心設計與安排。

戲劇大師齊如山說過：「戲劇這種事業，因爲大家愛看，所以對於人民的知識思想都關係極大，各國皆然……」。於是各國腦思敏捷的教育家，都要利用它作爲社會教育的工具。

韓劇之所以深深吸引我，主要是咱們中華文化中的父慈子孝、兄友弟恭、互助互愛、長幼有序，可以從他們生活化的韓劇中看到；當我在螢幕上看到鄉下一戶大家庭門口貼著「家和萬事成」的字句時，立即使我聯想到這不正是出自於我們「家和萬事興」的句子嗎？其他如：「一日不讀書，口生荊棘」、「人無遠慮，必難成大業」，不正是我們所說「一日不讀書，口中無味」、「人無遠慮，必有近憂」嗎？只是他們比較直接，這大概和他們民族性有關。

戲曲，是人生的導引，在韓劇中，經常聽到的話是：「路上小心」取代「再見」。孔子說：「以和爲貴」真正說明「和」字的重要，人與人相處之道，以「和」爲貴，和平可以化解仇恨，正是人類追求幸福的道理。

最令人感動的鏡頭是過年時，鄉下一家大小著韓服，長幼有序的祭拜祖先，達到慎終追遠的教化作用，其他如父子或母女同浴時，互相擦背、搓背，以及兄揹妹，男友揹女友走山坡路，不用語言，就已感動人與人之間的互愛互助。一位妻子席地而坐，對著在旁看書的丈夫埋怨兒女媳婦之間的瑣事時，做丈夫的慢條斯理翻著書，不溫不火地聆聽，最後淡淡回答，無形中化解了一場不必要的家庭衝突糾紛。有句台詞：「家人住在一起，才是大家庭」，譬如待字閨中的小姑與哥嫂同住時，雖有些衝突，但小姑仍會暗地協助姪子如何立業。

長者，在韓國的社會中，地位是崇高的，子女犯錯，會自動自發跪在雙親前請罪，離家數月的子女，回到家，先向雙親行跪拜禮。曾看到某人生日時，他居然也跑到父母墳前，念念有詞：「感謝父母生我」，使我想到詩經中：「哀哀父母，生我劬勞」。在鄉下，仍保留長子與長媳和父母同住的傳統觀念，儘管長子在城市工作，仍早出晚歸，與父母同住。親子關係、婆媳關係……在韓劇中充分流露出互容互忍。

亞洲小天王 Rain 接受訪問時，說他最感激的是國三時，母親身體不好，家境困苦，卻還送了他一枚戒子。這戒子的確帶給他很大的鼓勵，他很感激這枚戒子。真是感人熱淚，結果我連忙買了一張這位小天王的 CD 以表示對他成就的肯定。

孔子說：「志於道、據於德、依於仁、游於藝」，在「韓流」中都做到了。總之，風行一時的「韓流」有民族風格，也有現代人的活力，值得借鏡！

九十五年一月

含飴弄孫樂透透

電話一來，服務就到！

自從添了孫女後，只要兒子一通電話，我就應召而去，天大的事都可以放下。

孫女芳芳，真是我的開心果。如今已八個月大了，會坐會爬，只不會說話。看到她天使般的笑容，所有煩惱均拋之腦後。

當我們祖孫相擁在斗室之中，相看兩不厭時，真恨不得有個自動相機拍下我們美好的鏡頭。我愈看她愈愛，這麼崇高的美，無形中產生一種強烈的愛。小孫女最喜歡倚偎在我懷中，聆聽我的兒歌。更喜歡我拍著她的小屁股，或背脊，如果我停了下來，小精靈就微睜開眼睛，哼吱起來。有時，睜大眼睛，凝視著我，咧著嘴笑。

此情此景，恍惚回到三十年前，還是嬰兒的鴻兒。鴻兒如今卻已是三十出頭，初爲人父了，此情此景，如夢似幻，而我也由少女而中年、而老年了。如不照照鏡子，真不敢相信這是事實。一代過去，新的一代又產生，大地長存，日落日出。也許這就是新陳代謝，生生不息吧！

2007 年春與外孫兒女、孫女合影

2008 年 2 月外孫女凱琳（後站立者）十歲生日

小芳芳和我這奶奶，似乎有著心電感應似的。每當我唱起「鳳陽花鼓」中的「左手鑼、右手鼓……」時，小傢伙居然雙手在空中飛舞，做打鼓狀，腳也亂踢，好像有音樂節奏感，到了喝奶時間，我也故意逗她，把奶瓶在她面前晃，急得她小嘴張得大大的，真是可愛極了！此時無聲勝有聲，但願小孫女永遠這麼可愛、這麼幸福。

我生於抗日戰爭的大後方，祖母來不及看到襁褓中的孫女，不幸在長沙被敵機轟炸身亡。父親特取我乳名爲湘念，就是爲了紀念不幸去世的祖母。

比起上世紀苦難的祖母，我這個現代祖母，實在太幸運了、太幸福了。人生夫復何求，要知福知惜啊！以後孫女長大，我一定要向她敘述這個大時代悲歡離合的故事。

九十一年五月二十九日　中央日報

眞情指數

人生不滿百，常懷千歲憂。能享樂的事，不過數件而已，而含飴弄孫，就是其中之一。

尤其做了祖母後，平淡的生活，突然有了一百八十度轉變，孫女成了生活的重心。自從兒子一家搬回家裡住後，我那三歲半的孫女常帶給我意想不到的樂趣。只要兒媳電話一來請我去幼稚園接芳芳時，無論我人在家或在外，一定立刻放下手邊的事，懷著愉悅的心前往附近的幼稚園（YMCA）。

芳芳讀的是小羊班（小班），只要我一站在門口，班上的孩童立即蜂擁而至。有摟著我腿的，有抱著我腰的，有牽著我手的，眾口同聲叫：「芳芳奶奶！芳芳奶奶。」而芳芳卻站在角落靦腆地，紅著小臉望著我，好像有點難爲情又好像吃醋，我搶上前去抱她起來：「奶奶來接芳芳回去了……」左親右親的，同時把手邊的糖果、旺旺米果拿出來給小朋友分享，又是異口同聲：「謝謝芳芳奶奶，謝謝芳芳奶奶」，聲音清脆如出谷黃鶯，一股暖流湧上心頭，這種感覺非金錢所能買到。

和小朋友、老師道別後，牽著孫女的小手，輕鬆地往附近公園走去，途經便利商店，小傢伙居然字正腔圓地說：「我們去萊爾富」。現在的小孩學習能力超強，大概是社會多元化的影響而耳濡目染。小小年紀，居然自動從貨架上取了老虎牙子，放在櫃檯上，櫃檯叔叔笑臉迎人向我結帳。

離開便利商店，來到公園，「奶奶，我可以溜滑梯嗎？」孫女像小大人似的側過頭問我：「當然可以，要小心啊！」殊不知頑皮的孫女不但坐著滑，還躺著滑，害我緊張得血壓都升高了。接著又意猶未盡，還要盪鞦韆，做奶奶的只好順著她。但為了安全，我只好坐在鞦韆上，讓小傢伙坐在我身上，我用力的盪呀盪，耳邊是孫女的清脆歌聲：「我是隻小小鳥，飛就飛叫就叫，自由逍遙……」我也跟著唱，但是聲音沙啞，畢竟是上了年紀了，嗓子不如以前，所以說年輕就是本錢。

唱歌有異於奏樂，樂器越奏越好，老而彌堅。無論鋼琴、小提琴，時間越久，越出神入化、情感豐富。

回到家，孫女精力充沛，還要辦家家酒，要我躺在床上當baby，她扮媽媽，替我蓋被子，還輕聲細語說：「晚安」。但是小小年紀弄不清英文的意思，把「good night」說成「good morning」，把我笑死了。睜開眼睛對她說：「不是good morning，是good night，morning是早上，night是晚上」某次大女兒平平帶了紫玉米回來放在桌上，芳芳居然嚴肅的指著它們說：「哇！玉米烤焦了」，引得大家哈哈大笑。由於時代的快速變化，現代小孩似乎更需要有聰明智慧的方式來教育，無論是她身邊的父母、長輩及老師，都應多陪陪孩子，多傾聽孩子們的聲音以及想法，才不至於有代溝，社會才和諧。看著孩子們由爬到會走、會說話，一連串成長的過程，實在太神奇了。這就是一種「新陳代謝」。

九十二年 中華日報

祖孫情

由於現實社會型態的改變、生存競爭的激烈，大多數的都市人總是各忙各的，一個家庭想回到過去農業社會的三代同堂，可以說是鳳毛麟角；但是，由於經濟的不景氣，爲開源節流，原本在外租屋的兒子一家三口，於去年搬回家住，頓時成了生活在同一屋簷下的生命共同體，三代家族重新開始適應彼此的作息與存在。雖是平時白天大夥各司其職，但一到晚上或周休二日時，即成了闔家歡樂的另一種天倫樂。

我和外子結婚一眨眼已是三十九個年頭了，生活由絢爛歸於平淡。大女兒住內湖，早已爲人母，有一雙可愛的兒女，每逢周日便返娘家團聚；二女兒是屬粉領新貴，待字閨中。如今兒女均已成家立業，我們老夫婦該談也都談夠了；兒子搬回來前，我們倆每天除了各教各的書外，回到家，不是面對電視就是面對書桌，現在多了兒子一家，生活跟著多了些趣味與歡笑。尤其是正牙牙學語的孫女——芳芳，天天有新招，時時耍花招，逗弄之餘，使我們有著返老還童之感。

芳芳一歲半時，就在坐馬桶便便，怕她坐不穩，我也搬個小椅子和她面對面坐著，我們祖孫倆大眼瞪小眼，看她漲紅了臉，就知正在『辦事』，完了後接著爽快的笑著，露出兩顆小門牙。平時，從保姆家回來時，一進門就用小肥手指著自己的胸口，示意：「我回來了」！逗得剛下課的我們開懷大笑。

隨著歲月的增長，孫女已二歲多了，開始懂得使用自主權，常常和大人搶電視吵著要看YOYO卡通台，每到高興處還會打拍子；一聽到兒歌，小精靈更馬上扯著我的衣角要我和她一塊聞樂起舞；她二手叉腰又扭又跳還對著我們得意的笑，爲了『孝』孫，我也只好拖著一把老骨頭跟著全身扭動。

家中有幅山水油畫，是璇姑父移居美國後轉送給我的，上面有一行飛鳥在水面上斜著飛向雲霄，芳芳會踮著腳，指著最近的一隻逐一往上數，由近而遠、由低而高，數不上去時，自己索性搬張小椅子站在上面繼續數，1.2.3.4.5.6……最初只會數到五，如今已會數到十，我怕她會摔倒，緊緊摟住她，嘴裡還唱著：「我是隻小小鳥，飛就飛，叫就叫，自由逍遙……」。

小傢伙一直站在椅上，不肯下來，我只好再哄她：「奶奶唱小星星給妳聽，快下來！」接著我又唱：「一閃一閃亮晶晶，滿天都是小星星，掛在天上放光明，好像許多小眼睛……」這時芳芳又活蹦亂跳起來，透過她的眼神，我知道我又得跟著扭啊扭了！此景讓我感到，人生就像是一段尋找愛的漫長旅途，父母之愛、夫妻之愛、手足之愛、祖孫之愛、情侶之愛、同胞之愛……

小孫女，精靈有餘，她怕爺爺看新聞霸佔著電視，會偷偷把搖控器藏起來。有次我放「非洲大草原」影片，內容盡是大象、犀牛、斑馬等動物，影片中的一切好像海綿般，深深吸進了小孫女的內心，後來每當我一拿起這片光碟時，她就大聲喊著：「大象來了——」。

小傢伙靈得的很，姑姑下班回來，只要門鈴一響，嘴饞的她就守在門口等著替姑姑拿些手上拎的東西或袋子，因爲她知道姑姑每次回來都會買些牛奶麵包、零食雜糧等，如此幫點小忙就可獲得些犒賞。有回，在書房我偷偷塞了塊巧克力到她嘴裡，她怕被爸媽罵，居然用食指做出「噓……」的手勢，暗示我要保密。最有趣的是在我叮嚀兒子：「天涼了，別光著腳！」小傢伙就立刻跑到鞋櫃找出一雙鞋送到她爸爸腳前。有時我下課早，會到保姆家接她，經過巷口的萊爾富時，她會拖我進去，她知道裡面有的是吃的、喝的，還會字正腔圓的道出「萊爾富」這三個字，這全拜她爸媽常入內購物，耳濡目染下她也跟著熟絡起來。

有時接回來順道至附近的小公園逛逛，小孫女坐在小木馬上搖啊搖啊的，好開心！而我趁機在石凳上休息，心想：孫女日益長大，而我日益衰老，不知如何應付這精力充沛的小傢伙。我兒及兒媳總勸我：「上課回來累了就不要去接，何必跟自已過不去」！但是，儘管如此勸阻，我依舊忍不住地想去接，而且無怨無悔。眼看著小孫女從嬰兒到幼兒，從坐到爬到走路，從依依ㄚㄚ到嘰哩哇啦……一連串的成長令人感到生命的神奇與成長的偉大。

至於十歲的外孫以及六歲的外孫女，也是鮮事一籮匡，他們六歲外孫女的世界又是另一個不同的成長階段；孩子都是寶，各有各的寶藏。愛畫畫的大外孫，自創了一張生日卡給我，他知道外婆是老師，所以卡片上畫了有我上課必備的物品，如眼鏡、筆、課本等，令我好感動。

九十三年六月十八日　中華日報

健康是「走」出來的、「吃出來」的

旅居美國的璇姑父，以年屆八旬，卻一點也看不出來老態，完全得力於「走路」和「養生早餐」。

自從他結束了半世紀的公務員生涯後，和璇姑姑住在洛杉磯，不知不覺渡過了十五寒暑的悠閒生活。他們每天早餐後，即驅車到附近的購物中心，璇姑父快速的走路六圈，近一小時，不曾一日間斷，璇姑姑因身體羸弱，反方向慢步走，有時坐在一旁耐性等著，鶼鰈情深，令人羨慕。不幸，前年十一月璇姑姑心臟併發去世，頓時璇姑父成了孤獨老人。但他勇於面對，作息依舊，他說走路，好處多多，一來增加心肺功能，二來促進血液流通，同時使頭腦冷靜，以承受重大打擊。

要活就要動，除了走路外，他每天上下樓梯十數次，一下拿眼鏡，一下上網。同時抽空掃庭院中的落葉，使雙腿不斷活動，才有活力。

除了走路外，璇姑父很重視他的養生早餐。每天早起，自己動手做早餐，他把牛奶、雞蛋、麥片、芝麻粉、薏仁粉、小米粉等材料放在容器加水，小火，慢慢攪拌如糊狀，有時煮一大鍋，放在冰箱吃個幾頓，十多年來如一日，和「走路」一樣，端賴一個「恆」字，這就是璇姑父的養生之道。祝福他老人家永遠健康快樂、長壽長壽。

說話的藝術

最近，由於外交部長陳唐山的一句「鼻屎」來形容新加坡，引起朝野軒然大波，媒體更是大篇幅報導，產生了極大的負面作用，連小學生都口口聲聲「鼻屎、鼻屎」，令人感嘆世風日下，人心不古，傷風敗俗……在上位者，必須謹言慎行才行。

說話是門學問，也是門藝術。在公共場所，有些人口若懸河、滔滔不絕；有些人結結巴巴，不知所云，這都是沒經過說話的訓練，也不懂說話的藝術。

想當年大陸陳寶忠義士駕機經韓國投奔自由時，當時的民進黨立委拍桌質詢駐韓大使薛毓麒，何時將陳寶忠送回國來？到底交涉了沒有？薛大使溫文爾雅、幽默以對：「這個問題，我內心有很好的答案，只是在目前情勢下，不能回答……」一時氣氛活潑，而不流於低俗（口水戰）。次日報紙社論以「有些話可說，有些話不可說」大捧薛大使的口才。沒有多久，陳寶忠義士安然抵達國門。雖然是十多年前往事，卻令人印象深刻！公眾人物必須留給後輩正確的應對典範。

做主管的或在高位者，如果沒有這種說話的藝術與技巧，不妨私下多做訓練，或也可對著錄音機反覆朗誦；在說話上多下點功夫，以免逞一時之快，口無遮攔，產生不良後果，貽笑大方，甚至引發國際間的尷尬與衝突。

咱們的孔老夫子是很懂得說話的藝術，他刪過詩經，也重視詩經中的溫柔敦厚，難怪他的言語都充滿了情趣與詩味，譬如說：「己所不欲，勿施於人」「有朋自遠方來，不亦樂乎……」現今更有許多家長有感於禮教的重要，紛紛讓孩子參加坊間的「讀經」班，儼然成為熱門的課輔首選！其實無論每個人所學為何，三人行必有我師，若想讓美麗的寶島擁有近乎禮、合乎理的儒家規範，茲建議教育部應宣導國人多讀讀「論語」吧！

九十三年十月二十四日 世界論壇報

情似雨餘黏地絮

玉樓春

桃溪不作從容住，秋藕絕來無續處。
當時相候赤欄橋，今日獨尋黃葉路。
煙中列岫青無數，雁背夕陽紅欲暮。
人如風後入江雲，情似雨餘黏地絮。

這首感人肺腑的離情詞作，爲周邦彥所作。周邦彥字美成，號清真居士，北宋末錢塘〈今杭州〉人，精於音律，做過大晟府的提舉。曾向神宗進汴都賦萬餘字，因而受到神宗賞識。有清真詞〈又名片玉詞〉傳於世。

玉樓春調，取歐陽炯詞：「春早玉樓煙雨夜」句，共五十六字。全詞爲七言句，暨七言律之仄韻。

這首情景交融的詞作，內容不外追憶已經離去的戀人，戀人已經走了，自己沉重的心情正像雨後，黏在地上泥中的花絮。寫作技巧，耐人尋味。

由地面的桃溪、秋藕、黃葉，到天空的雁背、夕陽，再又到江中的雲、地上的絮，它如同現代電影鏡頭靈活的運用手法，使時間、地點、人物、感情熔爲一爐。

前兩句在說明春暮桃花隨溪水逝去，不再回頭。秋藕〈偶〉如果真正斷了，也很難把絲〈相思〉連接起來。赤欄橋，是我們當時約會的地點，如今只剩下孤獨的我來到滿地黃葉的路上。作者以紅色、黃色比喻前後的心境，可謂明顯的對比。

後片的三、四句和前片的三、四句對句相當工整，自然如同口語。尤其「人如風後入江雲，情似雨餘黏地絮」真是神來之筆，細膩曲折，人、情交融，爲眾多名手所不及。

人在離別的時候，咽喉已哽住，說不出話，只有用眼前所見的景，來比做內心的情感；離開的人，去得這麼快，如同江上的風，把雲捲入滾滾長江，一去不返。而岸上送行人的心境，正如黏在泥土中的花絮，久久不能自拔。

人在生離死別，難捨難分時候，彷彿連天地也爲之變色，草木也爲之含悲。

其中「煙中列岫青無數，雁背夕陽紅欲暮」是一幅極美的畫面；青翠的峯巒，在煙霧中，一排排聳立著，是如此的恬靜安詳。善於把前人的詩句融化在自己的詞句中，是周詞的特色。「煙中列岫青無數」正是謝朓的詩：「牕中列遠岫」，不過比謝更富有創意與詩意。把秋天夕陽景色，描寫得精美細婉，真不愧寫景聖手。

周邦彥其他寫景的名句如「愁一箭風快，半篙波暖，回頭迢遞便數驛」「山四倚，雲漸起，鳥度屏風裡」「馬滑霜濃，不如休去，真是少人行」無不音韻和諧，狀物繪形，達到唯美的地步。

七十七年二月一三日　青年日報

捷運一瞥

某晚，國家劇院看完平劇表演後，在中正紀念堂捷運站上車，同時進入車廂的還有一位八旬老戲迷。此時看上去像上班族打扮的中年女子，立即讓位給這位老先生，老先生坐定後，頻頻向讓位的女子道謝，見她彎腰笑咪咪說：「不用客氣，我家也有老人家啦！」原本疲憊的我，在旁聽到這句話，好感動，側面窺視這位穿著整齊乾淨的女子，好像是下班後應酬返家吧。「您在哪下車？」她問老人家。「新店」。「我在公館站下車，您要小心走路啊！」如此溫馨的對話，在目前功利主義瀰漫的時代，已很少聽到了。心裡想著，這位女子當年一定受到良好教育，能體會「老吾老以及人之老」的道理。

但是X世代下的草莓族，就很少受到傳統文化的薰陶。在捷運上，我也目睹一位拎著大包小包的老太太，站在一位坐著的年輕人前面，而這位滿頭染髮、穿著時髦的青年學子，卻視而不見，忙著用手機和朋友閒聊，和前述的上班族，就有很大的落差。心想，這一代懂得敬老尊賢的年輕人是否已成稀有動物？

年輕人，或許被父母寵壞了，令人感慨時下的父母對子女的呵護，已到了無微不至的地步，以致現代的年輕人成了溫室裡的花朵，對社會、對人群，毫無責任感，傳統的家庭倫理教養，以及學校生活教育，已蕩然無存。

以前，四維八德、忠孝信義等標語，隨處可見，曾幾何時，這些字眼，不知到哪去了？僅靠一些知識份子在座談會上呼籲，是拯救不了的。因爲來座談的人，都是懂四維八德的，不需要提醒，要告知的是那些不來聽講的！他們只懂得「玩」！哪知死活？

倫理道德的思想，一定要從小灌輸，方可根深蒂固，深植人心。所以，論語這本書應該是人人必讀的的一本經典。論語，告訴你如何做人處事，如何父慈子孝，兄友弟恭……。社會的進步，非僅限於衣食溫飽，更重要的是生活品質的提昇與道德觀念的增進。

要評鑑一個國家的前途，不是看他們捷運有多快、建築有多高、街上跑的車輛有多少，而是要看這個國家的人們如何互敬互愛。

這是眞的嗎？

晚上看戲看到一半，突然感到飢腸轆轆，肚子餓了，台上的戲演的再好，也急著希望趕快散場，好去解決民生問題。

真後悔晚上在某百貨公司地下美食街留了一半的韓國烤肉飯菜在桌上，省給在一旁的年輕人吃……

真不敢相信這是我親眼目睹的情景：一位年約三十來歲，正值創業或在社會工作的人，竟臉不紅耳不赤，一屁股坐在鄰座，拿起筷子，把之前一位小姐吃剩的麵，就大剌剌地吃起來。

難道這個美麗寶島，曾是安和樂利的土地，竟也輪到吃人剩菜的地步！也許這正是失業率攀升，景氣不佳的社會怪離現象吧？但是半碗麵怎能飽呢？於是我的惻隱之心油然而生，悄悄的離開位子，頭也不敢回，也許他還可以移到我位子繼續塡飽肚子。這情形好像我在大陸鄉下用餐後，後面有窮人等著吃二道席。一路上在思考一個問題：我到底對還是不對？如果縱容了他，或每個人都像我一樣，那麼這社會是否會有更多好逸惡勞、坐享其成的人？

活著要有尊嚴才對，所謂衣食足，知榮辱，也許兩岸的領導人在教育文化上，都要加把勁，二十一世紀才是真正屬於中國人的！

榮副

——最精緻、最迷你的副刊

在一場「副刊與中國文學」的專題座談會上，引言人之一——詩人兼主編瘂弦說了一段語重心長的話：「副刊可稱得上中國報紙的『特產』，從五四運動以來，副刊與文壇發展關係密切，也寫了一頁現代文學史。然而電子媒體發展後，副刊卻面臨了前所未有的挑戰。許多報紙紛紛取消副刊，情況十分危急……」並提出「副刊保衛戰」的因應措施；真是時代在變，一切在變、變、變……。

使我不得不佩服，只有四開大的榮光周刊，竟然也闢了一版作爲副刊。小小的版面，精緻迷你容易剪貼，無論散文、小品文、詩歌，均爲廣大的榮民袍澤提供了不少精神食糧，並發揮了潛移默化、陶冶性情、移風易俗的作用。

在功利主義彌漫，不少人向「錢」看的現實社會，報紙的「副刊」，不但淨化了人類的心靈，同時也提昇了人們的生活品質。「副刊」的存在與發展，是有其必要。

最重要的是「副刊」提供了作者耕耘的一塊園地，使他們的成果可以呈現在廣大的讀者面前，因此而鼓勵了作家寫作的興趣。同時「副刊」也造就了許多業餘的「女作家」，可以說臺灣文壇上的一大特色。臺灣女作家數量之多，是大陸女作家所望塵莫及的。這是兩岸生活制度的不同所造成的現象，這段話本人在去年北京召開的NGO婦女論壇上的「婦女與寫作」議題上亦曾提及，並引用先總統　蔣公的話：「文化爲文藝的根幹，文藝乃文化之花果，寫作要發揮中華文化傳統的精神和特性。」強調了有根的文藝，才能開出新的花朵。

我喜歡「榮副」，文章雖然短小卻內容「健康、精緻」，充份散發出「真、善、美」的光與熱。文章千古事，從事文藝工作者，必須拿出良知，以及道德勇氣，多寫一些改善社會風氣、激勵人心的作品。相信「榮副」是經得起挑戰、經得起考驗的。

八十五年六月二十四日　榮光周刊

禮失求諸野

不可諱言的，在過去若干年以來，我國在急遽現代化過程中，社會倫理大爲改變。

由於受到西方經濟侵略、政治侵略、文化侵略、尖端科技的資訊侵略。我們的教育政策，或多或少，也助長了功利思想與個人主義的發展。人心迷惘，社會混亂，傳統的倫理道德也隨之沉淪。這可以從青少人犯罪率的增加而得以證明，他們在現代化的美名下，滿腦子的拜金主義、個人主義、功利主義。

現代父母親對於子女的要求，可以說是到了有求必應的地步，做了子女的孝「子」、孝「女」，一反過去善事父母的常道。傳統的孝道，是指子女對父母應盡的行爲，現在却變成了父母對待子女應盡的行爲。本末倒置，先後錯亂，在升學主義和功利主義瀰漫下，父母望子成龍，望女成鳳，不惜犧牲自己半生勞碌所得，心甘情願，奉獻給子女，做了子女的奴隸。而做子女的甚至不知甚麼是「勤儉」之道？更說不上侍奉父母。殊不知，我們中國之所以歷經變亂仍能屹立世界而不動搖，就是因爲中國有個以「孝道」爲基礎的家庭倫理制度。

自從五四運動，全盤西化後，我們似乎不分西方文化的好壞優劣，照單全收。自己傳統文化遭到破壞，產生危機，而不自知。西方經濟，科技侵入中國的社會後，大家一味追求，崇尚西方聲光物質享受之餘，却不知去研究，學習人家之所以富強之道。

以美國來說，過去他們之所以成爲富強大國，除了科技的發達外，背後還是以「道德」、「法治」爲基礎的。他們從小訓練守法：排除上車，不隨地吐痰，不大聲講話、不妨礙別人的自由……他們上自總統的就職大典，下至老百姓的婚喪喜慶，無不用著宗教的儀式，爲甚麼我們不學習人家的美德呢？

反之，我們的青少年只學會了他們電影上所播放的暴力、色情。殊不知，西方社會一般人民仍是彬彬有禮，崇尚道德的。在他們的生活中，「謝謝」、「請」、「對不起」，是常常掛在口頭的，這方面他們做得也比我們強，是值得我們效法的。

科學不如人，可以急起直追。至於道德沉淪，則大大阻礙了國家進步，後果不堪設想。

新加坡政府有鑒於此，爲了避免走上西方物質腐蝕的後遺症。早幾年，就開始發揚、推行儒家的孝行，並加強學校中的生活教育、儒家倫理教育。使物質與文化，新與舊，趨之平衡，讓這一代年輕的人，在生活與道德教育的領域中，認清當前社會的法律，與各種現況，以適應未來繼續不斷變化中的社會生活。這是李光耀總理的高瞻遠矚。

再以我們的鄰國日本來說，人家的皇室大婚，迄今仍承襲古禮舉行，和現代化不相衝突。難怪有人說：「日本新的比我們新，舊的比我們舊，」這就是人家稱爲亞洲第一大國的原因。

「君子先愼乎德，有德此有人，有人此有土，有土此有財，有財此有用。德者，本也。財者，末也。」〈大學〉正說明了國家的富強，建立在國民的基本倫理道德之上。不可諱言的，生活在美國土地上的大多數老一輩的中國人，尙保存著傳統家庭倫理觀念的，因此他們受到外人的尊敬。中國家庭中的子女，對父母的服從性，或父母對子女的權威性，比起美國或其他國家的家庭來說是値得肯定的。

禮失求諸野，或者可以作此解釋。

九十年九月一九日　青年日報副刊

「浩氣長流」簡介

爲紀念中國抗戰暨世界二戰結束六十週年，美術、史學兩界人士聯袂共創巨型多卷史詩國畫，總名《浩氣長流》，總長度七七七公尺，繪歷史人物共八一五人。分別爲：卷首《故國》；卷一《山河歲月》；卷二《血肉長城》；卷三《精神堡壘》；卷四《信義和平》；卷尾《願景》。

歷時兩載完成在臺灣及海外展出

此畫秉承「究天人之際，通古今之變，成一家之言」之中國歷史大義，嚴守獨立、超越精神：採用樹碑立傳、左文右圖古法，以寫實造型爲主，期以緬懷前賢往哲，凸顯中華民族亙古未有之凜然浩氣。

「浩」畫自二〇〇四年十一月至二〇〇六年十一月，歷時兩載全部繪製加印裝裱完成。將於今年（二〇〇七年）「七七事變」七十週年運往臺灣及海外展出。展出有三種形式：

（一）原件全展：原件高二米五，長七七七米，現已增至八百米。在臺北「國父紀念館」前的露天廣場搭架子，將畫立靠在架子上，全場一公里，可以為圓圈展出。同時播放抗戰歌曲的錄音，大陸這些錄音CD齊備。

（二）複製件展出：複製件高一米三，全長三百多米。

（三）部分原件：取精華部分展出，這個展出部分也適用美國。

有史以來最長的中國書畫卷

二〇〇四年歲尾，國畫家歐治渝與重慶陪都文化有限公司負責人王康商量，將抗戰中陣亡將領繪製成畫卷，王康是抗戰史研究者，對歐治渝的這一想法大力支持。有了這個想法之後，王康和朋友專程開車去了南嶽衡山。氣勢磅礴的衡山忠烈堂修建於一九四三年，當時中國軍隊陣亡人數超過一四〇萬，陣亡將領一四〇餘位。蔣介石為了激勵士氣，批准建立忠烈堂。王康看完之後，覺得非常震撼，他聯想到，抗戰既是全民抗戰，也有國共合作，參與者不僅是軍人，於是他決定把歐治渝最初的想法擴大。徵求了朋友們的意見，得到一致認可。於是，決定創作一幅全方位、多角度、全景式地表現中國抗日戰爭全貌的長卷。最初定的是四幅畫，主題分別為《山河歲月》、《血肉長城》、《精神堡壘》、《信義和平》，每幅平均長度為一二〇米，總長度四八〇米。

這幅畫具有多重特殊的意義，一是有史以來長度最長、畫中人物及畫家參與最多的中國書畫卷，二是一九四九年以來在歷史真實上走得最遠的一幅畫。

連戰題書「浩氣長流」八百位人物

在歐治渝之外，王康邀請了另外三位重慶著名畫家江碧波、張春新、馬一丹分別擔任四個主題的領銜畫家，經過半年的準備和多次討論，長卷的繪製工程從六月一日正式啓動。長卷中八百多位人物，每位只能出現一次，只有毛澤東、蔣介石、周恩來分別出現了三次。原計劃在八月十五日抗戰勝利紀念日畫完全部長卷。但是，隨著新的歷史資料的不斷被發現，這幅長卷的內容不斷擴展、調整、豐富，畫卷的長度也在不斷地增加。最後的定稿長度爲八〇五米，畫中的人物增加到了八百多人，完成日期一推再推。

到了十二月十日，距離歐治渝找王康商量已經過去整整一年了。畫家門從盛夏畫到隆冬，畫卷終於到了收尾的階段。正在裝裱過程中的畫卷聯成一體，鋪展於地，逶迤綿延，氣勢磅礴，蔚爲壯觀。

在最後一個畫室中，歐治渝的《血肉長城》還在加緊繪製中，這幅作品表現的是抗戰陣亡的全部將領，二一六位在抗戰中捐軀的將領神色凝重地挺立在砲火硝煙之中。畫卷已基本完成，每位人物身旁的空白處將補上百餘字的小傳。在畫卷的正上方是連戰題書的四個大字:「浩氣長流」，落款是「中國國民黨主席連戰」。

九十六年七月　展望雜誌

緣來這麼巧

早上梳洗完畢，和堂弟媳通過電話，知悉正在中華醫院照顧伯母的雇工名字後，即出門了。迎面正好有輛計程車駛來，招手，鑽進後座後，我向司機先生說：「請到大安路中華醫院，你知道怎麼走吧？」

「當然！我正要送東西去給我太太，我也是去中華醫院。」看上去約莫六十歲、頭髮有些花白的司機，邊握駕駛盤邊說。

「真的嗎？真是太巧了，你太太在中華醫院住院嗎？」「是，但她不是病人，是二十四小時看護。」

「那就更巧了。我是去看我的長輩，八旬的老伯母，住在六〇七室，她的看護叫秀蘭。對了，你太太叫什麼名字？」「嘿！我太太就叫秀蘭，她這兩天正在照顧六〇七室的一位老太太！」

「真是太高興認識你了，我可以幫你把東西送給你太太，你就不用下車了，停車位不好找！」

「這樣吧，麻煩妳上樓到病房叫她下來好了，東西很多，不好意思讓妳拿。」

抵達醫院門口，付了車資後，連奔帶跑，乘電梯上到六〇七室，一眼看到一位外形正如司機所描述的中年微胖婦女。「你就是秀蘭嗎？妳先生在樓下等妳去拿東西，我剛才坐他的車子來的。」

堂弟媳正坐在床旁陪伴著伯母，我告訴她這則奇遇，她笑著說：「妳今天真好運氣，可以買彩券了。」

沒想到和陌生人的一段閒聊，也聊出一道暖流。世界真奇妙，當然妙在臨出門時問到秀蘭的名字，否則永遠也不知道秀蘭和司機、和伯母的關係。

八十九年五月日　聯合報

少年十五二十時

——前進非洲

當這幅民國五十三年「中華民國赴非文化團」的劇照呈現眼前時，我情不自禁，淚流滿面。那年我大學畢業，應國防部、外交部的徵召參加了「中華民國赴非友好訪問團」，簡稱「訪非團」，隨團長芮正皋、副團長白萬祥、前往非洲十五個國家作一百天的訪問。

四十年前往事，歷歷如昨，那是一個前進非洲大陸，空前絕後的「文化大使團」，目的是把大漢文化，傳播到非洲的新興國家，並促進與非洲各國的友誼。「訪非團」團員四十名，包括名畫家傅申、章祐，歌

民 53 年秋影於非洲象牙海岸

星倪賓以及前年去世的影帝郎雄等人，本人擔任古箏、琵琶的演奏。

訪非期間，光是飛機起落就有五十多次，飛航總計一百零一小時，節目演出五十五場，文物展七十八場，所到之處無不受到當地人士歡迎。我們一下飛機就開始佈置會場，白天展覽文物，晚上忙演出，可以說馬不停蹄，充分發揮了團隊精神。印象最深的是在查德的「萬人土風舞團」，那是由十八個土風舞隊組成，在烈日普照下，廣場上譜奏著不同樂器的旋律，鼓聲雷動、場面盛大，是我一生中最難忘的經歷。

九十三年十二月　文訊

早期作品

——「我不能放棄自己嘔心瀝血的一部份」戴高樂

茶，是國飲

爲了復興中華品茗技藝，充實生活內涵、淨化社會風氣、掀起國人對中華品茗文化的重視；以及建立品茗的藝術新形象，同時爲了提高茶葉在經濟上的效益；最近在一群有志於茶藝文化推動的幾位年輕朋友策劃下，發起了一項慶祝建國七十年中華茶藝獎選拔賽的活動，可以說深具意義。

不可否認的：茶，是我中華民國的「國飲」。所謂「國飲」，引伸之，就是由我國所獨創，而是一種特殊代表性的飲料。無論上班時，在家時，上館子時，茶，是一種不可或缺的飲料。

我中華民族是個了不起的民族，就以茶葉的發現來說，相傳是遠在神農時期。當初神農氏以爲這不過是一種可以解渴、提神的草藥而已。後來經過了歷代無數個無名氏在栽培上、繁衍上、烘焙上，不斷地改良又改良，才把原來一片片又苦又澀的青葉，變成了目前又香又醇的各種名茶；而且行銷世界各國。

據說我國的茶葉，從十七世紀輸入歐洲以後，立即受到外國人士的激賞，列爲主要飲料之一。

飲茶風尚逐漸流行全球。英國有位作家說：「感謝上帝賜給我們茶，假使沒有茶，這個世界不知變成什麼樣子？不知還繼續存在否？」

各國現代語中的「茶」字，就是由我國的「茶」字的廣東音或閩南音轉變而成的。筆者在遊學法國的時候，最高興的就是法國朋友來家飲茶，當他們說茶字的時候，感到特別親切，因為那正是閩南語的「發音」。同時也證實了茶的確是由我國傳入的。至今我還沉湎在那一段品茶的日子中；什麼文山包種茶、凍頂烏龍茶、香片、龍井、鐵觀音等，都是從台灣帶去的，只可惜沒帶一套功夫茶具哩！每當上好的凍頂烏龍，被滾水一泡時，滿室溢香，風味獨特，消除不少思鄉之情。在嚴冬的晚上，屋內升著暖爐，一杯濃香的烏龍茶在手，一邊翻閱著航空版的中央副刊，或是當天從圖書館借來的好書，實在是人生一大樂事。打那時起我開始與茶有不解之緣。一天不喝茶，就覺得渾身不對勁兒。

最好笑的一次是：我們在聖誕前夕的倫敦之行，從巴黎出發時，外子居然隨身帶了一包文山清茶，使我們在倫敦度過了美好的一段時光——白天參觀，晚上回到旅舍，則向服務生索取開水，泡杯茶喝，真是全身舒暢無比。

倫敦；酒店之多一如巴黎的咖啡座。當然英國人也講究喝茶，但是他們喝大多是紅茶，加糖又加檸檬的，實在不對我們的胃口。也許，這就是人家的「特色」！我在想，如果台北能設立大眾化的茶座或茶館（價廉物美的），豈不也是台北的「特色」嗎？外國人來到中華民國，至少也可以領略一下品茶的情調，一如到倫敦領略他們的酒店！

茶藝，是我國的傳統文化，但是日本人學去後，卻吸引不少西方人士。反顧我們自己。則不太重視，常把泡茶和沖咖啡一樣簡單，顯然已失去了品茶的藝術與意義。茶藝，不僅是講求茶湯的甘美、茶葉的多寡、茶葉的大小，同時還要講求沖泡時間的長短，這都是一種藝術。

古人說：「君子游於藝」，如今有這麼多年輕朋友主動在推廣喝茶的風氣，實在是件可喜的事。尤其是陸羽茶藝中心的總經理蔡榮章君，年輕有爲，他是文化大學觀光系畢業的，目前全付精力鑽研茶道，這次的茶藝比賽，就是由他發起的。我們常說坐而言不如起而行。要提高生品質，就讓我們從「泡茶」做起吧！

宋人吳自牧的夢粱錄：「人家每日不可缺者，柴、米、油、鹽、酒、醬、醋、茶也謂之起床八件事。」後來，把「酒」去掉，變成了開門七件事。可見「酒」可以沒有，「茶」則不可一日或缺，正如蘇東坡所形容：「一杯好茶，可抵千杯酒啊！」至於民間對茶的重視，更可在祭祖、拜神、甚至聘禮上看出。

至於歷來文學家，嗜茶如命或把茶放在詩詞中來謳歌的真是不勝枚舉。如杜甫：「枕簟入林僻，茶瓜留客遲」。溫庭筠：「嵐翠暗來空覺闊，澗茶餘爽不成眠。」盧仝：「一片新茶破鼻香，請君速來助我喜。」杜牧：「寒夜客來茶當酒，竹爐湯沸火初紅。」皮日休：「酒渴漫思茶，山童呼不起。」盧綸：「花飛猶是客，酒醒獨思茶。」陸游：「客散茶甘留舌本，睡餘書味在胸中。」又如蘇東坡不但嗜茶，且善於煎茶，其汲江煎茶、及試院煎茶，就是最好的說明。鄭板橋，也是懂得煎茶的人，他曾以煎茶的爐火來代替燈光，甚有情調。

至於元曲中以茶爲題材的也相當多，如喬夢苻的「別情」曲尾喬牌兒說：「相思成病何時慢，更拚得不茶不飯，真煞到海枯石爛。」爲了「相思成病」，竟「不茶不飯」也就是俗語語所說：「茶飯不思。」至於說到喝茶的樂趣，張可久的曲中說：「玉笛吹老碧桃花，石鼎烹來紫筍茶。山齋看了黃荃畫；酴香滿芭，自然不尙奢華。醉李白名千載，富陶朱能幾家？貧不了詩酒生涯。」只要有茶喝，有花賞，這樣的日子倒也蠻高雅的。

至於飲茶的好處，太微妙了；英國一位文學家說過：「茶，可以使人鼓舞，而又不會令人酩酊大醉！」不可否認地，茶不但可以解渴提神，而且有益健康。神農本草經說：「茶，能令人少眠、有力、悅志。」明代錢椿年茶譜：「人飲真茶，能止渴、消食、除痰、少眠、利尿道、明目益思、除煩去膩，人固不可一日無茶。」李時珍本草綱目：「茶苦而寒……最能降火，火爲百病，火降則上清矣。」

根據近代科學分析研究，證實了茶除了有以上的功效外，還可以促成新陳代謝，恢復體力之作用。同時綠葉中含有多量維他命，即使用沸水沖泡時，這些維他命仍能在高溫中存在著，不致溶解掉，所以它有預防敗血症功效，又烏龍茶，含有維生素P，可以減少腦溢血發生，甚至可預防動脈硬化、腎炎、肝炎、癌症等。似乎茶：可治百病。也是中藥醫方中，不可或缺的。

英國人常自豪地說：「他們是世界上茶輸入的第一位國家，又是世界上飲茶冠軍。」這從他們的民歌得到證實：「當那鐘聲鼓動第四響時，一切的活動皆因飲茶而中止。」

茶，是我國的國飲，是我們祖先最早發現的；什麼時候，這個飲茶冠軍的頭銜加之於我們頭上呢？

中國大陸，地廣物博，原是世界上產茶量最豐富的地方。茶的種類繁多，各地有各地的名茶，諸如普洱茶、紫筍茶、武夷茶、團茶、云霧茶、五花茶、浙江茶、沱茶……真是舉不勝舉。但是，從一些華僑的口中得知：喝了海峽兩邊的茶後，還是覺得台灣的茶好喝。每次來，都是大批採購回去，譬如文山茶、坪林茶、鹿谷茶……都是香味濃、滋味醇的好茶，不遜於大陸的茶，難道大陸變色後，連茶也失去原來的香味嗎？還是製作過程不得法？真是令人扼腕。

前不久，台視的新聞節目中，曾闢有「中國人能」的專題報導，曾介紹過針灸、算盤、農技，以及中藥等等，旨在激發起民族的自信心。

其實要報導的題材非常多，譬如「茶藝」不就是現成的題材嗎？其他諸如國畫、國劇、陶藝……都是可以透過螢光幕，予以介紹，並且配合目前的時代背景，生活所需，加以改良發揚，這才是達到承先啓後的目的。（寫在第一屆中華茶藝與選拔後）——七十年耶誕前夕於東園。

七十年十二月二十八日　青年日報

看花的日子

這是我第三次遊慶州，但是感覺上永遠是新鮮的。

回憶首遊慶州，是在民國七十一年深秋。中韓作家會議在漢城召開後，中華民國作家代表們，在韓方小說家全光鏞、成耆兆等教授的陪同下旅遊的，距經今雖已五個年頭，往日情景，歷歷在目。

第二次是去年十月三十一日，客居韓國時，所參加的「佛國寺」登山大會，那是爲了紀念　蔣公百年誕辰而舉行的一項活動。由釜山華僑協會以及領事館合辦。中華兒女齊集於吐含山上，舉行紀念儀式、致電文、呼口號、唱愛國歌曲……感人肺腑，迄今難忘。

這次，是春暖花開的四月中旬；由於洪瑀欽教授的一通長途電話；他在電話中用流利的中國話說：「慶州的『佛光寺』，正是櫻花怒放的時候；再不看，就沒了，櫻花的壽命很短……」如果我去的話，他願意作我的嚮導。洪教授是留學中華民國的文學博士。目前執教於大邱嶺南大學，兼研究部副主任。我們已認識多年。外子李殿魁是他的指導教授。

「賞花」，是視覺上最大的享受；正在爲釜山的好花不常在而感到婉惜時能有機會再度欣賞慶州的，也是雅事。電話中，欣然答應邀約。

於是，我們決定了今天（週一）十一點在慶州的東國大學分校大門口見面。他從大邱親自駕車來。之所以約在週一，理由之一是早上他正好在東國大學有課。理由之二是週一遊客不多。最重要的是我整天沒課，正是：「天時、地利、人和」，好個「看花的日子」！

這天，天氣晴和，懷著愉快的心情前往位於釜山大百貨公司一樓的高速公路車站，搭車前往慶州。

記得以前從漢城出發，沿高速公路約需四個半小時行程。自釜山前往，僅需一小時，瞬息之間，就可抵達目的地。

一路春光明媚，景色秀麗。釜山因氣候較慶州緩和，早已繁花開遍，要看好花，只有等待來年了。正是「今歲春來須愛惜，須知花面不常紅」啊！尤其是櫻花，自含苞待放到落櫻繽紛，前後只有八、九天的壽命。所幸，慶州的春天遲於釜山，我又可大飽眼福了。

離開釜山市區約四十分鐘後，原野以及路道兩旁的梨花、迎春花、木棉花、李花、櫻花，這些似曾相似的花，不正在向我迎著笑臉？有時也夾雜著新發的柳葉，嬌嬌嫩嫩的，令人賞心悅目。大自然美景，真是目不暇給。

使我聯想起曾在一家茶房讀到一幅字，是某韓國書法家所提：「天地之間，物各有主，苟非吾之所有，雖一毫而莫取。江上清風與山間之明月，耳得之而爲聲，目遇之而成色，取之無盡……」

真是言之有理，頗有同感。這家署名為「草原」的茶房，在所執教的東亞大學附近。地方清幽，採光足，座位寬敞，是學生們聊天、聚會的好去處。我之所以常去，是因為它靠近圖書館。

十一點正，和洪教授夫婦在所預定的地點會合後，由洪教授驅車向佛國寺方向出發。到了郊外，經過好長一段櫻夾道的路程。因車向高處走，觸目所及，璀璨的花海，彷彿從天而來，真是嘆為觀止。正午十分，由洪教授作東，在佛國寺前面的一家名為「科隆」超級光觀光飯店吃烤肉。一下車就呼吸到新鮮的空氣，喜悅之情不可形容。

今天是週一，上課的上課，上班的上班，偌大的韓國餐廳內，就只有我們這一桌。招待之週，不在話下。如在晚上，還有名藝伎的傳統樂舞表演哩！

吃了頓道地的韓國烤肉及喝了些酒後，步行幾步，來到了吐含山、佛國寺。此時春風拂面，清香撲鼻，令人如醉如痴。放眼望去，滿山遍野全是盛開的櫻花，白的似雪、粉的似霞，彷彿置身於桃園仙境。我坐在櫻花樹下的草地上，即興口占打油詩一首：

「四月芳菲忽欲盡，佛國寺廟豁然開。櫻花千樹壓桃李，還有蜜蜂飛過來。」

口中不停叫著：

「好美啊！好漂亮啊！」

同行的一位學生，也跟著我用國語說：

「好美啊！好漂亮啊！」

接著他好奇的問：

「漂亮的漂是什麼意思？」

「漂，也有亮麗的意思，但是這個字必須和亮連用在一起，就是美的意思，它是複合詞。就好像『光明』的光，『明白』的明，不可單獨用，必須連起來用。但是美麗的美是可以單獨用的。」

「中國的文字，真是有趣啊！」

正在介紹中國文字的特性時，一陣微風吹過，落英繽紛，草地上已是錦繡一片。如天女散花，又彷彿沐浴在花的池溏之中。

見獵心喜，我禁不住雙手接著由空中飛下來的片片花瓣，真的不忍看她墜入塵土。正是「春色三分，一分愁」；喜的是花開，悲的是花落，人真是個多情的動物呀！

捧著花，邊走邊想世間那有不凋零的花？何必自尋煩惱？不知不覺來到溪橋，兩岸有殘梅老樹，可惜臘月時正返國度假，否則可以領略到「踏雪尋梅」的情趣呀！

因爲遊客都是來賞花的；此處杳無人跡，正是「溪深樹密無人處，惟有幽花渡水香」，俯視著潺潺流水，不禁也觸起了「林花謝了春花，太匆匆，……自是人生長水長東」的感慨。

沒想到，看花的日子，亦是令人煩惱的日子。

不是嗎?桃花謝了，有再開的時候；楊柳枯了，有再青的時候，但是聰明的你，告訴我爲什麼日子一去不復返呢?

想到盛年不重來，歲月不待人時，真當及時努力自勉啊！

在花花世界中走走停停，忽然耳邊傳來清晰誦經聲音，原來到了大寺門口。

購票入內首先呈現眼前的是列爲國寶第二十號及二十一號的「多寶塔」和「石塔」。這兩座有名的塔，正代表了千年以上新羅的文化。遊客來此必須拍照留念。

寺院沿吐含山而建，到處是寺門、老松，以及古色古香的建築，有名的「大雄殿」、「紫霞門」、「無說殿」，以及「法鼓」，在在顯示了新羅時代佛教王國的鼎盛。其中「大雄殿」的天景紋藻，是由牡丹和菊花所組合，極具藝術價值。

追溯這期間佛教的歷史是坎坷的，直到一位名叫異次頓的信徒殉教，才顯現了奇蹟，得到朝廷的公認，後來在新羅大放異彩。一代佛聖元曉大師聲名遠播唐朝，以及這個狀觀的佛國寺，就是最好的說明。

遊罷佛國寺，驅車前往「中央博物館」、「雁鴨湖」、「大陵院」。這幾個地方都是集中在一起的。道路整潔，而無車馬喧；傳統式的瓦房，星羅棋佈，原來，韓國政府規定這些地區的平房不可蓋建大樓，以礙觀瞻。這一帶古蹟維護的相當好，清靜而脫俗，難怪韓國自古以來被稱爲「寧靜的晨曦之國」！

車行不久，來到中央博物館。不巧，門口掛了一牌子「週一休息」，只有敗興而去。

韓國的博物館，我曾經參觀過漢城的或光州的，印象中以光州的最爲深刻。其中不少文物與中國有關。而且近年來正加緊收集古物以充實此博物館。就以瓷器來說，許多是從新安附近海底所沉的中國貿易船中挖獲的。

館內計有中國青瓷一萬二千三百五十九件。黑釉五百多件，以元朝居多，韓國人視爲國寶。

迄今仍希望奇蹟出現，再發現類似沉船。據云，韓國政府曾花費巨資蓋建光州博物館，主要是爲了珍藏由海底挖起之中國古寶。睹物思情，豈不令人流留忘返？

從慶州博物館步行至「雁鴨湖」，僅十分鐘路程。列爲史蹟十八號的「雁鴨湖」，本來是一宮苑池，有千年以上歷史。曾經荒廢，於一九七九年開始照原樣新建，至一九八〇年竣工。目前已成爲新婚燕爾時蜜月必遊之地；湖中有鴛鴦戲水，和岸上的佳偶正是相映成趣。新娘都著傳統韓服，顏色鮮麗，他們穿梭於亭榭、拱橋、花樹之中正是當年繁華盛世歌無昇平的剪影。

從雁鴨湖出來，經過列爲國寶第三十一號的「瞻星臺」後，就抵達「大陵院」。以前曾隨作家訪問團來過，只見陵墓依舊，景色全非。上次來時正值深秋，西風散起一片秋意。而這次，一進到院內，就嗅到一股清新的空氣，有木欣欣以向榮的感覺。先是清松夾道，繼而柳暗花明，繁花點綴在一堆堆土黃色的陵邱之中，這說明了什麼？人生代代無窮已，花草年年應相似啊！

列爲古蹟一一五號的「天馬塚」是門禁森嚴的，有警衛守著，古蹟依照原來的形態，內部陳列有出土的文物，如黃金的黃冠、珠寶、飾物以及天馬飛天彩色壁畫。許多小學生在老師的引導下，入內觀賞。這真是活的課本啊！

慶州，的確是一個沒有圍牆的博物館。聯合國文教科學組織，已將慶州列爲世界十大古蹟之一。

同時，韓國爲了把慶州發展爲國際文化育樂都市，不惜巨資普門湖（類似日月潭）畔的五萬多坪的原野上，開闢了一個名爲普門的遊樂區。包括國際大會堂、現代化的國際觀光旅館、高爾夫球場、遊樂商場等……。

一九八〇年的太平洋地區觀光大會就是在此舉行。因時間倉促，只是坐車繞了一圈。

總之，韓國人上下積極努力幹的精神，是顯現在各方面的，這正是他們日益強盛的原因。

七十六年五月十日（母親節）　青年日報

韓國的茶房

前後去過韓國有五次之多，不是出席參加會議，就是旅遊觀光，鮮有閒情去泡他們的咖啡屋。這次，應韓國東亞大學之聘，在釜山足足住了三個多月，授課之餘，卻成了他們「茶房」的常客。大大地發現「茶房」也是韓國特色之一。

所謂「茶房」，廣義來講就是「咖啡屋」、「咖啡廳」，在韓國是相當普遍，只是他們用韓文拼音，所以一般觀光客不知道這是什麼地方，除非有人帶領。

我第一次去「茶房」就是由學生帶著去的。記得是我抵韓的第一個週末，中文系的一些學生介紹我去了一家名叫「素花房」的茶樓。

這家喝茶的茶房，位於釜山市浦洞鬧區中，門面不大，在一家餐廳的二樓，樓梯狹窄。但是進到屋內，別有洞天，其間，約有七、八張桌子，長方型的木桌，可坐五、六個客人。桌上有蠟燭台及「茶單」各一，古樸而有情調。

在這裏沒有吵雜的聲音，有的是幽雅的古典音樂，來者多半是年輕的大學生，有單獨帶著書本來讀的，也有三五成羣來談論學問或聊天的，都是輕聲細語的，鮮有高談濶論影響他人的。

當我們六個人坐定後，一位女侍者，拿著筆和紙走過來，好像點菜一樣，問我們要點些什麼茶。

「老師，您喝什麼茶？」其中一位同學問我。

「有什麼茶哩？我第一次來呀！」

「有人參茶、雀舌茶、綠茶、枸杞茶、葛藤茶、桂皮茶……」

另一位三年級同學用標準中國話向我介紹。

在好奇心趨使下，我叫了杯桂皮茶，微甜不難喝，有潤喉清嗓作用，合台幣只有二十元，價廉物美，後來方知是他們這次亞運期間推出的新產品，許多韓國人也沒喝過。回到學校後，我把桂皮茶大力介紹給韓國教授，頗受歡迎。

日子久了，我也領略了其他的「茶房」風味。一般的「茶房」除了供應茶外，還有咖啡、牛奶、阿華田等。消費額一個人頂多一千韓幣，合台幣不到五十元，咖啡，因是與美國技術合作，價錢更便宜，通常只要二、三十元台幣一杯。

這種茶房，隨處可見，似乎三步一小間，五步一大間，室內裝潢更具特色。有的小巧玲瓏，有的寬大舒暢。夏天有冷氣，冬天有暖爐。是供朋友約會，談生意，甚至小型會議的理想之地。

有些「茶房」有出差性的，電話一通，服務到家。有一次我去拜訪華僑協會長，一進他辦公室，就來了一位小姐，她手持熱水瓶及茶具等，親切地沖茶倒水，分送到賓主面前，之後立於門口，等我們用畢，即端盤收拾茶具離去。起初，我以爲她是協會顧用的女工，經解釋，方知是附近茶房的服務生，茶資一樣不另加小費。這種服務到家的精神，令人欽佩！

但是，一般的茶房，是不供應點心的，（異於觀光大飯站的咖啡廳），卻供應一種用滾水沖泡類似「麵茶」的玩意。裏面的成分包括糖、奶精、炒麵粉，以及壓碎的杏仁、花生、核桃、玉米、松子等穀類。用開水沖調的剎那，香氣四溢，他們稱之爲穀類的茶，韓國話有專有名詞，但找不到恰當的中國話翻釋，我姑且稱它爲麵茶。此外，用開水泡的茶，如人參、枸杞、葛藤之類，在茶湯內也放些松子，黃豆之類的，心想，大陸某些省份的茶有這種吃法的，也許是受我國影響，但他們仍保留這風味。

第一次吃韓國麵茶，是在李良熙女士家中，那時我尚未遷入學校的教授宿舍，我被邀請在李府做客，一天吃上好幾次麵茶，幾天下來，體重突然增加，懷疑韓國人身材高大，是否與麵茶有關？

韓國經濟起飛，但是他們對「吃」的方面，絕不浪費，一小碟泡菜，可以吃一大碗飯，真是經濟。據營養家分析韓國泡菜，含有大量的維他命C，可防止感冒，且有養顏之功，這是題外話。

說實話，客居韓國的這段時間，泡菜，對我來說，可有可無，發生不了多大作用，但是，韓國的「麵茶」，卻大合我口味，一天非喝上兩杯不可。心想，我國的茶館也好，咖啡廳也好，如果也供應這項玩意，必受大家歡迎的。

何以「茶房」在韓國如此興盛，一位留韓的朋友告訴我說：「因爲韓國房屋昂貴，一般住家不大客廳很小，（高級住宅區除外）因此，「茶房」成了朋友見面，聊天談事最佳去處。」

七十六年九十五期 仕女雜誌

龍的傳人國慶閱兵有感

為了親睹盛大的國慶閱兵大典，一天早就來到總統前廣場，典禮是十點開始，可是不到九點，已是座無虛席。放眼望去，一片人海，一片旗海，這裡聚集了上萬的海內外同胞，熱烈企盼一睹六年多以來的第一次閱兵大典。青天白日滿地紅的國旗，正迎風飄揚，氣象萬千。

從昨晚氣象報告今天將是個晴時多雲偶陣雨的天氣時，我就開始祈禱，希望天公作美，國慶閱兵時，千萬別下雨。不要讓我們的國軍健兒成了「落湯雞」，也許文人多感，杞人憂天，害我一夜失眠，直到第二天早上，知道沒下雨時，才把一顆心放下。

在風雨中觀看遊行，是我一生中不可磨滅的記憶。那是民國六十二年，正是我國自動退出聯合國的第二年，為了表現國人無懼於橫逆，團結一致，勇往直前的決心，雙十國慶特別舉行了一項所謂的「萬人大遊行」，可是天有不測風雲，就在國慶前夕，來了個大颱風，真是天將降大任於斯人也，必先勞其筋骨，苦其心志。「大遊行」就在風雨交加中進行，讓我們渡過一個「風雨同舟」的國慶日。汗水和著雨水、淚水，從每個人臉上流過，衣服全濕了。看到蔣院長（故總統經國先生），面帶微笑，在大會開始之前冒著風雨向國防部示範樂隊以及三軍儀隊問好時，我也把身上的雨衣脫了下來，任憑風吹雨打，我要做個勇敢的人。

風不停地颳，雨不停地下，卻阻擋不了來自四面八方的人潮，爲了爭睹萬人大遊行的壯舉，海內外各界代表很多萬人，在風雨中來到總統府前的廣場，每個人手持國旗，衣服被雨淋濕了，心卻在沸騰。

蔣院長特以「風雨生信心」「風雨同舟」勉勵國人。颱風天不但沒有影響到國人慶祝國慶的熱忱，反而加強了奮鬥的精神。

只是，那年，我真希望國慶時，老天給我們一個好天，不要讓我們的萬人遊行泡了湯，偏偏，颱風爲國慶帶來了風雨，來的真不是時候。當時正是我退出聯合國的第二年，正是山雨欲來風滿樓的境況。我多麼希望在國慶遊行時，突然奇蹟發現，風雨暫停、陽光普照，但是，祈禱也沒用。每一個人都淋得像個「落湯雞」，「落湯雞」是「落湯雞」，可是遊行時，隊伍絲毫不亂，雨愈大，鼓聲愈大，歌聲愈嘹亮，國人無不情緒高昂，意志堅定。這真是令人難忘的「萬人風雨同舟」的大遊行。晚上從電視新聞的畫面上，銜著淚水再看一遍這場風雨中的大遊行；那真是一個風雨生信心，激勵民心士氣的感人場面。我覺得這些影片，不妨在每年國慶節時，反覆在電視上重播，給新生代的人看看。我的兒子是民國五十九年出生的，那時才三歲，正是亂蹦亂跳的稚齡，他在電視機前坐不住的，更談不上國家遭遇橫逆的感受。那已是十五年前的往事，但是當時情景歷歷在目。

今天，欣逢七十七年國慶，是個久雨放晴的大好日子，國軍健兒們齊集在總統府前，要把他們平日操練的情形呈現在國人面前。這是自蔣故總統經國先生逝世以後，化悲慟爲力量的最具體表現。同時藉此機會，把國軍威武雄壯的軍容向李總統登輝先生表達擁護與愛戴之忱。

這是令人既感動又興奮的時刻。

當李總統蒞臨閱兵台前，新公園那邊放出「轟轟」二十一響致敬禮砲時，我的熱淚不禁奪眶而出。等到雄赳赳，氣昂昂的三軍官校學生托槍，踢著正步，整齊劃一地出現在我面前時，我早已淚眼模糊。由於我的座位是靠近馬路的第二排，可清晰地看到健兒們鋼鐵般的身軀，以及氣吞山河的鬥志。

「真是太棒了，太棒了！」我不停拍手，喊著。

最年輕的是中正國防幹部預備學生，年僅十五、六歲，氣宇軒昂，精神抖擻，正象徵國家的活力，他們那個不是天下父母的心肝寶貝？那一個不

2006 年 5 月 4 日中央黨部紀念五四運動，背後為國父銅像。

是以他們兒子爲榮？

一支享譽中外的現代女花木蘭隊伍，以輕快整齊的步伐通過閱兵台，替中國婦女爭光不少。旅居韓國兩年期間，印象中，似乎沒看過女性參與閱兵的，可見我國男女地位之平等。

海軍陸戰隊的兩棲偵搜營的蛙人們，他們屹立不動，挺坐在橡皮艇中，赤裸著上身，古銅色肌膚，雄姿煥發，令人想到「但使龍城飛將在，不教胡馬度陰山」詩句。

由國人自制研發的新武器，更是以雷霆萬鈞之勢，顯示出國軍的威武雄壯。

歷時一個多小時的閱兵大典結束時，李總統神采奕奕，精神旺盛地講了簡短的，振奮人心的話，他勉勵國軍在尖端武器上要繼續精益求精，國人要繼續精誠團結。

這次的國慶閱兵相當成功，特別是國軍健兒們，那種抬頭挺胸，勇往直前的精神，真不愧是「龍的傳人」！

七十七年十月二十三日　青年日報

不要忘記

——曾經有一位勇者，擋住一列坦克

六月間學期結束時，我去香港會親。在街頭上，碼頭上、車站內，觸目皆是聲援大陸民主運動以及譴責中共血腥鎮壓的種種標語、大字報。有的慷慨激昂，有的血淚交織。中國人的吶喊，震撼香江。

其中一首新詩，題爲「漂亮的中國人」更引起了我的共鳴；全詩共分三段，茲筆錄末段於後：

「理想必勝，浩氣長存。
槍砲轟擊，不驚。
赤手為民請命！
坦克車裂，不懼。
是死創造光明，

壯烈犧牲，喚起國魂。
自由是「龍」的心，
民主是「梅」的志。
一人倒下，千萬繼起，
誰說中國人「醜陋」，
看他們「光輝漂亮」！

這使我腦海中又出現了那位在天安門前，隻身以血肉之軀，英勇擋在坦克車前的那位年輕勇士——王維林，那麼地光輝漂亮！

六月五日中共血腥鎮壓的第二天，當這幅感人的景象出現在電視新聞畫面中時，我們全家都呆住了，窒息了。有人居然敢在太歲頭上動土？難道他不怕死嗎？相信所有坐在電視機前的人，都會替這位勇士捏把冷汗。這位置個人生死於度外的英雄好漢，不但擋住了坦克車頂，和裡面的人交談，大概是要求中共停止屠殺吧。然後又從容不迫的下來，隨後被「人」拉開，以後就在也沒出現他的影子了。畫面上沒有任何旁白，時間是靜止的，空氣是凝重的。他的勇敢、堅毅的行爲，將永遠永遠銘刻在世人心版上！

天安門慘案不久，美國總統布希，宣布了全面停止對中共軍售與制裁的措施，布希曾向記者說他有感於這幅以和平、堅定的態度，爭取民主、自由的珍貴鏡頭。而且要美國人民效法。是這位坦克車前的勇士，扭轉了當時緊張情勢，也挽救了部分手無寸鐵的學生和人民。

其實，這位勇士，所爭取的不僅是民主、自由而已；他義無反顧，不枉此生，不愧爲民族英雄。所謂「國家興亡，匹夫有責。」中華民族浩然正氣，在他身上充分發揚出來了。

這段影片，彌足珍貴，不知國內有關單位是否已爲妥善保管，或配合文字記載把畫面雋刻在一紀念碑上，讓後代子孫知道他們曾有一位阻擋坦克的正義鬥士。

當然，中國人也要牢記拍這新聞影片的記者先生——美聯社傑夫．溫納德。他是冒著生命危險，才拍下了這珍貴的歷史鏡頭。

皇天不負苦心人，欣聞這位年僅三十六歲的英勇記者，將榮獲一九八九年由義大利所頒發最佳新聞攝影獎。

評審團說：「這幅照片，是真實反映大陸學生和工人在天安門護衛人權的最重要文件，它同時顯現在我們時代中，個人價值和責任是多麼不可抵禦的力量，一個手無寸鐵，單槍匹馬的年輕人，竟然能阻止一長列坦克蠻橫前進。」

我們在爲這位得獎的記者慶賀之餘，同時也爲影片中的勇士壯烈犧牲而感崇敬；還有那第一輛坦克上指揮官尚未盡失人性。

坦克勇士，我們將牢記你曾經擋住一列要去屠殺同胞的坦克！

「不要忘記，歷史上曾有一個人，曾經擋住一列坦克！」

這句話是我在赴港前，在執教的文化大學樓梯口的牆上看到的標語；白底黑字，非常醒目，顯示出師生支持民主運動，精神可佩；不過，原句不是一「列」而是一「輛」，是我臨時取筆把

「輛」改成「列」字。我想，寫這標語的學生，未必看到電視上的畫面，也許只是耳聞誤以爲是一輛。

爲了澄清這個事實，下課後，我又重新寫了一張，貼在牆上。「列」字上特別加了個引號！中國人啊！你們要記住，民國七十八年六月五日，這一頁悲壯的歷史；這天午後，有人擋住一列坦克。

「漂亮的中國人」，自由民主的種子因你而發芽、茁壯。自由民主的潮流因你而洶湧澎湃，中國前途是充滿光明的。

七十八年七月十四日　青年副刊

您永遠活在我們的心中

四月五日那天晚上，我們在一對法國夫婦家中吃晚飯時，還在談論越南峴港的失守與越共掃射逃離的老百姓的問題。這位法國朋友問我們：「東南亞一天天惡化，臺灣的局勢會不會轉逆？」我們說：「臺灣在　蔣總統的英明領導下，國防鞏固，全民的反共鬥志是很堅定的！」並且還特別介紹　蔣總統是位卓越的政治家、思想家、軍事家……他老人家一生爲國爲民，從東征、北伐、抗日、剿匪，無一不是爲了保衛人類的自由幸福，而竭盡心力；我們在臺灣二十多年來，過著安居樂業及富足繁華的日子，全是他老人家所賜予的！」作了一番介紹，這對夫婦對臺灣十分嚮往，說「希望有機會到臺灣住一段時間」！

晚上十二點多鐘回到寓所，外子打開收音機，突然說：「……怎麼？電台好像在播報我們　蔣總統逝世的消息？……」我沒有注意聽廣播，以爲外子神經過敏。早上我們還誦讀　總統青年節的文告哩！我大聲說：「你別胡說！那是不可能的事。」被我一說，外子也以爲聽錯了，但他說等著看明天的新聞吧！一夜總籠罩著疑雲，希望沒有這回事！

六日，是星期天，商店什麼都不營業，也無法去買報紙，忙著把圖書館借來的書作筆記，一上午也就過去了，正在用午飯時，門鈴響了；原來是樓上王太太，氣急敗壞地要我們趕快上樓去看電視：「總統去逝了！正在播紀錄片……」真是晴天霹靂！兩腿發軟，心也快跳出來了！趕忙上樓，電視裏正在播　總統國慶閱兵的紀錄片，這是真的了？我默哀了一陣子，不禁淚水奪眶而出。這真是個令人震動與哀慟的消息！也是件無法彌補的憾事！頓時我們和王家都陷入一片愁雲慘霧中，大家相對無言，心情沉重。回到家中，飯也咽不下了，本來計劃要上街的，此時只有悲傷地留在家中，一個下午，心像鉛塊似地墜著，窗外陰霾沉沉，也像塊鉛——整個世界好像都窒息了。

突然，遠處傳來教堂禮拜的鐘聲，這不是提醒我去教堂嗎？披上外衣，走出家門。此時正是下午四點多鐘，又是星期天，人們優哉游哉地，有牽狗踱步於人行道者，有談笑自如於咖啡座者！廣場上，一群孩子們正在追逐嬉戲，糖果店在擺長龍，對巴黎的人們來說，好像絲毫沒發生任何事情一樣！「難道人心隔得這麼遠嗎？這真是個無情的世界！」此時，對我個人而言，真是天崩地裂，五內如焚！真想放聲痛哭，我們何其不幸，失去了救星，失去了依憑，失去了最崇敬的領袖！

記憶中，我最後一次見到　總統他老人家的慈顏，是在一次春節大專教授年會上。　總統親臨會場與在座的年長教授共桌午餐，曾愷切談到當前教育上的問題，特別強調青年們的生活教育；他對學者專家的敬重，對教育文化的關心，是每位文教界工作人士之所深知的！當他老人家答應要帶大家一齊打回大陸時，許多老教授們，無不熱淚盈眶，高呼：「總統萬歲！三民主義勝利萬歲！」最後　總統巡視會場，向大會人員揮手告別時，容光煥發，精神充沛。當我面睹　總統的風采威儀時，真是由衷地崇敬與感動，終身引以爲榮，他老人家真是世紀的偉人，人類的福星！今日想來，宛如昨日，可是老人家已棄我們而去，教人情何以堪呢？

來到巴黎，剛剛兩個月，這是我第一次進入異國的教堂，爲我們敬愛的領袖祈禱！堂內有位神父正爲一個嬰兒領洗，這便是「人生」？「生生不息」？領袖雖離我們而去，但他的基督耶穌般的濟世精神，與我們同在。他將永遠活在我們的心中，化爲力量，變爲行動；我們絕不會忘記總統的遺訓：「堅此百忍，奮勵自強，矢勤矢勇，毋怠毋忽！」來肩當重任，完成國民革命之聖職！我跪在十字架前，衷心祈求他老人家精神永遠支持我們，保佑我們。我們的生命也繼續著他的生命！最後我也默禱國人，化悲痛爲力量，不要忘了我們是　總統的子弟，是中華民族的子孫，是堂堂正正的中華民國國民，我們在苦難中成長，我們不畏苦難，我們要繼承　總統遺志，克服困難拯救大陸億萬同胞的苦難，這是我們該勇於承當的！

六十四年四月　歐洲論壇雜誌

六十四年五月十二日一五〇期　創新週刊

一表三千里的「李表哥」

外交部北美司司長章孝嚴在臺視的「大家談」節目中，曾表示：我國在形象的宣傳上，應採取積極主動的做法；他也坦率地指出：我國在美國的形象塑造與推廣工作，如果與中共相比，則尚有若干待檢討之處。在波多馬克協會去年（七十四年）二月間做的民間調查顯示，在美國民眾中非常喜歡我國的有百分之十，但非常喜歡中共的有百分之十六；非顯然美國一般民眾對海峽兩岸的了解有一些偏差。

又說：中共在國外想盡辦法來塑造形象，甚至用各種謊言、伎倆，我們要提高警覺，要以主動、積極的做法來塑造形象。但是我們的形象宣傳工作非常辛苦，由於受到中共及「臺獨」份子的破壞，事倍功半。

聽了這段話，真是感嘆不已。

可喜的是：擁有五十一個國家、四百家報紙、六千多萬讀者的國際知名政治漫畫家勞瑞，主動地、善意地，替現代中國人塑造了一個充滿「朝氣」、充滿「活力」的「李表哥」。

提到「李表哥」是否完全代表中國人形象時，章孝嚴認爲它只是一幅漫畫，需要一段時間來培養對他的好感。不過他認爲我們不應介意「李表哥」的美醜。他舉例說：E．T長得很怪，但是看過「外星人」這部電影的人，慢慢地都喜歡了他。

可見，外表、相貌，不是重要的，重要的是他代表的是什麼？何況漫畫人物的形象，本來就帶點誇張與怪異的。

我想，任何宣傳方式，沒有比「漫畫像」更深刻、更有效的了。只要達到宣傳目的，達到別人對你的認同，又何在乎樣子的好壞呢？更何況美與醜，是見仁見智的。一幅漫畫畫得使所有的人喜歡，是不容易的。我想，即使是畫成像中國古代帝王畫像中的方面大耳，天庭飽滿，也未必令所有人喜歡。

「樣子」是很難定個標準的，好在「李表哥」的樣子並不難看，至少，比過去那種戴瓜皮帽、拖長辮、抽大煙、骨瘦如柴的好。

勞瑞曾強調：「我們必須幫助李表哥，讓『李表哥』幫助中華民國」，真是肺腑之言。憑著他的這點正義感，我們不但不要責備「李表哥」，而且要愛護「李表哥」。設想，連我們自己都不愛，還有誰去愛？你要重視他，他才被別人重視。要知道「李表哥」是給外國人看的，不是給你看、或給我看的，我們自已有什麼好看呢？要緊的是，讓外國人一看就知道這代表的是什麼？樣子並不重要，重要的是他是東方人，是來自中華民國的中國人！

在「李表哥」沒出世前，我們在國際上的形象是什麼？梅花？龍？都太含蓄了，何況「龍」

在東方有四條：南韓、香港、新加坡，太籠統了。唯有「漫畫像」最能讓人認同。我們花了這麼小的代價，卻可以做這麼大的宣傳，何樂不爲？

勞瑞說：「『表哥』與『大叔』是給讀者有一家人的親切感。『大叔』未必只代表山姆大叔。你可以做你大叔的表哥、表弟；也可以做你祖父的表哥、表弟。」Cousin 這個字含意很廣，包括了表哥、表姐、堂哥、堂姐、表弟、表妹等，你想做誰的表哥，就做誰的表哥。換句話說，可以把長輩拉得和自己一樣平。有些人說勞瑞爲什麼不畫「李祖父」grand papa Lee 而畫「李表哥」Cousin Lee 好像我們比別人矮了一截，其實，何必一定要做祖父呢？表哥，豈不更親切？正合乎我國「一表三千里」「四海之內皆兄弟」的觀念，勞瑞的用心良苦，由此可知。

一、為什麼姓李

爲什麼不稱「鄭」表哥、「胡」表哥，卻稱「李」表哥？仔細思量，也是耐人尋味的，至少基於以下三點理由。其一、美國人有很多姓李的，英文是 Lee，容易發音，容易記憶，尤其有位著名的李將軍（Robe Lee），羅勃李，是人人所知的，表示中美原本一家，關係更進一步。

其二，是「李」在中國是一大姓，而且歷史上出了許多著名人物，如老子——李耳。唐朝的開國者李世民。

唐朝，是個兼容並蓄的朝代。從三國到南北朝，在政治上足足混亂了三百多年，一直到唐朝才慢慢恢復過來。民族更是具有創造的精神與強壯的力量。再加上外族文化的激盪交流，於是，無論社會、經濟、文化，都達到高度的繁榮。唐朝對外的拓展，也是功不可沒的。如今，在歐美各國，都有唐人街，可見唐朝的形象對西方人士的影響之深厚。

其三、「李」和「禮」同音。以「禮」來代表中國人，至爲恰當。我國向來是個講「禮」的民族。不幸，在大陸上，聖人之道，受到共產暴政摧殘，早已蕩然無存。殊不知孔子的仁道精神，克己復禮的修身哲學，現在說來正是真知灼見。也正因此，我中華民國才能屹立於世而不動搖。

不過，近年來，由於工商業發達，社會形態變遷，道德沉淪，暴戾橫行；有識之士均大聲疾呼，要發揚我國固有的「倫理道德」，使我國成爲富而好禮的泱泱大國。在高度物質文明發展的今天，精神上的文明更加重要。

「李表哥」的出現，正可鼓勵我們要注意父慈子孝，兄友弟恭的生活規範，進而提昇國民生活素質。

勞瑞絞盡腦汁在表哥上冠上「李」姓，是有多層意義的。

二、武術精神

有人批評李表哥的服裝、架式，都是「李小龍」的翻版。當然，這是李小龍的功夫片，帶給外國人的影響。不過，從好處看，中國的武術精神，也是不錯的，是講禮節的，講義氣。其中柔道一項，就是講道理的一種很好的運動，它的始祖原本是我們中國人（明陳元斌），後來日本人學去了，就成了他們的國粹，我們自己反不重視了。「柔」的本意，就涵蓋了應乎天理，順乎自然的哲學。柔，也正是我國民族愛好和平，溫柔敦厚的象徵。「道」，就是善用心身的道理，手腦並用，來對付正面的攻擊，要順應其勢的制服對方。換句話說：不是懷著仇恨心理去攻擊別人。在攻擊時，要懂得進退之道，這種功夫到了高段，身上才繫黑帶子。而「李表哥」的腰上就有這條黑帶子，表示已到了很高的境界了。

同時也意味著現代的中國人，已懂得如何面對各種挑戰；運用到政治上，就是所謂的「莊敬自強，處變不驚」的道理。

凡懂武術的人，都有種穩健、沉著的修養。同時，習武的人所學的功夫，並不止在搏鬥的方法，而是要在困境中懂得忍辱負重的道理；這對青少年頗具啓發作用。

說到「李表哥」的服裝，也沒什麼不好，總比長袍馬褂看起來精神些。說到服裝，的確不能怪勞瑞，國人著長袍馬褂者有之、著中山裝者有之、著功夫裝者有之、著西裝者有之、連我們自己都弄不清什麼是我國的國服，又何況是外國人？西洋人著燕尾服，必戴禮帽，我國人著長袍馬褂者，卻頭頂空空，總不能頂著西洋禮帽吧？看起來怪怪的，究竟什麼是我國的禮服、禮帽，的確是值得專家們去研討的。

三、詮釋比創作更重要

自從中共竊據大陸以後，三十多年來，生活在自由、民主的復興基地——寶島臺灣的人民，由於長時期在「中國必須自立自強」的信念下，已慢慢肯定了傳統文化的價值。而且在傳統的基礎上求新、求進步。「五四」運動時期全盤西化的想法已漸消除。

國人已由過去的焦慮、惶恐、苦悶、失落等種種心態中，慢慢復甦，終於認清了時代所賦予我們的使命與責任。但是我們這種努力的新形象必須要讓國際人士認同。

七十五年一月九日　青年日報

木乃伊的旋風

真想不到一具有著三千年歷史的木乃伊，爲台北歷史博物館所舉辦的「古埃及文物展」，掀起一陣熱潮。第一天揭幕典禮，就吸引了五萬人競相爭睹。

看到一直排到美國新聞處長龍（約一個公車站的路程），內心感受頗深。記得以前，我們要看這些古埃及的文物，非得長途跋涉到歐美的博物館不可。如今，不同了，由於城市經濟的發展，以及社會型態的變遷，交通的便捷，各種藝術，無論國內、國外，均蓬勃地應運而生。尤其台北，這個大都會，只要你稍加注意一下藝文活動的報導，無論動態的舞蹈、音樂，靜態的繪畫文物，都可呈現在你眼前，而不必千里迢迢地跑到巴黎、紐約。這真是年輕一代人的福氣。

陳列於一間專室的木乃伊，首次運來台北展出，最是令人矚目和好奇。

木乃伊，對我來說並不陌生，曾經在歐洲博物館看到不少。倒是懸掛在牆上的X光圖片深深吸引了我。這是有著貴族身份的奈班特普祭司，萬萬沒想到死後三千年的屍體，被中國人X光透視了下來，掛在牆上吧？雖然耗資甚巨（六萬台幣），卻使古埃及的老祖先，從老遠地方拉近在我們面前，使我們看的更透澈。其實，中國與古埃及人都是有智慧的民族，前輩祖先的成績都是相當輝煌。

「木乃伊」這個字源自阿拉伯文，原義是「瀝青」，瀝青是一種礦物質，具有防腐的作用。就以保存屍體的方法來說，古埃及與中國就有著不謀而合的高度技術。古埃及人懂得把屍內的五臟除去，遍體塗上可以防止蟲蛀的椒花芸香，再又泡浸在可以防腐的藥石鹼水中，然後再又取出風乾，塗以松香、麝香，最後用幾十丈的白麻布，一層層如軍人打綁腿似地裹著，使其密不通風。

使我想到早在我國二千年前老祖先們也知道用香料等來防止屍體腐化。三國志劉表傳注引：「表死後八十餘年，至晉太康中，表冢見廢，表及妻身形如生，芬香聞數里。」

從許多出土的文物來看，古時候的人懂得把墓挖得很深，密不通風，並且堆積大量的碳，使其保持乾燥，無論是墓壁、陶俑陪葬器皿的顏色仍然保持鮮艷顏色。

不知是我國和古埃及在很早就有文化交流？抑是祖先智慧不謀而合？不過，對於木棺的造形與漆繪，古埃及是相當重視的。也許和宗教有關。古老的木棺，無論內部與外部，都刻畫著代表健康與幸福的眼睛，又黑又大。他們認爲死者透過這種種所謂「荷魯斯之眼」的協助，可在通往冥界的途中，得到神的祈福。

十九時期王朝的人形木棺，最爲華麗，他們把木棺做成人的形狀，下面加以透明漆，或五彩繽紛，金碧輝煌的圖案。這種人形木棺，都是前後兩半合起來的，正面的頂端是一幅漂亮的人面雕像，如是女性，大都是圓圓的臉廓，大大的黑眼珠，筆直垂向耳際的頭髮，一絲不亂。男性、則留有鬍鬚。在羅浮宮、大英博物館內看到的，大都是空的木棺，內部的木乃伊已取出。

有次，還看到一具十來歲男孩屍體，全身用白麻布緊緊纏住，硬硬地像個石膏似的，上面漆了許多經文，護身符，頸部掛著一個小木牌，牌上鐫刻死者名字，有時刻有父母的名字，死者頭部亦有用亞麻布或石膏做的肖像的面罩。埃及人視雕像爲死者的化身，因此在雕刻上非常講究，必須要和真人的容貌相似才行，大部份是豪放的風格。

至於木棺內部也是密密麻麻的圖畫文字，仔細觀看木棺上面的楔形文字以及繪畫，和我國早期的象形文字似乎有異曲同工之妙；不過，他們的象形字大都鐫刻在廟宇上的，除了將人物鳥獸的形象畫出來，還得塗以彩色，如鳥的羽毛，人的眼珠。

古埃及木棺外面常以「鳳」做爲裝飾，不但形狀與中國的相似，且意義相同，都是象徵吉祥的。我國春秋時代也提到「鳳」鳥爲一種仁者之鳥，是神鳥，是鳥中之王，幾百年始得一見，詩經：「鳳皇于飛，翽翽共羽，」書經：「蕭韶九成，鳳皇來儀，」左傳：「……是謂鳳皇于飛，和鳴鏘鏘，」都說明了鳳的祥瑞，鳳皇于飛，就是比喻夫婦和睦，相伴而飛之意。通常用在祝人婚禮時。而古埃及也傳說鳳是一種靈鳥，啣著父鳥遺體飛往太陽神寺落葬，羽毛塗以金色，象徵祥瑞。古埃及的木棺相當講究，楔形文字，都是記載死者生前的事蹟，或頌揚武功。有錢的王公貴族，才有資格用這種方法保存遺體於千秋萬世。

除木乃伊外，其他如埃及的宗教、生活、墓葬、藝術等，將使我們領略到古老埃及歷史文化對人類的影響，以及我們對古老的西方文化獲得清晰的認識。正如歷史博物館館長何浩天所說：

「古埃及文物展，正是東西方兩大古國歷史文化會合的一個光輝時刻。」

據瞭解，西方很多學者窮畢生之精力，來研究古埃及文明。反觀我國人，研究埃及的文化，可以說鳳毛麟角，希望歷史博物館的這項展覽，可以激發大家對古埃及文化的探討。

七十四年九月十九日

非洲舞樂的旋風

一向被視爲是「黑色大陸」的非洲，我們對她了解多少呢？

「我們對非洲這一廣大區域的了解，至今仍然很少，大家所知道的是那裏的自然環境、大沙漠、飢荒、動物……其他方面就一鱗半爪了。」（引楊允達兄西行采風誌潘序）

的確，我們對非洲的了解有多少呢？尤其是藝術方面，難道我們真的遠離了非洲嗎？全世界的藝術家在向非洲掘寶時，我們還能坐在象牙塔中嗎？你知道嗎？畢卡索的畫來自非洲原始繪畫的靈感，美國爵士舞，以至時下流行的狄斯可、霹靂舞，也或多或少受非洲原始舞蹈的影響。

提到非洲舞蹈，目前正有一個舉世聞名的塞內加爾國家舞蹈團，應「新象」藝術中心之邀，來華作爲期五場的演出，將是中非文化交流的最好機會，由於這是非洲舞蹈首次展現在國人面前，勢必將掀起一陣黑非洲舞樂的旋風，因爲她的舞蹈是狂熱地，原始地；她的音樂是激烈地、奔放地，她的裝扮是自然地，多彩多姿，甚至半裸的……純粹是爲舞蹈而舞蹈，爲藝術而藝術，絲毫沒有色情的成份。

由於我本身是從事文藝工作，所以每到一個地方，總是實地了解該地的音樂、舞蹈，進而認識該地的民情風俗；而在非洲方面，似乎和我特別有緣，我曾先後進出非洲大陸三次。

最早的一次，是民國五十三年，我參加中華民國赴非文化友好訪問團，前往非洲十五個國家，印象中最深刻的就是他們具有原始風味的音樂、舞蹈；尤其在查德，我們曾參加一個約有兩萬多民眾的龐大土風舞舞會；廣場上，黑壓壓的，盡是人頭在鑽動。鑼鼓喧天，聲勢浩大。舞論男女老幼，均隨著節拍，前後扭動，左右搖擺，奏樂者多半是老人，他們席地而坐，拍打著各式各樣，不同獸皮所做的鼓，節奏繁複精細。不同的音樂，代表不同的語言、不同的感情，也有人手持木棍敲打在地上，發出「咚咚」之聲。而他們的歌聲，多爲複音音樂，以五聲音階爲主，和我國類似，令人聽來倍感親切、動人。雖然不知他們在唱什麼，非洲人就是這樣的原始、純樸。

查德的宗教以回教爲主，婦女保守，大都以布裹身，沒有半裸的，而舞蹈的動作，也不是很激烈地，與「恰恰」，「扭扭」這種舞步，主要是按照節奏，轉動肩膀，扭動臀部，據說，受到非洲民族祭神舞影響，後來變成美國流行的爵士舞。

除了查德外，還欣賞過達荷美、上伏塔、象牙海岸等國的傳統舞蹈的表演，以至目前在我國演出的塞內加爾舞蹈，我發現這些國家的舞蹈的共同特色是：雙肩鬆弛，自然擺動，並參雜著跳躍轉身等技巧，而音樂旋律非常激烈，奔放。若是裸胸，則配合大小不同鼓的節奏、快速激盪著，渾身抖動著，達到渾然忘我的境地。（她）們的手腳是天生的敏捷與靈活，彷彿是音樂配合舞蹈，而非舞蹈配合音樂；據說他們從孩提時代，就學會了跳舞，難怪體力驚人，腳勁十足，可以連續跳七、八小時，毫無倦容。

同時，我發現非洲人生活中，不能沒有舞蹈，她們從呱呱落地，到死亡，無不與舞蹈密切結合。甚至在懷胎三月之時，就要以舞蹈來慶賀，至於婚喪喜慶，祭祀豐收，驅惡避邪，無不與舞蹈、音樂有關。

有一年，我應象牙海岸電視台之邀，前往介紹中國樂器，在象京阿必尚逗留一個星期，正好遇到他們的「宰羊節」日子是九月廿八日，也正是我國孔子誕辰紀念日。在象國全國一律放假，家家戶戶宰羊，將血塗在門上，求神降福，這是回教習俗。人們無論貧富，均穿得花花綠綠，參加各地舉行的舞會。電視台不停播放各部族舞蹈。我發現非洲人很喜歡戴面具跳舞，提到面具，可以說形形色色，有人物的、動物的、神怪的，舞蹈動作比較誇張，電視上有一個戴著牛角面具的，四不像的鬼，由一吹牛角，手執羊尾的小丑戲弄著跳舞，也有戴著面具，象徵男性威儀的，踩著高蹻，配合古老的鑼鼓音調遊行，和我民間拜拜相似，相傳我國北齊時，就有所謂的代面，蘭陵王就是戴著面具上陣殺敵的，且百戰百勝，不知非洲面具有沒有受到我國的影響。

「宰羊節」這天，我真是大開眼界，在住所附近也就是象牙旅館側面的廣場上，就有一人，在大跳其傳統舞。一個小男孩臉上塗了白粉，如小丑，手上執著羊尾巴，邊甩邊跳，樂此不疲，有幾個半裸的少女，按照節奏全身上下抖動，遊客要拍照，她們就會用手遮著上身，怕她們的靈魂被攝去，一副神聖不可侵犯的樣子，更不能上前去摸了。不要看她們黑得發亮的皮膚，看上去可是細緻得很，草地上，也有小孩在翻滾，做瑜珈術的，使我更相信，爲什麼西方物質文明到極致時，人們要返樸歸真的道理。原始的非洲舞蹈，的確可以解除人們緊張的生活，在非洲看不到緊張的人，他們永遠是樂天派，慢條斯理的；就是頂上功夫來說，婦女們在頭頂重物時，必須保持身體平衡，走路時，中規中矩，絲毫不能亂了腳步，而使他們擁有美好修長的身段。

提到非洲樂器，除了鼓以外，有一種由葫蘆做成的沙鈴非常普遍，（也有葫蘆內裝咖啡豆的）搖起來，清脆悅耳。木琴、豎琴，也是不可少的；木琴，我國南方也有，構造簡單，由各種高低不同的木（竹）條所組成，放在地上，由一人或兩人用棍棒敲出叮叮咚咚的聲音，不知是否經由我國傳到印尼，印尼傳到馬來西亞，然後再傳到非洲的，或許是古人，不謀而合，所發明的樂器？

在楊允達的西行采風誌上曾提到「伊索比亞的瑪新果（masingo）和中國的二胡，非常相似，只有兩根絃，音色也很相近，而伊索比亞的克爾（kerr）和中國的羊皮鼓一樣，擊出來的聲音也一樣！而伊國的音樂和中國西北邊疆的民謠，有相同的韻味。」

這是個有趣的問題，提到文化交流，目前大都以歐美為主，非洲彷彿是被人們遺忘了，在文化方面的推動，前駐象牙海岸大使芮正皋，可以說是竭盡心力了，他認為文化的交流，是國與國之間，人與人之間最具體的結合，他曾於今年初配合非洲問題研討會議的召開，特地邀請了上伏塔的音樂家基爾瑪神父來台，主持一場非洲交響樂的演奏會，作品正是這位神父所寫，由市交響樂團演奏，是首次非洲音樂在我中華民國演出，相當成功，可惜國人對非洲事物的不太重視，在曲終人散後，音樂也消失了，殊為可惜。

從史料來看，我國原是重視舞蹈，音樂的民族，我中華文化所以博大，就是在於不斷地吸取別人的文化，融合在我們舊有的文化，代代傳遞，變成了我們自己的文化；所謂有容乃大。就以唐朝來說，唐朝之所以成爲一個大的朝代，就是有著兼容並蓄的大氣魄，維吾爾族的樂舞，印度的飛天舞，一度大量傳入中原，頗受漢族人士的喜愛，使唐朝的音樂，舞蹈達到登峰造極的地步，而目前我們所謂的民族舞，不都是早先受到外來舞蹈的影響麼？

如今，這個保存數千年的非洲民族藝術的塞內加爾國家舞團，已經從遙遠的非洲，飛來台北，把他們的熱情奔放的舞蹈，震天撼地的音樂展現在我們眼前，藉著她，不但可以促使我們對非洲民族風情的了解；同時，使我國的音樂，舞蹈也因此而注入新的生命。

七十五年五月三十一日　大華晚報

海上生明月

今天，正好是陰曆十五，月兒最圓，也最明朗，爲了不失去這海上的良辰美景，和臺大王教授，約好晚餐後，到甲板上賞月。巧的是，我們同是東坡詞的愛好者。於是，你一句，我一句，把東坡居士有關「月」的詞句，都吟唱出來，譬如：「明月如霜，好風如水，清景無限」「坐聽潮聲來別浦，月明何處去。」「可惜一溪風月，莫教踏碎瓊瑤。」「月明風露娟娟。」「月如無恨月常圓。」「良夜清風月滿湖。」「但願人長久，千里共嬋娟。」「誰與同坐，明月清風我。」當吟到「明月幾時有，把酒問青天。」「持杯遙勸天邊月，願月圓無缺，」以及「人生如夢，一尊還酹江月」時，真恨沒帶壺酒來甲板哩！

大概是我們的歌聲愈來愈大，一時召來不少同好者。其中一位是中華工專的徐老師，我們一見如故，原來都是空軍的子弟。小時候，都是唸「空小」，如今，韶光易逝，轉眼，都已爲人母，爲人師了。而我們天涯相遇，甲板上共賞明月，真是有「緣」。我們都有相同的回憶：幼年，都是隨父母撤退來臺，也坐過輪船，但那已是遙遠的事，因年紀太小，沒有深刻的印象。不過，比起飽經憂患的上一代，我們是夠幸運的了，父母親所承擔的苦難，所受的煎熬，真不知比我們大多少倍哩。在這暮春月夜，茫茫大海，遙望那些淪陷在大陸的同胞們，又不禁想到：「江山無主月空圓」的詞句。唉！真是感慨萬端，爲了沖淡愁緒，大家約定好唱些與月有關的歌，像：「月兒圓，月兒亮，月兒照亮我的家鄉」「月兒高掛在天上，光明照耀四方。」「母親，像月亮一樣，照亮我家門窗。」正在引吭高歌，又來了兩位彰化和高雄籍的戰士，是調來此艦服役的常備兵，也加入了我們的月光晚會，真所謂「四海之內皆兄弟也。」我們去了年齡的距離，無所拘，樂自如地，唱著一些屬於年輕人的現代歌曲：像「蘭花草」「抓泥鰍」「龍的傳人」「中華民國頌」一時歌聲嘹亮，響徹雲霄，穿入海底，真恨不得衝破鐵幕，傳遍大陸哩！

我像老大姐身份，問一位年輕的上等兵：「海上生活，過得慣嗎？」他點了支煙，沉思一下說：「當然也有苦的一面啦，當那狂風暴雨，驚濤駭浪時，人都要翻落到海底了，還得堅守自己的崗位，我們也學會了如何克服困難……。」的確，我們的運氣不錯，難得上次船，又沒風又沒浪，明月當空，當然是愜意了。

月亮，像是從天空飛出的銀盤，燦爛無比，使得星星大爲遜色，王教授大喊：「真是月明星稀啊！」海水被月光照得閃閃發亮。正陶醉在此波光月影之中，一位值夜班的士兵走出艙門，嚷著：「吃宵夜了，」原來船上規定一天有四頓吃的，這倒新鮮，進到餐廳，一口氣喝了兩碗稀飯，今夜胃口甚佳，睡意全無，又跑到甲板上來，此時海天澄澈，清麗絕倫，原來月光和著海洋，正在合奏戀曲，將近午夜，露水浸濕了甲板，我們才依依不捨走回船艙。

笛箏和鳴

我和外子李殿魁早年同爲幼獅國樂社社員；我們經常同台演出，他的專長是笛、簫，我的專長是古箏、琵琶，於是很快譜出了戀曲，民國五十三年夏，外子以第一名畢業文化大學研究所，而我也完成了大學學業，當時我們分別被聘爲文化大學講師、助教。於是在我奉派參加中華民國赴非友好訪問團的前夕，在親友們的祝福下，完成了婚禮。在百日非洲訪問歸來後，在風景優美的華岡開始爲我們的家庭、事業而忙碌，迄今已逾廿載。其中有辛酸、有快樂、有淚水、有歡笑。記得雙胞胎女兒平平、安安出世時，常爲奶粉錢憂，之後外子又攻讀

全家福攝於 2005 年

博士又先後主編中文大辭典、大學字典、國民辭典，收入微薄，生活相當艱苦，其間我也得到了碩士學位。環境稍有改善時，兒子又出世……如今雙生女兒已是文化大學三年級學生，兒子已上國三，總算苦盡甘來，可以做自己要做的事。

廿年來最值得回憶的是民國六十三年應巴黎大學之邀，在法國旅居研究的一段時間，我們踏遍了歐陸，名勝古蹟，湖光山色，都已領略。更值得紀念的將近有一年的時間，我們在法國國家圖書館東方手稿部親手摩挲了上千卷的敦煌卷子寫本，及一些國內見不到的中華國寶。回國任教後，儼然以敦煌學者自居，每當中視六十分鐘找外子講解敦煌文物，他就猛K伯希和的中亞探險的法文報告，連每天都要泡上一壺功夫茶都給忘記了，當我們再交換意見中，解決了那些國寶解說上的問題時，我們才發現：「同行是冤家」的道理。

七十四年九月十七日　民族晚報

民國52年作者任師大國樂社社長

給平平安安

今天是妳們廿五歲生日，我內心的喜悅，彷彿廿五年前妳們呱呱落地一樣。「平安就是福」！妳們的外婆立即取了妳們的名字：平平、安安。希望妳們給全家大人帶來平安。也許妳們的名字叫得好，廿五個寒暑就在一帆風順中平安度過。記得在妳們廿歲時，我曾以「平平和安安的廿年」爲題，寫了篇紀念文在報上發表，很多人看到了，都羨慕我有一對可愛的雙胞胎女兒。

那年，妳們在文化大學舞蹈系二年級就讀，正是妳們的錦繡年華，而我也在文化任教。在校園中，經常可以看到我們母女三人的蹤影，那是妳我一生中最美好的時光。

舞蹈這玩意，必須苦練，鍥而不捨，才能達到最高藝術境界。所以，那時我以「吃得苦中苦，方爲人上人」作爲妳們廿歲贈言。日子過得真快，一晃五年又過去了，不知不覺妳們已大學畢業，踏入社會，成爲兩年的上班族了。

工作性質，雖然學非所用，但都還差強人意。當然，在社會不如在學校，多少會遭到挫折的，人生並非想像中那麼美好，也非意料中的壞，跌倒了要勇敢的爬起來。

任何工作，只要妳努力投入，都是有趣味的。平平從事的文化事業是項潛移默化的工作，不是一蹴可成。記得平平在參與製作公共電視「古蹟」與「大唐詩風」時，三天兩頭就爬到家中書架上尋找資料，大大嚐到「書到用時方恨少」的滋味，好在背後有個文學博士的爸爸指點。所以我常對妳們說：「知識就是權威，多涉獵與自己有關書或知識，不會落在人後，且易受到主管的賞識；不吃苦，是不會增長智慧的，所謂『勤能補拙』，現在用功還來得及的。」

學著培養興趣吧！泰戈爾曾說：「不要因爲妳自己沒有胃口，而去責備食物。」

在憂患的大時代中，靠著我們教書所得，量入爲出，把妳們從小拉拔大。我們所熬過的黑夜，嚐過的辛酸，恐怕只有從眼角的魚尾紋得到印證。不過，只要看到妳們成爲國家的人才，堅守自己的崗位，奉獻己力於社會，我們再累再苦，也會感到莫大的欣慰。

節儉是美德，但是該花的還是得花，爲了讓妳們增廣見識，妳們大學畢業那年，趁我應聘在韓國當客座教授的期間，心甘情願出旅費請妳們姊妹先後到韓國一遊，旨在「行萬里路，讀萬卷書」。帶妳們參觀了所有知名的大學後，妳們才真正瞭解彼邦對大學教育的重視。那年十月廿七日釜山的國民外交協會舉行「中國之夜」，我和平平同台表演。平平的中國民族舞蹈以及我的古箏、琵琶樂器演奏，博得如雷掌聲，一時傳爲美談，這不也是一件値得追憶的事麼？

「我媽媽是世界上最熱忱的人，爲了別人的事，可以一夜不睡。」這就是妳們對我的評語。

是的，一個人，無論對事、對人，一定抱有熱忱的態度，生活才會覺得快樂！我常想：我比一般人幸福，因爲上帝賜給我一對雙胞胎。自從去年底平平出閣以後，迄今快五個月了，雙胞胎少了一個，起初，的確不習慣。幸好還有一個留在身邊，只是偶爾還是把「平平、安安」連起來喊，好在安安也聽慣了。

算來這廿多年，我口中叫喊最多的就是「平平、安安」，一年三百六十五天，似乎沒有一天不喊上好幾遍。當妳們搖搖擺擺學走路時，一個往東，一個往西，那時，我就扯著嗓子「平平、安安」喊，有時認不出來誰是平平、安安時，乾脆把平平、安安連著叫，如今要我只叫安安，好不順口啊！

平平，當妳結婚那天，安安做妳伴娘，老爸挽著妳從地毯那端緩緩步入禮堂時，我好感動啊！這是一種悲喜交織成的情感，喜的是妳有了好的歸宿，妳的人生又向前跨了一大步；悲的是妳們這對從小到大相互爲伴的姊妹，就要分開了。

妳們同時來到這世上，同睡一張小床，同上幼稚園，上小學，繼而中學、大學，又同時戴到方帽子，同住一間閨房。如今，卻再也不能廝守一塊了。

2006年春節和雙胞胎女兒平平、安安合影於朱家角『水上人家』

唉！人生無不散之筵席。

我由衷地希望妳們姊妹情長，仍然保持過去歲月中的互助互愛，

上週平平妳來電話說：妳胖了，沒關係，「好吃」不要緊，最怕的是懶做。不懶做，好吃怕什麼呢？記得多做運動，健康才是財富啊！妳又說要利用晚上時間學電腦，我欣然同意把家中電腦搬去妳家，讓妳好好練習一番。

「學然後知不足」，人生就是一連串的挑戰與學習，常看到許多年輕女子把生命虛擲在股票堆中，真不懂她們活著的意義是什麼？要知人不是爲了錢而活的，是爲希望而活，爲理想而活。

當妳出嫁時，我就說了，一張大學文憑，就是我惟一給妳的嫁妝，物質不是永久的財產，智慧才是永遠的財產。

希望妳們善用妳們的智慧，更不要虛度妳們的歲月。

給女兒的貼心話

七十九年四月二日

傳聞、認識、瞭解

——從「伊索比亞難民」談起

電視新聞中所介紹有關伊索比亞災荒、難民的那種慘狀，固然值得同情；我們應本著人饑己饑，人溺己溺的精神，伸出援手，付出愛心，去救濟他們，扶助他們。但是，貧窮、落後、饑餓、難民，並不足以代表整個非洲大陸。

我們對非洲這一廣大區域的瞭解，究竟有多少呢？可以說是少之又少，沒有直接接觸，只憑傳說，當然就瞭解不夠。一般人一提到非洲，就想到原生動物、大沙漠、難民……

難怪每次我從非洲回來，總有人問我：

「看到大象、獅子嗎？非洲不是很熱，怎麼沒有晒黑呢？」

我就哈哈大笑：

「連猴子、野豬都看不到，更不要說獅子，大象了，至於天氣嘛！並不是你們想像中的那麼熱；甚至我們訪問南非的時候，還得穿大衣，室內開暖氣哩！因爲八月，正是南非的冬季。」

「那麼一定看到很多森林、沙漠了？」

「那也只是在飛行中所看到的景觀，至於我們所到的地方，觸目所及都是高樓大廈，建築新穎的現代化都市。」

以南非首都的翰尼斯堡來說，當你佇立街頭時，簡直不敢相信是置身在非洲大陸。此地大廈櫛比，經濟繁榮：人口約兩百萬，包括白人、混血人、印度人、及黑人。該城以產黃金起家，而有「黃金城」之稱。是南非最大的商業城。

此地設有銀行業、保險業、股票證券交易中心等。

其他還有歌劇院、博物館、音樂廳、藝術館等，文化氣息甚爲濃厚。

再如西非的象牙海岸，就以風景奇特，城市整潔著稱，有「小巴黎」之稱的首都阿必尙已成爲國際觀光都市。每天到阿必尙的班機不下十五次之多。

正因如此，近年來，象國的觀光飯店，供不應求。就以象牙旅館爲例，由於觀光客的驟增，而於舊館旁另建一二十層大樓，有七百個客房。內部設備齊全，應有盡有；包括超級市場、電影院、商店街、夜總會、保齡球館、溜冰場，以及非洲土產中心等。

市區交通有八線道公路，各種名牌汽車滿街飛馳。郊區的柏油路更是不斷增加，期使鄉村與都市銜接。至於非洲景觀，卻充份表現了純樸的原始美。記得訪問南非時，從約堡飛向伊麗莎伯市，兩小時的行程中，俯窗鳥瞰，腳下不是草原、河流，就是山谷、森林，真是江山如畫，美不勝收。

好望角的風光，更是迷人。濱海的公路，依山而築，車行其上，但是那海水由淺綠而深綠而寶藍。浪花偶興，輕撫沙灘。海灣近處時見海豚戲水，悠哉游哉。動物在南非是受到保護的，是禁止任意獵殺的。

至於非洲的民俗如何呢？我想，要瞭解一個民族，首先應先認識該民族的宗教、藝術。就以非洲的藝術來說，它涵蓋了原始、粗獷脫俗的特色。

記得訪問象牙海岸的那回，我曾應邀在象國電視中介紹中國樂器之便，參觀了他們所製作的歌舞節目，使我深深發現非洲是個由歌、舞、樂融合在一起的民族。這方面他們有著與生俱來的天賦。尤其碰到祭祖，或是婚喪喜慶之時，一定脫離不了舞蹈的。歡樂時要舞，悲哀時也要舞。總之，舞蹈是他們生活的一部份。還有樂器的敲擊，從早到晚，樂此不疲。非洲的舞蹈，節奏明快，音樂單調，少變化，且以鼓爲主，是値得去研究與瞭解的，我懷疑流行一時的「迪斯可」，是否淵源於非洲的舞蹈。

在非洲，有種類似趕集的市場，是交換物品的地方；也是村中的社交場所。在此，瀏覽一番，會發現非洲人民的憨態，善良與率直。

非洲人的家族觀念濃厚，親戚之間彼此提攜照顧，和我國傳統觀念相似。因此，我國派駐非洲農技人員，極易與他們相處。

對非洲國家的風土人情，有深入研究的，算是曾經駐非長達二十餘年的資深外交家芮正臯大使了；您相信嗎？他曾被封了三個地區的酋長哩！酋長的地位崇高，服飾華麗，手持權杖，隨從數十人。等於一個地方的大家長，或法官，可以排除一切糾紛，又有權自由享用村落的供奉。可是，芮大使志不在此，僅是爲了配合外交而已。

自從觀光事業開放以後，國人常有出國旅遊的機會。但是所到之地，大都以美國、東南亞、東北亞一帶爲主，至於非洲，恐怕就無人問津了。

南非，和我國有著深厚邦交。近年來，國人前往南非經商、訪問、遊歷者漸多。但是都是來去匆匆，只注意表面，很少人作深入的了解。

駐南非大使楊西崑曾說：「瞭解需要接觸，個人如此，國家如此的接觸，很容易產生錯覺，面的接觸又不容易，這牽涉到經驗，學識與素養。」善哉乎，斯言也。

撇開非洲不談，就以鄰近的東南亞來說，我國人對他們動盪和紛亂的情勢，又認識瞭解多少呢？

韓國，與我國領土毗鄰，自古以來長期文化交流，至少千年以上。無論典章制度、風俗、習慣，兩國有著源流相同的傳統。但是，時代在變，國際局勢在變，彼此瞭解的程度又如何？這方面，近年來，韓國對我國的研究、瞭解可以說遠勝於我國對彼邦的瞭解。也許，我們是個大而化之的民族，對任何問題，不太作深入研究，就是因爲認識不夠，瞭解不深，往往造成彼此的誤會。

要知道，現在的外交，已不是過去外交的模式，我以爲今後我國和韓國的交往，必須兼顧彼此利害始能見效。

蒙古、西藏是我們的國土；蒙胞、藏胞是我們的同胞，但是我們對自己的同胞又瞭解多少？認識多少？一切都是值得研探的問題。

任何事，要瞭解，必先認識、研究，始能精確。

旅遊巴黎時，在一個古董市場，看到一個又髒又舊的布娃娃，掛在壁上，待價而沽，我不禁暗罵：「誰會有病去買它？」後來，經過一番探詢，與瞭解後，才恍然大悟。原來這個娃娃，是瑪麗亞安東妮王妃，小時候的寶貝哩！

法國人對歷史文物的注重與愛好，由此可知。

現在，話題再扯到對「非洲」的認識；我想，除了加強彼此的訪問外，其他的文物的展覽、音樂、舞蹈的揣摩；甚至由有關當局，對於非洲問題，籌組一項學術的研討會，都是促使國人了解非洲的好辦法。

七十四年六月十五日 大華晚報

蒙藏之夜

提到「蒙古、西藏」，就令人聯想到地圖上兩大塊最大的省份，以及在該土地，生養滋息的蒙藏同胞；還有那充滿神祕的寺廟……

當我接到由董委員長寄給我的「蒙藏之夜」入場券時；就已被印在卷面上的拉薩宮所吸引。這畫面曾經在電視的螢光幕上出現過，因爲好奇，還特地把它錄了下來。

位於拉薩西北的布達拉宮，因山築建，凡十三層，宏偉壯麗，有房舍數十間，寺內僧侶達兩萬餘人，內城有唐代所建的大明寺。內供率文成公主；寺的周圍爲商業區，城外有色拉、哲邦、甘丹三寺，各有僧侶數千，給拉薩更增加濃厚的宗教色彩，正是清和寧「西藏賦」的寫照：

「若夫達賴之居於布達拉也，豐冠山之層碉，興轉螺之架閣。

浩劫盤空，埤堄錯落。路轉千迷之道。

心入摩提，人登百丈之梯。

神接般若，妙高峰頂。

遠若聲聞。離垢幢前，近銷魔惡。」

莊嚴森列的布達拉宮，不但是西藏古代建築的精粹，究其風格而言，更是中國與西藏文化交流的結晶。

入場券，不知是出於誰的精心設計，正面是布達拉宮圖，反面則以蒙藏學術基金委員會名義寫了一段感謝的話：

「蒙藏是國家的屏障，沒有蒙藏就沒有國防，我們為了保障國土完整，維護主權統一，促進國族團結，必須重視蒙藏。為了籌募蒙藏學術研究基金，承蒙各位熱心支持與贊助，特舉辦此項義演晚會，藉致誠摯謝忱。」

就憑這句話的感召，我非參加不可；五月十日在國父紀念館舉行「蒙藏之夜」，可以說是空前的，別開生面的一場義賣晚會。說它是空前的，是因為過去沒有舉行過，說它是別開生面的，是指除了表演節目外，還穿插了六張名畫的義賣；在張小燕、方芳、楊麗花等名演藝人員的主持下，但見觀眾慷慨解囊，共襄盛舉，當晚賣得四十八萬元連同入場門票共計五百多萬元，全部捐做蒙藏學術基金會用。這正表現了國人對蒙藏地區以及蒙藏同胞的關注與愛心，這只是一個開始，相信，從「蒙藏之夜」開始必會擴大到全國每個角落的。

這次晚會的節目，可以說是不同凡響的除了由三名名演藝人員表演的熱門歌舞、時代歌曲、民歌集錦、短劇外，還有文化天學的蒙古舞，蒙藏青少年表演的西藏舞，名聲樂家成明的蒙藏歌曲，中華民俗技藝班的特技……真是全國藝人濟濟一堂，為了共同的理想——籌募基金而賣力的演出。尤其令人耳目一新的是舞臺後面的兩大幅以蒙古沙漠風光以及西藏寺廟爲主的背景，輪流出現在觀眾眼前。

當第一個節目蒙古舞蹈上場時，首先映入眼簾的就是那雄偉壯麗的蒙古包，以及廣大無垠的的沙丘佈景，使人不禁想到：

「策馬長城外，塞上好風光，草兒長，馬兒壯，蒙古健兒牧牛羊……」

這首我小學時候唱過的蒙古牧歌，迄今仍深深印在腦海中，對在大漢雄風中成長的蒙古健兒，早已爲之神往。也使我想到在這種環境下生長的兒女，必是養成能騎善射，慣於征戰的，像成吉思汗的領袖人物——。

節目中最難能可貴的是由真正蒙藏青少年們所邊跳邊唱的西藏舞，但見美麗大方的西藏姑娘，拖著個又粗又長的辮子，辮子上繫著金色帶子，閃閃發光。五顏六色的服飾，滿身玉珮，合著音樂，輕移蓮步，一舉手，一投足，都是那麼的嫵媚動人，襯托著西藏寺廟的背景，令人彷彿有身歷其境之感。望著那幢幢寺廟，使我又引起一陣沈思。

據說中華民國的臺灣寶島上，也有約九千多的喇嘛信徒。但是，遺憾的是，居然沒有一座喇嘛廟，也很少人去研究喇嘛。我想，如果要深入瞭解一個民族，恐怕首先應從該民族的宗教著手，喇嘛教盛行於西藏、青海、西康，蒙古等地，據我所知，英、法研究這些邊疆民族，就是先研究其宗教，反觀我國，實在感到汗顏……聽說：蒙藏委員會已著手進行籌劃喇嘛廟的興建，這真是件令人興奮的好消息。

其次講到一個地方的民歌，也可窺出一個民族旳特性，就以晚會的壓軸節目——成明的兩首蒙藏歌曲來說——一為「森吉德瑪」，一為「我家在日喀則」，歌聲嘹亮，調門悠長，充份流露出沙漠，或高原上的一種豪邁、瀟灑的韻味。聽其歌聲，就使人聯想到廣大平坦的大片草原上，承受大自然薰陶的中華兒女們……

總之，這是個成功的，充滿了民族風味的晚會。

蒙藏為我中華民族主要成員，但是千萬不能因其地處邊疆而予以漠視。

記得多年前我遊歷倫敦時在大英博物館的善本圖畫室內，就早已驚嘆歐洲諸國，對我蒙藏地區的研究方面，下了相當大的工夫，可惜當時沒有把一些論文資料抄錄下來。印象中，大都是有關中亞部分的，如：中亞地理結論，中亞大鐵路工程計劃書，帕米爾高原實地調查報告，旅行中國見聞，斯坦因西域考古記，中國地圖研究等……

再以位於甘肅的敦煌藝術如壁畫、雕像、殘卷來說，無論大英博物館，或法國羅浮宮內，當時由英法掠去的都是最珍貴的，每在觀賞之餘，就感嘆我炎黃子孫之不肖，竟沒能把這些國寶好好守著，如今竟流落異邦成為別人的財產了。

山川壯麗的蒙藏是我們的國土；蒙藏人民是我們的同胞，基於同胞的愛，我們更要多去研究，多去瞭解才對。需要做，可以做的事很多。譬如蒙藏語文人才的培養、師資的延攬、圖書室的設置、寺廟的興建、民族文化的介紹、獎學金的設立——在在都是需要財力、物力、人力來支持。換言之，任何一個學術性的活動，非有龐大的基金作後盾不可。這次的義演晚會，籌募的基金雖距離預算尚遠，但也可以促成基金會的成立。「好的開始是成功的一半」，希望民間有錢的人，多多響應、贊助，以期大力推展研究工作。

去夏，我去參觀了美國哈佛大學的燕京學社，感觸良多。這個學社，顧名思議是專門研究中國的，當時成立時就是一位美國商人捐了一筆錢，作爲研究中國問題的基金，還設置圖書館、獎學金，資助學生到國外深造，培植不少人才。其實，這個機構當場所募的捐款，早已用畢，現由各國輪流捐助，目前仍維持著，而燕京學社在亞洲文化的研究成果上，是有目共睹的，其貢獻是不可抹煞的。

我們的蒙藏學社，如果也像燕京學社一樣，有財團支持，有人不斷捐助的話。那麼，我們中華文化復興運動，才是名副其實地包容了漢、滿、蒙、回、藏，五族共和的中華文化。

七十四年五月二十五日　青年日報

談文化交流

基爾瑪神父的音樂會

「少女之面兇猛如獅，
為國王作客其樂也融融。
仙女請過來，有言奉告：
宮廷盛饈錯陳，
但入宮則難以登天。
吾人寧為自由之身，
勿與昏睡之人為伍。」

這是元月二十六日，非洲上伏塔基爾瑪博士交響樂發表會中的一首摩希小夜曲的歌詞。（歌詞是由前駐象牙海岸大使芮正臯所譯。）

當時，我就被這首歌詞所震撼了。一個月來，這首歌仍迴盪於耳際久久不能消失。尤其是歌詞的內容；使我想到非洲迦納第一任總統曾說過的一句話：「我們寧願獨立自由而艱難，不願被統治而有好的生活。」

這首小夜曲的作者基爾瑪神父，是位反共的鬥士，他的作品曾在美洲、歐洲及非洲演奏，並獲得一致的肯定。他也是一位傳統音樂的非洲作曲家，他曾留學巴黎。他作曲的目標在於要求各區的政治領袖，透過音樂發展非洲文化。因爲音樂是可以在外國擔任與大使同樣的功能的最佳文化因素。

這場首次在中華民國台北市所發表的上伏塔交響樂，它的曲目包括了愛國禱文樂曲，宗教樂曲以及非宗教樂曲，而其中，最令我感動的就是這首摩希小夜曲。演唱者是我國內第一流的聲樂家，他們是：范宇文、黃麗惠、陳思照、陳榮貴等，而演奏者爲國內有著高水準的台北市交響樂團，這是一次光榮而莊嚴的音樂會。因爲它是由我國人推介非洲音樂的第一步，也是促進中非文化交流的一大步。

台上的歌者，反覆地唱著前面所錄的歌詞，彷彿在呢喃地敘說一個感人的故事。吉他的和絃音調以及那富有強勁節奏的大鼓，表現了極爲優異的和音，令人如癡如狂。

令人驚訝地是非洲傳統音樂和我國古代的傳統音樂，有些類似，很少用半音階，譬如家喻戶曉的「茉莉花」、「虹彩妹妹」、「採蓮謠」等小調，不是也可像上伏塔的地方性小調，用交響樂形式表現嗎？

如果說非洲音樂是單調而無變化，是不公平的，當你聆聽了這首摩希小夜曲，你一定會覺得非洲音樂的美妙。

「什麼是上伏塔摩希音樂呢？有多久的歷史呢？」

在好奇心的驅使下，我請教了主持這場音樂會的芮大使。

「大概有九百年歷史，摩希王朝開始在西非中心位置的上伏塔形成，大約在公元一○五○年時候。當時他們建立了一個具有嚴格結構及紀律的階級組織。擁有自己世界觀、社會生活、宗教儀式和音樂的封建社會。同時，他們自己擁有自己的樂器，以及在宗教、日常、公眾、愛國的各種不同場合以及私生活中，表現出適宜的音樂感應。」

「那麼希上伏塔族人的音樂的特色又是甚麼？」

芮大使把我的意思傳譯給在旁的基爾瑪神父後，向我說：

「狂烈的擊鼓聲，是他們音樂特色。藉著鼓聲，彷彿在聆聽一場令人難以置信的辯論，使你樂意去傾聽他們和諧嚴肅的言辭。」

接著芮大使再又補充說：「甚至他們在宣判刑法或發佈消息時，也以一種美妙的旋律，規律的曲調以及和聲來表達。」

芮大使曾駐非二十年，不愧是非洲專家，不知是否他受到非洲人民音樂影響，而在音樂上有特別的造詣。在音樂會前所舉行的非洲研究會議上，當基爾瑪博士提出他一篇有關非洲音樂特質時，其中談到非洲鮮用半音階作曲時，正好和我國音樂創作相類似。芮大使當場唱了首「採蓮謠」應證，博得在場人士熱烈的掌聲。

基爾瑪的這篇論文，引起了廣泛的注意。上伏塔音樂之所以美妙，根據基爾瑪結論是「自然的和聲是形成音樂的基本原理。」

很可惜，由於這場研討會舉辦得太倉促，加上宣傳不夠，沒有太多的國內音樂家們參與，否則一定會引起很多的迴響，同時藉此機會把中非音樂的異同做個比較。

難能可貴的是，市交樂團拿到這個交響曲時，只練習幾遍，就登台演奏了，而且效果不錯；如果再多練幾遍，尤其是鋼琴的配合，則更臻完美，甚至可以灌製唱片或母帶，以廣流傳，不但可供我國音樂界的研究，同時可激發我國音樂發展的方向，更可藉此機會，使我國交響樂團進軍非洲，甚或世界各地，以達到文化交流的目的。

提到音樂的交流，可源溯到周朝的時候，周穆王善愛音樂，爲了擴大自己的政治勢力，在西元前九六四年左右帶了盛大的樂隊到遙遠的西方遊歷，他的樂隊曾在阿富汗附近的一個山下舉行演奏會，把所有的樂器都使用出來。他在回來的路上，發現了一個演奏音樂的外國人，於是把這位藝人帶到中國，由此可見在西元前第十世紀，中西音樂就已有了交流。當時的中國音樂當然也受到外國音樂的影響。

使我想到芮大使在一項學術講座上指出我國目前的外交關係，大致可從政治、經濟貿易、文化等各方面進行，提到文化交流一項。他回憶一九六四年（民五十三年）他曾率領一個由四十人所組成的文化訪問團到非洲各國訪問一百天，沒想到廿年後的今天，非洲人士仍在念念不忘當年的演出節目，可見「文化投資」比「經濟投資」來得深遠。

同時他認爲文化方面的交流，是國與國之間，人民與人民之間最具體的結合。

基於這個外交哲學，於是芮大使竭盡心力，配合「自由日」的召開，特別邀請了這位反共作曲家基爾瑪親自來台北主持這場非洲音樂會。

音樂會上，蒞臨的貴賓包括李副總統、世盟榮譽主席谷正綱博士、議長兼淡江大學校長張建邦等，使大會增色不少。但曲終人散後，似乎沒有太大的回響，這點，是很可惜的，是不是非洲事物都不太受到國人的重視呢？值得令人深思！

南非和我邦交敦睦，不知有關單位是否考慮，請市交樂團前往演奏，如能成行，這將是項何等有意義的事呢？

「交流」是要互相的，而不只是單方面的，就如同戀愛一樣；既然這位非洲神父把他的作品給我們演奏，我們就應該珍惜這份感情，同時也要廣爲宣傳介紹，就好像美國漫畫家勞瑞，替我國塑造了一個李表哥形象，我們應善於運用才對！以前中共玩出了所謂的體育外交，在國際宣傳上發生了效果，其實音樂外交的深遠，超過體育外交。是值得研究的。

有一年，我國的「南管」在巴黎演出，法國國家廣播公司的音樂台，爲了歡迎首次到法國演出的台南南聲社通宵達旦地現場轉播了南管演唱實況，同時歐洲各國也可收聽到這次純粹的中國傳統的古老音樂。因爲這種帶有「中原文化」的調子，對研究音樂的人，是項重要的資料。後來我還接到由法國友人寄來的唱片，原來是當時的演奏已由國人灌製成唱片、卡帶了，看樣子，我們以後要研究南管還得向法人索取資料哩！

法國的報紙曾以「中國之夜——南管樂曲的豐盛」爲題，在報上詳論南管的演奏：「……南管音樂是自十四世紀即已形成的中國古典音樂中的一種稀有形式的音樂，南管的風格，或是南方的風格，和西方的音樂如：抒美詩、慶祝樂，在很多方面都有類似的地方：例如歌詞富有詩意，多以描述戀愛的喜悅和悲哀爲主等。」南管，在歐洲文壇受到了相當大的震撼。

記得一位美國作曲家在聽了南管錄音之後說：「這種音樂，不但包含了所有亞洲音樂特色，而且包括了非常複雜和充分發展的形式，其中還有節奏與非節奏的韻律，參差有著和聲。」

記得，有一次我應象國電視台之邀在「認識友邦」節目中，演奏琵琶，之後記者訪問我中國音樂特色時，不謀而合的，和美國作曲家所說的大同小異，但是我補充一句說：相信這種音樂特色，也正是非洲音樂特色。

大使也告訴我說：「在阿必尙，每年過春節時，象國電視台，在『世界音樂』的節目中，時常播放賀年鑼鼓樂，或中國民謠，很受歡迎。」

音樂，真是溝通人類感情的利器。

人生離不開音樂，沒有音樂的人生如同置身沙漠，一片空寂，一片茫然，因此，我們應重視「音樂」在外交上所發揮的實質力量。

我不懂菲律賓語，但曾於去年十二月在馬尼拉參加亞洲華文會議之際，曾在一項晚會上和菲國民歌手，一拍一和地唱著他們的情歌。同時他們也跟著我的　調子，哼著我們的民謠，如高山青、梅花等，無形中，縮短了我們彼此之間之距離。

廿年前，我也曾隨中華民國友好訪問團，前往非洲十多國家。當時就驚訝地發現非洲是個有音樂細胞的民族，成千上萬的男男女女，經常聚集在廣場上，赤著腳，邊唱邊跳地，一副樂天派，尤其那發自原始語言的歌聲，雖然不知道唱的是什麼，我卻愛上的非洲人的純樸、原始。

講到文化交流，不妨我們以非洲為對象，儘量在非洲各國的電視上來介紹中國的傳統音樂（若以臺灣風光為背景更佳）而使非洲人民瞭解我國的音樂及現況。

別忘了，非洲是個酷愛音樂的民族，他們寧可不吃飯，也要有音樂。

在當前艱難的外交環境下，我們需作很大的努力，以及最大幅度的因應。甚至可充分運用基爾瑪神父的這首小夜曲，譯成中文來唱，使其在非洲流行，亦是增進與無邦交的民主國家間的實質關係，其他諸如文化、科技、體育之間的合作與交流，均可循此方向去做，以達到實質的外交關係。

七十五年三月十一日　大華晚報

龍的傳人

本月五日一早，我隨北區大專教授經濟建設參觀團，在參加了由教育部長朱滙森、經濟部長張光世及文工會主任周應龍聯合主持的歡迎茶會後，即開始了南下訪問的活動。

登車後不久，鄰座的一位教授先生，即打開當天的中央日報閱讀。我眼睛一瞄，在第二版上，赫然幾個大字出現眼底：「龍的傳人——有爭氣的國民，才有爭氣的國家。」多清新的標題，隔一行小標題是：宋楚瑜在成功嶺演說，與青年互勉。接著是一長篇洋洋洒洒的演說全文。教授答應看完了借我。

這時車已上高速公路，窗外景色一覽無遺。不知何故，今晨精神特別爽：一來是嚮往已久的南部經建參觀付諸實現、二來是：「龍的傳人」，像一針強心劑，令人振奮、鼓舞。好一個不落俗套的標題，一定有不落俗套的內容。

其實，「龍的傳人」對我並不陌生，有次上街購買唱片，正在唸小學四年級的兒子，就嚷著要買「龍的傳人」音樂帶。當時才知道這是現代年人，最愛唱的一首歌曲。

兒子有邊寫功課，邊聽音樂的習慣，尤其這首由李建復唱的「龍的傳人」，最是經常播放著。久而久之，兒子也跟著唱起來了，每當唱到：「……黑眼睛、黑頭髮、黃皮膚，永永遠遠是龍的傳人！」時，嗓子提得特別高，我在廚房都聽到，真是感動欲淚，內心不斷喊著：「兒子啊！你可要爭一口氣，做個有用的人啊！」

現在看到報上這句：有爭氣的國民，才有爭氣的國家時，真可說人同此心，心同此理。

終於，鄰座的教授把報紙看完了，他神采飛揚地對我說：「這真是一篇很好的演說，宋局長現身說法，從他當年在成功嶺受訓說起，再又指出我們國家在當前的處境下，極須要青年們的赤忱與效忠，你慢慢看吧！」

我接過來，一口氣把它讀完，這不但是一篇親切動人的演說，而且也是一篇包括了敘事、說理、抒懷的散文，也是時代的一面鏡子。

宋局長說：現在的年輕人喜歡唱「龍的傳人」這首歌，每當他聽到：「雖不曾看見長江美，夢裏常神遊長江水，雖不曾聽見黃河壯，澎湃洶湧在夢裏」他心裏總不覺一陣感嘆。時代的鬱悶，千百年來，在知識分子的心中，總是循環不已。他指出，自從中西接觸往來以來，有人羨慕西洋的船堅炮利，物質文明進步，恨不得全盤引進，以爲救亡圖存的保障。然而，在接二連三與外人打交道，節節失利後，民族自信不免喪失，又加上隨著科技之後，西洋的種種學說思想理論，也傳入中國，久而久之，就把原來我們民族千百年來的精神文明給貶低和遺忘了。因此，他又鼓勵青年們：徒事憂悶是沒有用的，要爲苦難國家分擔責任，鼓勵青年們投入行列，參加建設，承先啓後，再創新機。

談到做爲「龍的傳人」並不困難，只要每個人都能擦亮眼睛，瞭解國家的困難與社會的需要，每個人都在自己的崗位上盡心獻力——如此才有資格做「龍的傳人」。這幾句話可以說言簡意賅，凡我炎黃子孫，每個人都應該爲我苦難的國家分擔責任才對。

我看完這篇演說後，立刻遞給後座的教授，一個傳一個，很快，「龍的傳人」這篇文章傳遍了車廂內，大家都說這是一篇成功的演說。

當天下午，我們就參觀了座落在高雄臨海工業區的中鋼廠。

當遊覽車，駛進了這佔地約四百八十公頃的大鋼廠時，我似乎要大喊：「在這裏從事於建設行列的年輕小伙子，不就是『龍的傳人』麼？」「誰說我們的年輕一代是迷失的？是苦悶的？」

瞧吧！無論是工程師、技術師、乃至於駕駛、電焊工等，個個都是精神飽滿，體格健壯的年輕小

2006年8月攝於金門國軍英雄墓于右任題『天地正氣』牌坊前

伙子。敢說他們的平均年齡是廿九歲，正是血氣方剛，精力充沛的壯丁啊！

從他們併肩攜手、努力不懈的精神，以及默默耕耘、兢兢業業的工作態度來看。我們的國家，在經濟上的突飛猛進，實非偶然！

當我們參觀完畢，登車繞廠一週時，正值工廠放工。工廠的交通車也一輛輛發動引擎，準備把這些工作了八小時的工作者，載送回家。

成羣結隊的機車、腳踏車，井然有序地駛出工廠大門，正是：「平平安安來上班，快快樂樂回家去」的寫照。

投身在中鋼、中船建設行列的工作者，一律著淺藍襯衫、深藍長褲的制服，真是美麗大方，充滿年輕人活力。

一位年老的資深教授，在參觀了這十大建設的兩項建設後，興奮地說：「看到這群年輕人，旺盛的進取心與堅強的意志力，我對我的國家更充滿了信心　與希望。」

相信，這也正是我們大家所要說的。

年輕朋友們！好好地幹吧！

正如宋局長在成功嶺對受訓的大專學生所說：「當棒子交到你們手中時，希望你們都能接得又快又穩，並且在接到之後，跑得比我們快，比我們好。」

這真是肺腑之言，希望海內外，凡我炎黃子孫們都牢記這幾句話，則我們的國家前途益臻光明，民族生計更形繁榮。

六十九年八月二十三日　中央副刊

憶：利比亞

「人生到處知何似，應是飛鴻踏雪泥」，想不到我曾經踏過的利比亞，曾幾何時，變成了國際新聞的焦點。

近年來，由於國際恐怖攻擊事件層出不窮，基於安全，一般旅行團體儘量避免到發生內戰、政治動亂或恐怖犯罪活動頻繁的國家；尤其四月二日，環航客機從羅馬飛往雅典途中發生爆炸案，真是令人觸目驚心，談「機」色變，使得酷愛旅行的我，心中多少蒙上一層陰影。

不過，上帝待我不薄，我曾經是個非常幸運的旅行者，那是民國五十三年時，甫大學畢業，就奉派參加中華民國赴非文化友好訪問團，遨遊於非洲十多個國家，飛越了三大洋，光是空中飛行，就有一百零一小時，卻從未遭到什麼恐怖分子破壞，在我人生旅途中，留下了美好的回憶。

尤其是從羅馬到利比亞的一段，印象至爲深刻；因爲這是踏上非洲的首站，內心又是緊張又是興奮。

中午，在羅馬達文西機場起飛，不久即飛臨到歐亞非三洲交界的地中海上空，藍澄澄的大海，藍澄澄的天空，偶有淡淡的雲影浮在如藍寶石的海面上，真是如詩如畫。途經二次大戰爲戰場的馬爾他島，休息一會，繼續飛往非洲。

飛過海岸，不知何時，低頭俯視，地面是一望無際的又高又大的熱帶林，林之大，超乎想像之中，飛了好久好久，終於抵達北非利比亞的首都的黎波里。這是全國沿海區最大的城市。印象中，十分之九的土地是沙漠或半沙漠，交通極爲不便。地上的草，因長年無雨而呈銀黃色。莊敬的白色的圓頂清真寺隨處可見，一般房屋亦呈白色四方形，看不到高樓大廈。

街上也有些人裹著白布，閒躺在沙地上。偶爾也出現些驢羊。鬧區有好幾家超級市場，裏面東西應有盡有，大多由歐洲進口。除大百貨公司外，販賣飲料、水果的小店也很多。

這原是由義大利統治的利比亞，自從獨立後，仍然保留了西元前二世紀的羅馬時代建築。利比亞王宮是一花園式建築，屋頂作多角寶塔形，和清真寺相似。那時國王伊德瑞斯一世，正在地中海別墅度假，其他的政府軍政首要也多攜眷赴歐洲度假，因王宮禁止女性入內，只派部份男團員，在芮團長正皋（時駐上伏塔大使），及我駐利比亞大使陳質平的率領下，前往簽名致敬。

利比亞婦女甚爲保守，皆以白色布裹在身上，男人亦如是，乍看，如一堆堆白布在街上移動。不過女人的臉除了眼睛外，其他均用紗巾掩蓋著。當他們看到我們這些活潑大方的中國人時，大爲羨慕。男人更是好奇地尾隨在我們後面，使我們不得不提高警覺，以免被男人擄去。

初抵非洲，雖然水土不服，但是在領隊白萬祥的勉勵下，大家拿出勇氣與信心，接受所負之使命。在利比亞的首場演出，已轟動了朝野人士；我們的舞蹈、音樂立即受到非洲人士的好奇與重視，迄今留下深刻的印象。

據說利比亞的樂器，也有類似我國樂器——琵琶的，因而感到親切，不知古時候阿拉伯樂器是否受到我國樂器之影響？但是琵琶亦非我國原有的，它是由胡地傳入中國，慢慢改良而成爲我們的主要樂器，這點，値得探討的。

我們下榻於的黎波里靠地中海的一座旅館，這是由法國人所經營，白色的弓形阿拉伯式建築內，有噴泉花園，彷彿置身於天方夜譚的世界，有思古之幽情。

我們曾在地中海邊的露天餐廳，吃了頓道地的阿拉伯飯菜，其中有道菜叫「庫司庫司」，以牛肉爲主，加以四季豆、洋芋、洋蔥、南瓜等，可以說色香味俱全，加之阿拉伯的音樂伴奏，頗有情調。記憶中的阿拉伯音樂，是以「鼓」爲主。侍者都穿著傳統的以白布裹住全身的衣服。

利比亞的語言大都以阿拉伯語爲主，也操著生硬的英語。

一般而言，利比亞教育程度不高，是延遲他們國家進步的原因之一。

利比亞的晚飯時間和歐洲一樣，八點才開始，我們邊享受一道道佳肴美酒，邊欣賞遠處的漁火點點。海水輕拍著堤防，夜涼如水，情景無限，我們淺唱著「聽那海洋的呼息，充滿了柔情蜜意！」但是，曾幾何時，昔日的的黎波里已不再那麼富有詩情畫意，不再那麼羅蔓蒂克了。

自從利比亞領袖格達費甘願與魔鬼結盟，受共產勢力的誘惑後，原本乾淨的土地，已成爲國際恐怖分子活動支援中心；平靜的地中海已成爲戰艦待命的地方，而街上的建築物，也在轟轟的砲火聲中，變得滿自瘡痍。狼狽不堪的非洲狂人——格達費早已張惶失措。

想當年我在利比亞作客時，格達費不過是廿來歲，默默無聞的小伙子，如今變成了國際恐怖主義罪魁，終而自食惡果，遭到雷根總統的斷然措施；希望這次的出擊行動，不但使格達費有所收斂，且使所有國際恐怖主義者有所警惕，同時藉此使各國採取有效措施，消滅恐怖分子的暴行，以維護全世界人類的和平與福祉。

七十五年六月六日　青年日報

附錄

海闊天空

——一部盈溢家國激情之遊記

張　過

我讀過不少遊記。

不管是抒情的，寫景的，抑或是賦感的，詠懷的，但是都有一個共通的慣性，那便是爲著旅行遊覽而纔寫的遊記。

譬如，旅遊韓國，總離不開慶州古刹芬皇寺、皇龍寺遺址，天馬塚與新羅太宗武陵王墓；旅遊摩納哥，不是一擲萬金蒙地卡羅賭場豪客的風貌，依山傍海，波光巒影，海上公園的休閒遊憩，便是藍尼爾三世王子追求影星葛麗絲凱莉的趣事艷聞；至於哥本哈根公園接連著港區邊緣那座美人魚銅像豐繁逼真的儀采；藝術氣氛濃厚的瑞典京城市政廳的建設，宏偉壯麗的音樂館，纖毫畢露體態嬌媚的裸體美人雕塑，只要接觸到這些，我便知道，這篇遊記所存在著的是甚麼！

甚麼哩？那祇是一種遊記的表像。

向恆教授的「海闊天空」，正如鄭彥棻先生在這部遊記序言裡說的，除以輕鬆、活潑的筆調，描述各地風土人情，歷史文化，她卻賦予每篇遊記的內在精神，那便是時時流露出家國之思情，因此，擁有遊記的表像，還涵詠著遊記的內在精神和深度。

所以，「海闊天空」，可以作爲遊記讀，還可以作爲一部文學史料讀。

一

先從菲律賓談起。

一九八二年，鄭向恆教授的旅遊履痕，曾經踏碎過呂宋島亮麗陽光的輻射線，撥亂過馬尼拉道旁挺直椰樹的陰影。

那時菲律賓的政局，不像今日這麼惡化，矗立於馬尼拉市政中心馬拉坎南宮，宮室內一片漆黑，民眾砸碎宮牆上的玻璃窗，撕裂壁上懸掛著伊美黛少女時期風姿艷麗的油畫，在眾叛親離、四面楚歌情勢下，馬拉坎南宮沉溺權力，傾向腐化的男主人，不得不倉促攜眷出走至關島，留下一個政治爛攤，有待柯拉蓉·艾奎諾夫人細細收拾。

鄭向恆教授筆下的菲律賓——「馬尼拉瑣記」，從巴士海峽上空，俯視菲律賓群島，星羅棋佈，七千多個島嶼組成的菲國，擁有無限高大的椰樹群，充沛的陽光，黃岑岑渺遠的沙灘，著稱於世界，是南海上一個最具情調的國家。

天然資源豐富，只因氣候炎熱，菲律賓人總是無精打采，不知勤奮，以致不少天然資源，任其荒廢，不能開發，甚至滿樹椰粒都懶得去擷摘，最好是躺在樹幹底下，讓椰粒自動掉落下來，爲著省事，馬尼拉市道路中央斑馬線，點綴似的僅橫劃兩條白線，其怠惰程度，由此而可見一般。

然而，菲律賓人，愛美風氣很盛，街頭櫥櫃的服飾，來自歐、美各國，手工藝品琳瑯滿目，無論木雕、貝殼、草袋，均設計的非常精美，日落未落黃昏時分，雙雙對對情侶，一副悠哉遊哉的樣子，親蜜地走在濱海大道上，那裡有約瑟芬餐廳，和其他大飯店，西班牙式的建築，內部裝潢典雅，家家生意興隆，豪華旅館、夜總會，大都集中於此，是東南亞名聞遐邇的觀光區。

所以，菲律賓是一個吝嗇的國家，因爲人民的懶惰而不肯付出自己所能，建設開發，然而菲律賓又是一個奢侈的國家，因爲街頭有著許多來自歐美華麗的服飾，本地的手工藝品，精緻的草袋，濱海餐廳、海鮮大樓、豪華的飯店、旅館、夜總會，這些消費場所，同菲律賓的國民習性，是如何地不相陪襯。

如果鄭向恆教授，還有機會去菲國，我猜料她一定運用何種激憤的筆觸，爲菲律賓總統艾奎諾夫人抱屈，今後的艾奎諾夫人，將要透支偌大的智慧與精神，去改變這個馬可仕留下的政治殘局。

在這篇旅遊瑣記裡，鄭向恆教授最推崇的便是菲律賓的國父黎薩。荷西・黎薩，是個畫家，也是一個政治家、科學家，在十九世紀末葉，爲著要求菲國獨立和一群志同道合的朋友，起來反抗西班牙的統治，但是革命沒有成功，被西班牙人抓去，囚禁在一個聖地牙哥古堡內，古堡地下，是一間水牢，從上邊鐵欄往下看，陰氣森森地漆黑一片，令人毛骨悚然。

黎薩爲著菲律賓人擺脫西班牙的奴役獨裁統治，他不惜奉獻出自己三十五年珍貴的歲月，於一八九六年十二月三十日，馬尼拉的巴滾巴揚練兵場，在一隊西班牙士兵槍火下，處以死刑，因而黎薩成爲菲律賓的英雄人物。

爲著荷西·黎薩的崇敬，鄭向恆教授特在這篇「馬尼拉瑣記」裡，摘錄了黎薩臨終時留下的一首深涵哲學意味訣別詞，這是每個菲律賓國民都能背誦得出的詩。

每個時代的英人物，都是令人崇敬的，菲律賓的國父黎薩如此，我們的　國父亦何嘗不是如此。

二

在一次北區大專院校教授前往金門訪問活動中，鄭向恆教授寫了篇「海峽去來」的遊記，她抛離一般寫遊記的框套，採取捕捉焦點的筆觸，非常文學性地隱喻當前我們政府的處境以及每個國民應該負起的道義責任，趁機傾瀉出她個人對家國那片悃誠的沉思。

她寫著：「戰艦在海峽中央，緩緩航行，蔚藍的天涯，偶爾浮過幾片白雲，一如碧海上偶爾濺起的輕浪，這色彩調和極了，讓人看了舒暢無比。」

在這段舒暢時刻裡，她的筆鋒忽然以光速的轉動，將自己所捕捉到的焦點，浸蝕在她的隱喻和慣用的暗示作用上，鄭向恆教授暗示我們，台灣海峽中央的藍天白雲，不是緊靠著波昂萊茵河畔的藍白藍雲，也不是賽納河畔的藍天白雲，這裡的藍天白雲，是漂泳在一團團戰鬥的驚濤駭浪裡。

那次金門之旅，正好是陰曆十五。初夜的月亮最圓，投映在天海中央，給人一種頗爲神奇之感，三五教授相約，晚餐後戰艦甲板上賞月，詎料大家都是東坡詞的愛好者，於是你吟：「明月如霜，好風如水。」她接著唱：「清景無限，坐聽潮聲來別浦，月明何處去。」我歌：「可惜一溪風月，莫教踏碎瓊瑤。」

正當她們和他們，興緻勃勃吟唱著，讓東坡的詩情，滌淨旅塵，讓破浪戰艦，載著一群學者們文學的生命，向前遠航，更有人繼續吟唱：「月明風露娟娟。」「月如無恨月常圓。」在「海峽去來」中，又撥開了鄭向恆教授一個新的家國沉思的焦點。

因爲，真箇是「月如無恨」嗎？請凝視她旅遊筆鋒之迅速動轉：「據說，此地有道深險的黑水溝，海水也跟著變得墨色了，視野已不像先前遼闊，距離約五百碼的艦艇引著信號，原來那是護航的艦隊哩！天空傳來戰機的聲音，原來那是護航的飛機呢！而我們還大大地陶醉在晚霞中，陶醉在初夜朗明的月色裡。

她是如此婉約地否定了那夜之「月如無恨。」因爲，當前我們國家現實處境，不是東坡居士吟唱：「月明風露娟娟。」吟唱：「月如無恨月常圓。」的那個時代，今天我們面對海天中央朗明的月亮，是有恨的，這種恨，不是個人藐小的自恨，而是民族、國家的大恨。

因爲大家雖然居留在這艘永不沉沒的戰艦「台灣」、反共復國的聖地上，感受無比的舒暢，可以吟風望月，欣賞東坡居士的詞韻，然而，橫阻在戰艦前端這道「黑水溝」。須待何日我們纔能跨越得過去，而其戰艦週圍，仍須要護航的飛機和潛艇，這些如同鋒利的箭簇，戮刺著鄭向恆教授滿懷家國的激情，使她她無法唱出東坡居士的：「但願人常久，千里共嬋娟。」的月，鄭向恆教授所吟韻的是：「江山無主月空圓。」的月。她想到自己，是一個空軍的子弟，幼年隨父母從鄉城播遷來到台灣，父母親承擔著時代的苦難，飽經憂患與煎熬，使她能在暮春月夜，茫茫大海中，享受到海域生活的無比舒暢，然而，誰能化釋這項舒暢，凍凝多少濃解不開「水隨天無窮極」遙遠的鄉愁，許許多多對故鄉思念的情結，迴旋在她旅遊筆鋒的焦點上，是蒼茫黃昏中朗月裡，無影無形沖淡了航行於「波光金影、流霞四射。」戰艦上她個人所能獲得的深含情愁的片刻舒暢。

於是，鄭向恆教授的筆鋒，復又搖轉到家國沉思的焦點下。

「這群大專院校教授們，每人手裡擎住一粒待啖的蘋果，迫不及待地蜂擁至戰艦艙頭眺望，他們佇立於甲板上，倚住扶欄或桅柱，從船頭走到船尾，從船尾走到船頭，遍處巡視。」巡視甚麼?因爲這群大專院校的教授們，必須領風氣之先，他們要巡視這艘戰艦，經過四十年的修護保養，是否還有破綻處所，需待他們去補綴，因爲，一艘乘風破浪的戰艦，必須先求戰艦本體的堅牢強固。然後，方纔承受得住遠航途中隨時所能遭遇到茫茫海上的「狂風亂雨。駭浪驚濤。」的襲擊，「一環緊扣一環」地向前航去。

雖然，這次航向的目的地是「謁金門」，然而，這艘戰艦的終極目標，卻是要倚賴她航向「水隨天去無窮極」，那個「江山無主月空圓」的故鄉，惟有故鄉風物，始能釋化擁塞於鄭向恆教授心間累累的家國激情。

最後，她運用「同舟共濟」、「風雨生信心」、「枕戈待旦」、「迎接勝利」這些抽象的隱喻詞句，提醒這次大專院校教授們，前往金門訪問活動中，所應該負起的一個艱難鉅大的歷史任務，便是收復故土，揚帆踏上屬於我們自己的那片錦繡大好山河。

三

「漢城秋旅」，是鄭向恆教授于一九八四年秋天，隨著一群中國作家遠赴韓國漢城，參加中韓作家會議所寫的遊記。在這篇遊記裡，她沒有去距離漢城南方約四十二公里，一個鬱綠叢林山麓下，仿照朝鮮王朝中葉昇平盛世，建築的那個民俗村，她無心去研究二百年前展現她眼前韓國各地特有的生活方式和風俗習慣，她更沒有去欣賞雪嶽山的雪景，扶餘的百濟塔、武寧王陵、法住寺的石佛像這些乾淨、清爽、寧謐而脫俗的古跡。

八月的漢城，銀杏樹已開始飄下了黃葉，眼前是一片淡濃相依的秋意，我國駐韓大使薛毓麒先生，伴隨著鄭向恆教授，走一條爲紀念韓國大儒李退溪而命名爲「退溪路」的道徑中，讓異國的寒風，滌淨她滿身的旅塵，然而卻拂拭不掉那股隱隱埋藏於鄭向恆教授心頭的故國之思。

在「漢城秋旅」遊記中，她這樣寫著，從漢城明洞到南山東國大學來回路上，她們的話題，從一個國家的內政、外交、經濟發展、風物人情，最後基於經驗法則可以決定這個國家的未來。接著，鄭向恆教授別有所託地將她們的談鋒，移轉到國家和個人的尊嚴上，老於外交的薛毓麒大使，強調尊嚴是維繫個人人格，國家國格的一塊礎石。她們談到和我國遭遇到同樣命運的南韓，爲著準備迎接一九八八年奧運會的到來，全國上下，積極推「體育」外交活動；他們拚命修築地下鐵路，日夜不停建蓋大樓，改善國民生活環境，強化民主法治，爲的便是要發皇大韓民國應有的尊嚴。

在經濟發展快速的韓國，卻不使年輕一代，趨於物質文明，而忘掉傳統文化，因此，在文化提昇方面，無論政府與民間，都在出錢出力，拼命推動著，發揚著他們的社會，沒有色情營業和經濟犯罪，韓國的國民，一般觀念大都國家利益重於個人利益，他們要讓國家的幼苗，從小便知道韓國傳統的生活方式、習慣與精神文明，他們重視教育，戰後不過數十年，目前韓國公私立學院，達三百多所，極力培養各種科學技術、人文藝術人才，身爲今日韓國年輕的一代，如果不能完成大學學業，無論工作、結婚，都很困難，從事教育的鄭向恆教授，無異暗示我們，培養個人人格尊嚴，增進國家國格尊嚴，都是要從教育開始。

薛毓麒大使告訴她，過去，自己出使沙烏地阿拉伯，八年期間，在極爲炎熱的氣候裡，促使薛毓麒大使深體驗到，影響沙國深遠的不是現代的物質文明與思想的新潮，而是那部古老的「可蘭經」嚴峻地約束沙國國民，而使沙國人是世界上一個最保守的民族，他們不可以飲酒，不可以跳舞，不可以看電影，不可以與女人談話，婦女臉上一定要披蒙黑紗，沙國社會祥和，人民生活自由謐靜，因此保守並不是思想落後的代名詞，而是要維繫他們應有的精神文明，惟有保守方纔能維繫那屬於沙烏地阿拉伯國家國格的尊嚴與人民人格的尊嚴，他們不能忍受讓淺膚的現代文明新潮褻瀆了傳統的個人與國家的尊嚴，所以縱然英國首相柴契爾人，步進他們的皇宮時，也必須要穿戴黑衣頭紗。

鄭向恆教授，對我國古樂器有著深厚的修養，所以她還是一個重視音樂的人，一九八二年九月，我國與象牙海岸外交事務正亮起紅燈，她曾以教育家個人身分，飛到象國，在一次長達六小時的電視節目裡，彈過古箏、琵琶，表演過傳統的國樂，做了一次令人喝采的國民外交工作，所以在「漢城秋旅」遊記裡，也曾經注意到韓國的樂教。她說，韓國的音樂，早年受到我國音樂的影響，然而，韓國對傳統禮樂之重視，卻勝過我國，我國到現在沒有一個國樂學院，但在距離她們談話不遠的地方，便是大韓民國國立音樂院。

深秋的漢城，清晨相當寒冷，身擁全副冬裝的鄭向恆教授，陪同一副運動員打扮套頭毛衣、茄克、長運動褲、球鞋的薛毓麒大使，在嚴厲的寒風中，不拘形式地談著這些與旅遊漠無關聯的話，但卻具備了另一種意義。最後他們靠著楓樹，任那楓葉在眼前飄落，楓葉啓發了鄭向恆教授心頭的詩思，她忽然有所感地低吟柳永「八聲甘州」悲秋的詞：

漸霜風淒緊，關河冷落，殘照當樓；是處紅衰翠減，苒苒物華休。

未料這時薛毓麒大使也續吟出下半闋：

不忍登高臨遠，望故鄉渺邈，歸思難收，歎年來蹤跡，

忽然，兩人幾乎同時吟出：

何事苦淹留！

是的，四十年了，那些飽經憂患，承擔著時代苦難播遷來台的上一代人，已經漸逐地凋謝了，年輕的新生代，瞵盼積極奮進的韓國，以及重視個人精神文明的沙烏地阿拉伯，我們怎麼可以——

何事苦淹留，

何事苦淹留，

何事苦淹留？

七十六年　展望月刊

「海闊天空」任遨遊

鮑曉暉

自從政府開放觀光，國人出國到全世界旅遊觀光機會增多。加以近年大家物質生活寬裕，很多人都有閒錢。閒時間到國外走走。

這種觀光旅遊都由旅行社組團，團體行動。一群從未出過國的「鄉巴老」觀光客，對所去的地方都是陌生；路線如何走？到哪些地方參觀遊覽的節目，都由旅行社策畫安排，遊客全沒有自主權。久而久之，有些不重信譽的旅行社，爲招來生意，把費用降低。行程縮水，做蜻蜓點水式的旅遊；晚上投宿，第二天走馬觀花繞各地名勝走一圈，拍幾幀到此一遊的照片，匆匆揮別又踏上旅途。

因此，真正懂得享受旅遊之樂的人，多願意做「獨行俠」，自已做自已的主人，「海闊天空」任遨遊。我所認識的鄭向恆教授就是這樣一個懂得旅行情趣的人，常常獨來獨往到國外各地旅行。

鄭教授不但時常單槍匹馬走天下，她也是資深的旅行家；早在五十六年，她參加中華民國赴非文化友好訪問團，到非洲十幾個國家去表演古箏、琵琶，揚我大漢天聲。同年她的弟弟向元則代表我國參加全美羅浮童軍大露營，歸來姐弟兩人合著「半個地球」旅行遊記。

十年後，也就是六十二年，她往法國遊學時，課餘之暇到歐洲各地尋幽探勝。陸續發表的旅遊作品，結集爲「歐遊心影」。最近，她又出版了「海闊天空」，是她近些年的遊蹤履痕剪影。

這些年，自已也常出國，因事實的需要，行前總會找些要去的地方的資料看看，所以常看前人的遊記。但看了向恆教授這本「海闊天空」，發覺與別的遊記不同。

書肆間很多遊記，有的是重點介紹，有的是流水帳式、有的是指南手冊式。惟有「海闊天空」讀了有感性、和參與感；作者妥貼，鮮活的文字，充滿感性的筆觸，把讀者帶到她的旅遊世界內，與她同行，共享新奇、喜悅。開眼界，增長見聞。這都歸功於她那熟練的外語能力，能親身深入的探訪當地風土人情習俗，與當地人溝通，所以筆下所寫就特別的深刻真實。

向恆是位熱誠、好動的人，更有一顆赤子之心。年輕時就是位致力「國民外交」的女青年，這些年她依然沒有放棄這個每個中國人都應有的使命感。近年她曾率領「梅花文化友好訪問團」前往南非，模里西斯及留尼旺等地。應西非象牙海岸電台的邀請，前往介紹中國樂器及十大建設等。並隨作家訪問團到韓國、日本、菲律賓等地做「文化大使」。她是文學博士；博聞廣見，遊記多注重當地的文化、藝術的介紹。正如鄭彥棻先生在序中所說：

「向恆的遊記，不僅以輕鬆活潑的筆調描述各地的風土人情，歷史文化。且時時流露出家國之思，處處發揚我中華民旅精神。她的遊記不僅寫風景，且不忘寓文化教育其中。」

的確，這種特色在篇章中時時可見，譬如她寫：

「看來，他是以擁有這件（上面印有中華民國國旗T恤爲榮了。突然，我感動得淚水盈眶，只恨沒有帶幾件，分送給在此渡假的人們（洋人）—海內存知已—。

「尤其可貴的石碑下面，有先總統　蔣公題的「民族正氣」四個大字，表現了菲華的抗日精神。」—馬尼拉瑣記—。

「現在是大眾傳播時代，我們實在宜充分利用電視的功能來介紹各國風土人情。我的古箏也割愛留在象國了，但願這一粒種子，不久會開花。」—出使象國上電視—。

而在「漢江秋旅」中記訪問薛毓麒大使時，當她和這位外交鬥士長談後，寫下自已的感觸：

「由於這兩小時的散步漫談，使我深深體會到，我何一個時代的外交政策及駐外人員，沒有比目前所處的環境，更艱苦的了。」

這些文字中，滿含著愛國的情愫。

這本書印刷精美；而鄭彥棻先生的序，使內容更生色。幾幀有代表性的照片，充實了書的內涵。尤其在扉負上，陳立夫先生親題的「名聯」，使我默讀在三。聯曰：

「向著光明大道前進，恆以愉快心情奮鬥。志之所向，其趣自至，持之以恆，成功在握。」

豈止是遊山玩水應如此，我們每個人的人生旅遊也應如此，才能創造出美好和諧的世界。

旅遊可做指南，居家可臥遊天下，這本書能爲旅人指點迷津，爲讀者拓寬眼界。

七十六年　青年日報

報紙花絮

李殿魁鄭向恆嫁女

在文教界有「金童玉女」之稱的文化大學教授李殿魁、鄭向恆夫婦，有一對年已二十二歲的雙胞胎女兒「平平」和「安安」，曾經主持過廣播節目。最近平平已經和文化大學同學結婚，平日形影不離的安安不免深感孤單。鄭向恆愛女心切，正準備帶出國去觀光解悶。（以）

七十九年一月十三日　國語日報

鄭向恆孝順婆婆

文化大學教授鄭向恆，先生李殿魁，現在是花蓮師範學院國文系主任。不久之前，鄭向恆曾去大陸，參加在南京大學舉行的「唐代文學國際研討會」，會後特地前往上海，將八十高壽的婆婆接來台灣定居，晨昏定省，非常孝順。

八十年一月十二日　國語日報

鄭向恆「單刀赴會」

文化大學中文系教授鄭向恆，和先生李殿魁向有夫婦作家之稱。鄭向恆即將隻身前往大陸四川成都，參加由四川大學古蹟研究所主辦的「宋代文化國際研討會」。會後鄭向恆將到上海接年將八十的婆婆來台定居。（以）

八十年七月三十日　國語日報

李殿魁「原璧歸趙」

目前執教花蓮師範學院的李殿魁，多年前承友人贈大陸刊行的「魯迅手稿」一本，十分珍愛。由於家中藏書太多，他的太太鄭向恆教授一度清理藏書，把他捐贈中央圖書館，事後李殿魁遍尋不獲，始知原委，經多方要求，終於原璧歸趙，李殿魁大喜過望，逢人便告。（宜）

鄭向恆執教於文化大學二十多年，目前因爲家住木柵，將在世新傳播學院兼任教授。此外，另外有一家即將創刊的「航空旅遊」雜誌，聘他擔任總編輯。（以）

八十二年一月三十日 國語日報

李殿魁只管大事

花蓮師範學院教授李殿魁和夫人世新傳播學院教授鄭向恆夫妻之間，有一不成文的公約，就是大事由李殿魁管，小事由鄭向恆管，例如兩岸統一之類問題就算大事。（木）

八十三年一月十八日 國語日報

鄭向恆「江山萬里情」

經常從事旅遊的世新傳播學院教授鄭向恆，現在是中國文藝協會大陸文藝工作委會副主任委員，正協助大陸中國旅遊文化學會，舉辦一項「三峽之戀文化徵文活動」向各界廣泛徵文。鄭向恆的第五本旅遊著作「江山萬里情」即將出版，分爲江山篇、人物篇、學術篇、由陳立夫題署封面，丹扉作序。（石）

八十五年七月三日 國語日報

鄭向恆牽引文化緣

早年留法的外交界前輩蔣恩鎧大使當年在巴黎大學出版的博士論文《崑曲》，多年來保存在法國里昂市立圖書館，而他自己因爲數度遷徙早已遺失這篇作品。最近，中文部負責人溥力教授發現後，透過鄭向恆教授的牽引，輾轉寄回影本給蔣大使，蔣大使看到自己年輕時嘔心瀝血的論文，真是恍如隔世，因爲這篇論文是第一本把崑曲引介到法國的作品，意義深遠。

八十七年五月五日　中華副刊

孔德成先生爲我校題寫”孔子大學“校名始末

——並記鄭向恆教授

張稔穰（張忍讓）

今年（二〇〇八年）十月二十八日，孔子第七十七代嫡孫孔德成先生在台仙逝。對德成前輩我無緣識荆，但卻收到過他的兩幅題字，其中一幅就是專門爲我校題寫的”孔子大學“的校名。這一事情的具體過程除我之外無人詳悉，我近日雖住院養病，但精力尙旺，所以覺得有責任、有必要把這一事情記述下來，以爲校史保存資料，並作爲對孔先生的一個紀念。

孔先生的兩幅題字都是由臺灣著名作家、教授鄭向恆女士寄給我的，所以本文將把鄭教授作爲敍述的重點。

鄭向恆教授祖籍浙江嘉興，一九六九年畢業于臺灣師範大學國文研究所，一九七四年又在中國文化大學和巴黎大學第五高等研究所進行文化、文學研究。此後曾在中國文化大學、淡江大學、交通大學、韓國東亞大學、世界新聞傳播大學擔任教授之職，並任中國文藝協會大陸文藝組副主委。現已退休，但仍繼續擔任中華戲劇研究推行協會理事和世界新聞傳播大學教授。作爲學者，鄭教授著有《東坡樂府校訂箋注》、《陶淵明作品研究》、《中國戲曲創作與鑒賞》、《中國文學賞析》、《家庭倫理與文化背景》等學術著作；作爲作家，出版過《半個地球》、《海闊天空》、《鄭向恆遊記》、《江山萬里情》、《鄭向恆自選集》等多部散文集，近日又出版了《鄭向恆隨筆》。鄭教授且能歌善舞，尤擅琵琶演奏，大學畢業那年，便被選派到非洲十五個國家表演國樂，以後足迹又擴及歐、美、澳、亞等各大洲。其夫君李殿魁教授亦是古代文學研究的著名專家，同樣熱愛國樂，其專長是笛子演奏。數十年來，伉儷情深，志趣雅同，真可謂魚水一體，珠聯璧合。

我和鄭教授初識于一九九四年在我校舉辦的”儒學與文學國際學術研討會“上。作爲會議的主持人之一，我曾到鄭教授的住所登門拜訪，並呈送拙作《中國古代小說藝術教程》求正。鄭教授回台後，殿魁先生大概很快瀏覽了拙著，旋即寄來數十美元，讓我再寄去若干冊，說是送給學生和朋友，我記得寄來的美元相當於書價的十幾倍。以後，鄭教授便常將她的新作和一些期刊寄給我。一九九六年一月二十三日，鄭教授忽然來信說向孔德成先生求得了”孔府“二字，二十五日我便收到了孔先生寫在一整張宣紙上的墨寶。我不知道鄭教授何以會向孔先生求此二字，但我聽說，孔先生因”文革“中孔府、孔廟遭到野蠻愚昧的破壞，其先人的墓塋又被慘無人道的扒掘，對此一直不能釋然，甚至不願會見曲阜去的官員。先生的墨寶透露出濃濃的桑梓之情，也似乎表明先生對以往之事不再那樣耿耿於懷了。我很快將這一消息通知曲阜文物管理委員會孔主任，二月五日當面將墨寶呈送孔主任和分管文教工作的馬副市長，並蒙他們招待我吃了一頓午飯。呈送墨寶的照片刊載於一九九六年十月一日的《曲阜報》上。

上世紀九〇年代，全國高校改名成風，我校也有將校名改爲”孔子大學“的強烈願望。絕大多數師生都認爲這對國家、對我校都是一件意義非凡的好事，而且也不應是難事。一九九六年春天，當時的校長張友民教授訪日歸來，在一次中層幹部會上說：他在日本結識了佛教界的一位著名學者，該學者和孔德成先生很熟，我們可以通過他轉請孔先生爲我們題寫校名。會後，我對張校長說：這件事是否可以先讓我試著辦辦。我立即給鄭向恆教授寫信說知此事，五月二十日便收到了鄭教授發來的傳真，說孔先生已經爲我校題寫了校名，馬上寄去。二十六日我就收到了航空寄來的寫在兩張宣紙上的"孔子大學"四個行楷大字，其一筆一劃皆神采飛揚，遒勁凝重，顯示出筆老墨秀的書法大家的巍然氣象。過了幾天，又收到鄭先生一信，說是"德公（本文作者按：指孔德成先生）身體違和，已經輟筆，請立公（指陳立夫先生）題寫是否可以？"這一時使我迷惑不解，仔細一看，原來此信寫于發送傳真之前的五月十七日，用的是普通的寄送方式；鄭教授大概是怕我們看到此信後失望、著急，二十日求到孔先生的題字後才迫不及待地先發來傳真，並用"航空"方式寄來孔先生的墨寶，以讓它趕在十七日的信之前到達曲阜。這件事特別讓我感動的，一是鄭教授爲我校向孔先生求字的鍥而不捨的精神，以及爲別人著想無所不至的細微心理；二是孔先生抱病爲我校題寫校名，表現出對孔子、對傳統文化的無限熱愛，對我校改名的大力支持。鄭教授對我校改名尤爲稱賞，並廣爲宣傳，在後來的一封信上說：設在美國的黃興基金會的董事長、也是黃興先生的東床薛君度先生建議成立一個董事會，他可以幫助我們在海外籌集資金，辦好孔子大學。僅黃先生的小女兒黃德華本人，就以黃興基金會的名義，對中國大陸、香港、臺灣以及美國、俄羅斯的多所大學和學術團體進行過捐助。

正當我們爲此興奮不已之時，張友民校長到教育部請示學校改名之事，回來後親口告訴我，教育部的一位處級幹部質問他：”你們要改爲孔子大學，爲什麼不改爲老子大學、秦始皇大學？“這一難題讓張校長無言以對。現在，我國在世界各地設立了近二百所”孔子學院“，舉國上下還未曾聽說過這類學校爲什麼稱名”孔子學院“而不叫”老子學院“、”秦始皇學院“的質難。有些事情，讓人難以理解。

眼看學校近期改名無望，我同張校長商量，爲防止丟失（重要資料丟失的事情在很多地方都曾發生過），暫將孔先生的墨寶由我負責保存，待改名時馬上交到學校。二〇〇二年三月四日，校辦通知我將孔先生題寫的校名交傅永聚副校長，次日我便將什襲珍藏的孔先生的墨寶遵命面呈，現在應保存在學校檔案室。

收到鄭教授寄來的孔先生的墨寶後，我多次想過：鄭教授使我們免去了轉請那位日本學者之勞（而且那樣做也不一定求得到），我們應如何感謝鄭教授和孔先生？十多年來，我曾向多位校領導提出過：若有公務去臺灣的話，如果能找個理由帶上我，我願意隨同前往，引介領導去面謝鄭教授，並由鄭而及孔先生。大概始終沒有適當的機會，這一願望至今沒有實現。收到孔先生的題字後，張校長曾囑託我向鄭教授表示感謝，除此之外，我們還沒有過任何向鄭教授和孔先生致謝的行動。現在孔先生已經作古，向他面謝的機會永遠沒有了，這不能不讓人感到遺憾。

鄭教授熱愛中華傳統文化，關心民族和國家的命運，她寄給我的《江山萬里情》散文集中，字字句句洋溢著中華兒女的拳拳赤子之情，表現著對祖國山河一草一木的無限熱愛。她對弘揚優秀傳統文化，加強和發展兩岸文化交流，提出過很多有益的建議，對大陸學者和一些文化教育單位做出過很多無私的幫助，都無不出自于這種赤誠之心。鄭教授酷愛旅遊，她曾寄給我一張照片，畫面是大海之上奮翮高翥的一隻鷗鳥;這雖是化用了杜甫《旅夜書懷》中"天地一沙鷗"的詩句，但我認爲表現出來的卻完全不是杜詩中那種孤獨的情懷，我把它看作是鄭先生瀟脫不羈、追求自由、昂然向上的個性的象徵。大概是二〇〇六年十二月，我曾向宋煥新書記提出以學校名義給鄭先生寄一張新年賀卡，她收到後給我打電話說：賀卡十分精美，她十分喜歡，十分感謝，竟像一個孩子那樣高興不已。我相信這樣一位教授，在幫我們學校做事時，是從來不曾想到過要求回報或者是感謝的。去年，我向傅永聚副校長建議，每年都以學校名義給鄭教授寄張新年賀卡，傅校長說他通知辦公室，保證做到。

但願鄭教授年年能收到我校寄去的新年賀卡，永遠保持健康的體魄，童稚之心！

但願孔先生的在天之靈終有一天看到我校改名爲"孔子大學"，其顏額鐫刻或懸掛於學校的大門！

九十八年四月一日曲阜師大報

作者簡介：張稔穰，又名張忍讓，山東省鉅野人。一九四一年一月生，一九六二年畢業於山東省曲阜師範大學中文系，曾任該校中文系主任、文學院名譽院長，古代文學專業博士生導師。不久前去逝。

讀貴州行有感

鄭學玉[註一]

湘念[註二]：你好！

昨天，收到你春節貴陽行的文章，寫得很好。而當我看到第一段時，我的眼淚再也忍不住了，我邊看邊哭，哭的很傷心，你奶奶雖已遇難整整七十二年了，今年我也八十二歲高齡了，可我媽媽當年不幸遭小日本鬼子的飛機炸死，當時的情景歷歷在目，奶奶太慘了。我媽媽、姐姐（琪姑媽）和大嫂（大伯母）四人並排趴在地上，我媽媽還再三囑咐不要擡頭，誰知道她卻擡頭張望（主要是當時我們全家慌慌張張跑下火車，跑散了，她主要不放心你爺爺）。她確實死的很冤枉……，我們當時三人大哭，後來爺爺聽見了，趕緊跑過來（其實他離我們很近），看到此情景，抱起你奶奶大哭，邊哭邊說”福亞（奶奶叫沈福亞），你怎麼忍心拋棄我和兒女們悄悄的走了“。那年她四十八歲（他們倆同歲），周圍的人都看了這悲慘的情景，都動容了，許多人在掉眼淚，我們這一火車上的人，只有奶奶一人遇難，真是太不幸了。如果說迷信，真給那算命先生說住了。一九三八年夏天，你爸爸生病（他住在單位），奶奶不放心，專程去看他，回家時，奶奶經過一個算命先生的地方，她好奇的看了一下，那算命先生說："太太，你要算命"，奶奶說："算吧"（其實她根本不相信算命的）。那算命先生說："你八月份有一個砍，如能過去的話沒什麼，否則會大難"。奶奶回家後當笑話講給我們聽，我們都一笑了之，說別聽他瞎說。而你奶奶遇難正好是八月，你說巧不巧？那年我正好十歲，基本上已懂事了。後來你爸爸和另一個同事留下料理後事，（因爲火車要開，我們只好哭哭啼啼的上車，你爺爺坐在車上默默掉眼淚，嘆氣）。易家灣是個很小的村莊，沒幾家人，（火車從長沙開出，僅幾十公里），後來你爸爸好不容易找到一家有一口"壽材"，你爸爸跪下求他們賣給他，開始他們家不肯，你爸爸說如你們不賣，我就長跪不起，後來用雙倍的價錢才買下，由於條件的限制，只好草草的埋葬，找到一塊厚木板，立了塊碑。抗戰勝利後，你爸爸專程去易家灣尋找，再也找不到了（那裏已蓋大樓），所有的墓地都鏟除了。一九六九年，你爺爺在上海珊姑媽家因心臟病去世（我在貴陽）。珊姑媽打電報給我告訴此噩耗，本來我想去上海奔喪的，因當時正值文化大革命，文鬥、武鬥十分厲害沒去成。直到一九八〇年，我們才在蘇州東門華僑公墓做墳，把奶奶和爺爺安葬。實際上只有爺爺的骨灰，奶奶沒有任何東西，好不容易珊姑媽找到一件毛背心，幾十年前奶奶織了送給珊姑父的。就這樣把毛背心和爺爺的骨灰葬在一起。一九六九年爺爺病故後，因文化大革命，珊姑父的身份又被紅衛兵說成資本家（實際上他的的職務是資方代理人，沒有一分錢的資金，而當時那些"造反派"根本不講理的，把姑父鬥的很厲害，在他們的樓梯上貼滿了大字報，你爺爺實際上是被驚嚇了，心臟病發作，享年八十歲。爲什麼直到一九八〇年才安葬呢？因爲，當時大陸的形勢不允許安葬（一九七九年，珊姑父平反後，補發工資後才行），爺爺的骨灰就存放在珊姑媽家十一年。珊姑父確實是個好女婿。本來爺爺一直和我住在一起，一九五五年我已有憲、建兩個孩子，爺爺年紀太大了，我們那時在蘇州工作，姑父又奉命調到南京，珊姑媽才把爺爺接到上海住。

奶奶遇難後，連張遺像也沒有，因爲過去很少拍照，而抗戰時有未把照片帶出來，我至今沒有奶奶的照片，很遺憾！只好把思念永遠放在心中。（以下省略）

註一：鄭學玉係作者鄭向恆小姑媽

註二：湘念係作者鄭向恆乳名（請參閱貴州行首段）